# 藍學堂

學習・奇趣・輕鬆讀

ANTHONY GIDDENS
AND PHILIP W. SUTTON

# ESSENTIAL CONCEPTS IN SOCIOLOGY

## 3RD EDITION

紀登斯的社會學基本概念

安東尼・紀登斯、菲利普・薩頓———著

許雅淑、李宗義———譯

# 目次

## 主題十・政治社會學

# | 推薦序 |
# 非典型的社會學之作

陳宗文

　　社會學是不是一門專業？這本書提供了正面回應：如果需要用到一本不算薄的書來介紹一些關於社會學的關鍵概念，而且這些概念還不是三言兩語可以談清楚，社會學的專業門檻還真是高。

　　社會學的專業來自深厚的傳統。倘若物理學和生物學是揭露事物紋理和生命原理的科學，社會學就是為了理解群體生命並與事物之間的各種現象，是伴隨著都市、產業、政治與宗教等的巨大變遷而生成的一門科學。這場促成社會學生成的變遷始於十九世紀，到今天還進行著。

　　將近兩百年以來，社會學已經積累相當豐富的思想成果，且持續不斷自我更新，絕不是數十個關鍵名詞可以道盡。更何況萌生於西歐，傳播北美，繼而回流歐陸，並擴散到全球的社會學，早已在各處建立起學系制度，紮根教育。在地的社會學教育，或當有在地的情境配合，但社會學的核心關懷並不因此而有太大差異，這是因有如這本企圖為社會學的關鍵概念定調的書之故。

　　英國社會學家紀登斯為促進社會學知識擴散功不可沒。他有硬底的學術著作，也出版有課堂裡不可少的入門讀本，當然在社會實踐方面也有高度成

就。是少有在研究、教學和服務兼備的社會學神人。這本書是紀登斯後期之作，他以數十年的功力，焠鍊出十個主題概念組，為這些重要概念的說文解字。

但請不要以為這本書格局簡單，就直接跳入詞語的詮釋。讀者一定要讀過導言部分，必須先明白紀登斯編寫此書的理念及原則。紀登斯秉持的立場在於社會學是一門多元認識的科學，且社會學概念是與時俱進的，必須以批判的精神予以闡釋，並藉由相當數量的延伸閱讀來擴大認識範疇。

並且，要特別提醒讀者這本書的非典特徵，畢竟這是一本非典型的著作：

## 一、非詞典

雖然本書是以社會學的關鍵詞構成，提供專業名詞的溯源、意義和運用，但關鍵詞選擇有作者的偏好，不可能窮盡社會學領域內的所有用語。例如宗教社會學或藝術社會學領域的語詞並沒有收納在內。故此，本書並不足以作為詞典，反如紀登斯所言，可與他的其他著作相佐，可一覽紀登斯的社會學關懷，也是理解他理念的工具手冊。

## 二、非法典

這本書當然也就不能用以界定社會學範疇，或作為定義社會學知識之欽定本。既然作為輔助工具，也就有其待欲實現之目標，也就是冀望這本書的使用者，能藉由書中對每個關鍵詞的定義和解說，有機會更進一步自修社會學。因此，本書對關鍵詞的定義與範疇不是規範性的，更不能視之為權威，反而強調開放性與發展性。

## 三、非經典

研讀社會學或可經由工具書入門，卻仍要有經典的洗禮。只熟記專有名詞，並不能參透社會學的精義。此書不是經典，也不能是手邊唯一的社會學

著作，卻可作為不少經典著作的索引。讀者當從有興趣的條目，從概念起源、意義詮釋，經批評，到延伸，在段落之間找到可能的經典之作，進一步去研讀。

　　這三項非典特徵是重要的：正因為不是詞典，不會枯燥，使本書更有可讀性；不是法典，才得以刺激讀者開放思考；也因不是經典，方能指引讀者走向經典之路。

（本文作者為國立政治大學社會學系教授）

# ｜譯者序｜
# 一份探索社會學的知識地圖

許雅淑、李宗義

概念，是對事物普遍而抽象的認識；概念，是我們認識與理解世界的首要方式；概念，承載著人類過去的經驗與知識，也涵蓋當下的發展與未來的轉變。

當初接下這本書的理由很簡單，作者是大名鼎鼎的紀登斯，從一九八〇年代開始，紀登斯的作品大概是每一個讀社會學的學子，或多或少都會接觸的作品，不論是講述社會學基本原理的教科書，抑或是探討現代性後果、自我認同與親密關係的現代性三書，每一本在全球都造成洛陽紙貴的熱潮，值得一提的是其「第三條路」（third way）的主張，甚至影響二十一世紀之後臺灣的現實政治。

另一方面，本書英文書名是社會學基本概念，既是社會學又是基本，那由我們來做自然再合適不過，沒想到，這一路翻下來卻是吃盡苦頭，越是基本的概念，理解和翻譯起來也就更加的困難，也讓我們益發敬佩作者深厚的社會學功底。

本書翻譯的困難主要有二：一是名稱上的差異。概念是對現象、事物普遍抽象的描述，簡單來說就是定義的過程。然而，相同的詞在不同脈絡就有

不同的譯法，例如 community（社區／社群／共同體）、status（身分／地位）、identity（身分／認同）、nation（民族／國族）。翻譯對這種事當然早已習慣，但在本書中卻有特別困難，因為概念力求前後的統一，其指涉通常簡潔扼要，脈絡的鋪陳也相對有限，而許多概念如兩位作者所言其實充滿爭議，各種說法以及適用的脈絡莫衷一是，再加上社會學者對於既有概念「帶引號」的各種轉化，往往讓人讀到抓狂，也造成我們在翻譯選擇上分外躊躇。

　　二是概念的演化。如作者在前言所述，社會學的概念往往結合理論與實證研究，而且具有「雙向」過程，概念本身會影響並改變人對世界的認知。這也意味著所謂的基本概念本身不會永遠固著不變，包括對於何謂基本概念的選擇，與概念的指涉及應用範圍都是充滿辯證，要達到前後一致、普遍性的「概念」認識似乎沒那麼簡單。

　　不過，翻譯上的困難並不影響閱讀本書的價值，本書仍然是掌握目前社會學基本概念最好的著作之一。社會學概念何其多，作者卻只精挑細選出六十八個，讓我們重新思考當代社會學去蕪存菁後留下的核心。此外，本書編排也非常用心，主要架構是先依照議題區分不同章節，每一章節挑選數個重要概念，重要的概念選擇也經過反覆琢磨。不同於二〇一四年與二〇一七年推出的舊版本，第三版以「數位革命」開場，這也向讀者宣告數位化、網路、社交媒體等當代獨特的現象已經滲透到社會行動者的日常生活之中，這是過去社會學基本概念未能涵蓋的內容。除此之外，作者也帶入當代社會影響最深遠的社會事件，新冠狀病毒（Covid-19）的擴散，這些都是非常具有時代性的概念分析。

　　接著作者一一說明每個概念的現行定義（特別強調是現行定義是為了凸顯概念的可變性，其定義會隨著不同時間、空間而有所改變），這部分作者通常會使用簡短的內容說明、接著說明每一個概念的起源、意義與詮釋、

批評之處、延伸相關、參考書目與延伸閱讀。作者採用統一的架構，在短短的篇幅中清楚扼要地交代了每一個概念的前世今生，說明了概念興起的系譜（過去知識生產的脈絡）、相關的批評與爭議（當下概念應用的問題與分歧）、以及自此延伸的相關概念（未來發展與轉變的可能）。

　　翻譯完這本書之後，有一種以簡勝繁、越簡越難的感觸，作者介紹概念的語言精準、精鍊、層次清晰，總結概括的能力驚人。功力不夠的人，往往用盡篇幅仍然無法掌握一個概念的精髓，唯有非常精透社會學這門知識領域的人方能駕馭分析社會學基本概念這樣的根本著作。我們非常榮幸能夠接下這份挑戰，也對於此書中文版的出版戰戰兢兢，許多過去視為理所當然、毋庸置疑的基本概念，在翻譯的過程中再經歷一趟重新學習、理解、檢視與反思的歷程，相信這本書無論是對於想要了解社會學為何的一般大眾、新入門的社會學學子、已經在社會學領域鑽研許久的學者、教師，都有很大的助益。

　　社會多變，社會學的概念自然令人眼花撩亂，站在基礎上以不變應萬變，順著紀登斯的指引，也許可以減少我們在認識大千世界時的困惑。

# │導言│
# 社會學的基本概念

## 簡介

　　社會學源於十九世紀，但它是一門必須與時俱進的學科，否則就有與時代脫軌之虞。這是因為我們研究的對象，即所有人一起經歷與製造的社會生活，本身就處於不斷變動的過程之中。衝突和戰爭、全新的移民模式、多元文化主義、日益變動的性別關係、通訊領域的數位革命、金融危機、全球流行疾病和恐怖主義，都只是社會學家調查和想要理解的部分現象。由於學科範圍多元廣泛，因此社會學以各式各樣多元理論並採用廣泛的研究方法幫助我們理解人類世界，也就不令人意外。這是努力理解和解釋我們這個全球化世界的必然結果，但隨之而來的是，我們熟悉常用的概念總是需要重新評估檢視，必要時要創造新的概念。這本書包含了我們心目中早已根深柢固還有近期概念的豐富集合。

## 社會學概念的發展

　　有些社會學概念是這門學科非常重要的一部分，已經安然度過社會變遷的考驗。社會階層、地位、資本主義、性別、貧窮、家庭和權力等概念對於任何有志於「實作」社會學的人而言都至關重要。但還有一些是最近發展出來、仍受爭議還在辯證中的概念。全球化、後現代性、反身性（reflexivity）、後殖民主義、環境和障礙的社會模式（social model of

1

disability）都收入這本概念詞典，代表最近數十年來一些重大的社會變遷。本書藉著一些基本概念，其中許多是十九世紀晚期以來特定理論發展實際的指引，提供了一組社會學概念發展與現狀的地圖。熟悉這些概念的起源與當代的用法，將有助於讀者了解社會學的議題是如何隨著時代變遷而逐步發展。

　　社會學的概念往往結合理論與實證研究，兩者通常需要新的概念來理解研究成果。有些概念，例如地位、階級和風險，已經在社會上流通，但一旦進入社會學，脫離產生這些概念的脈絡，就會產生爭議並藉此提煉，過程中會變得更精確且更實用。還有一些概念則是被社會學者創造用來確認目標（orientate），並用以研究社會現象，例如疏離、道德恐慌（moral panic）和全球化，之後這些概念會「溜進」日常生活，可能會影響或改變人們對於所處世界的認知。這和自然科學的情況十分不同。不管自然科學創造了多少概念，這些概念對於動物或植物的行為都不可能產生任何影響。如紀登斯（Giddens）所言，這代表一種「單向」（one-way）的過程。社會學裡的概念、研究發現和理論確實對社會產生影響，人可能因此改變的觀念和行為。這意味著社會學研究屬於社會學家及其研究對象之間持續不斷進行的「雙向」過程。

　　這個雙向過程意味著我們的概念本身不甚穩定，樂於修正與改變，不僅僅是在專業的社會學論述中，也存在於社會世界本身。這也意味著有些概念──甚至或許是大部分的概念──「基本上都充滿爭辯」。也就是它們以不同的方式用在各種理論之中。這也許誇大了變異和分歧的程度，因為實際上，社會學領域爭辯中的理論相對較少，理論之間的一致性和整合比一開始看起來還要多。

　　從一種理論觀點發展出來的概念也常用於其他地方。例如由馬克思提出他可以更容易理解資本主義社會工作本質的異化概念。但在超過一個世紀之

後，這個概念重新復甦，已經超越馬克思主義理論的原始框架，並由工業社會學家賦予新的生命，用以理解在不同部門的員工對於工作以及工作環境的感受。在這個過程中，已經修改這個異化的概念，儘管有些馬克思主義者可能並不這麼認為，但無論如何，這個修改過的版本提供我們一些深具價值的洞見，理解不同工作場所與管理體系對於工人生活的衝擊。

## 基本概念

　　我們在這個新版本（本書為第三版）更新所有的詞條並增加兩個新概念：**後殖民主義**和**數位革命**。這兩個後來增加的概念已經在許多研究領域中廣泛使用，看起來也已經在社會學中站穩腳跟，因此應該在本書占有一席之地。一開始我們就提到這本書並不是（也無意）成為一本涵蓋所有社會學概念的全面性綱要。我們選擇的概念都有助於塑造或目前正在塑造組成社會學的各個領域。這些概念大致可以分為三類。首先，那些長期存在的概念──權力、意識型態、社會、文化──在幾乎整個或大部分的社會學歷史中都曾使用，但仍會激發辯論並引導研究項目。其次是那些歷史不長卻對這個學科有重大影響的概念，像是性別、消費主義、身分認同，激發了大量的研究，並重構舊的爭辯，迫使社會學家重新評估他們先前的想法。第三、我們也納入一些較新的概念──交織性（intersectionality）、全球化、數位革命──因為這些概念已經產生許多創新、重要的研究調查，引導社會學家朝向新的方向。

　　以介紹「關鍵概念」的典型書籍而言，本書比一般書籍來得豐富。大部分作品的目標是廣泛涵蓋但內容簡要，我們的目的剛好相反，我們對每種概念進行深入的討論，循著每個概念的歷史和理論脈絡，探索使用時的主要意義並介紹相關的批評意見，然後再引領讀者走向他們自己探究的當代研究作品並進行理論化。這種結構可以讓讀者透過關鍵概念的發展，將社會學的歷

3

史連結到當代的情況。讀者可以用索引作為指南，尋找那些沒有出現在目錄卻嵌入內文中的其他概念。

　　凡是科學的學科，分歧必然會出現，而且是不可或缺，因此，我們所選擇的某些概念當然會受到質疑。有些人會認為我們漏了某個關鍵概念，或者納入其他實際上已經變得無關緊要的概念。這是正常現象，儘管有些讀者可能會對於我們堅持這麼根本的東西是「基礎」概念感到奇怪。然而，社會學理論的多樣性意味著存在各式各樣理論態度與觀點，認為一些概念要優先於其他概念。但是請記住，即使我們不同意，我們實際上仍在對話和相互理解。之所以能夠做到這一點，是因為我們共享的概念傳統源自於多年來不斷起伏的諸多理論和解釋架構。

## 使用本書的方式

　　本書的條目分為十個主題，每一個再依照英文字母排列。這本書是一本快速的參考指南，幫助讀者尋到所需的內容。這本書也可以作為任何人理解社會學基本概念的獨立教科書。看過我們《社會學：入門讀本》（*Sociology: Introductory Readings*, 2010）的讀者會理解，兩本書的結構相互對應，我們能透過主題，交叉引用相關作品之間的概念。內文裡頭交叉引用的概念，每一個詞條第一次使用到其他概念時會用**粗體**標示。我們也有一些隨興的作法，比如說**種族**（race）和**族群**（ethnicity）放在同一個條目而不分開放，因為這兩個概念一般會一起討論，但是討論時會提到兩者有明顯的差異。我們決定用相同的方法處理**結構／能動性**（agency）以及**質化／量化方法**概念。有些詞條也可能會被視為是真正的理論或一般的觀點而非概念。舉例來說，**全球化**，既是概念也是社會變遷的理論；而**障礙的社會模式**是研究社會障礙的特定方法。本書包含這些內容以實現其目的，也就是提供一份精準且最新的當代社會學概念地圖。

# | 主題一 |
# 社會學之思

## 概念 01　數位革命
### Digital Revolution

### 現行定義

始於二十世紀中葉，從類比和機械技術轉向數位電子和電腦化系統。在社會學中，這個概念涵蓋社會技術變遷擴張下的一切社會、經濟和文化後果。

5

### 概念的起源

數位革命的理論充滿爭論，但數位化的起源卻已經確立。其中關鍵的轉折點是網際網路的前身 ARPANET 創立。ARPANET 是實驗性的電腦網路，屬於美國國防部高等研究計畫署網路（US Pentagon's Advanced Research Projects Agency Network）的產品，讓散布在全美各地的科學家可以直接溝通。自此開始，網路被廣泛使用在大學、研究中心和企業（Athique 2013: 13）。截至一九八七年為止，大學和研究機構中已經有二萬八千台電腦相連，但到了一九九四年，企業已成為主要使用者。隨著家家戶戶有網路可用，全球多媒體圖書館、全球資訊網（WWW）成為網路的主要功能。世紀之交快速寬頻出現，提供數位革命發展更多的機會。

　　這段期間資料數位化的技術改變了電子通訊。電腦運算能力不斷提高、網路速度也持續加快，使得影像串流、更快速的下載還有互動媒體，例如促成了部落格、影片部落格（vlogs）以及全球皆可近用的社交媒體（Negroponte 1995）。例如維基百科（Wikipedia）等線上網站是互動性網路使用的第二代，也就是所謂的 Web 2.0。有四項主要的技術趨勢支撐數位化的持續發展：電腦效能不斷提高、資料數位化、衛星通信基礎設備以及沿著單一電纜能傳輸多重訊息的光纖。數位革命還包括那些已經成為日常生活一部分的無數數位設備，包括電腦、平板電腦、智慧型手機、網路電視、日益擴張的物聯網，透過無線網路技術促成了這一切。今日，隨著我們更進一步接近自動化工廠、自駕車、無人機運輸系統、家用機器人以及人工智慧衍生的新聞與教學的世界，人工智慧（AI）、機器人和「大數據」標誌著數位革命下一階段的發展。

## 意義與詮釋

　　如以上例子所示，數位化促成全球連結日益增長，這種連結幾乎已改變了大多數國家方方面面的生活，隨著工作場所變化和工人們眼睜睜看著數位化重塑自己的工作和角色，挑起嚴重的問題。如果人們要利用數位化開啟新機會，網路的近用（internet access）就已經成為必要條件。二〇一九年，大約有五十五億人已經可以使用網路，從二〇〇〇年以來非洲、中東、拉丁美洲和加勒比海地區以及亞洲成長率最快。隨著數位化已經鑲嵌到社交生活之中，年輕世代成為在網路、機器人與人工智慧時代中社會化與優游自在的「數位原住民」（digital natives）。

　　柯司特（Castells）（2006, 2015）認為，我們已經創造了一個網路相互連結的全球化世界，在此會產生新的表達形式、社交能力、網路犯罪、工作、社會運動等。二〇一九年香港反對修法的抗議活動，以及二〇一九至二

〇二〇年針對全球暖化的「反抗滅絕」（Extinction Rebellion）直接行動，廣泛使用社交媒體，並且由參與者本身進行抗議活動的現場直播，這正說明了柯司特「網路社會運動」的概念。先前分散的媒體形式已經透過所謂媒介融合（media convergence）的合併過程交織在一起，以網際網路為中心。舉例來說，報紙銷售量已經下滑，新聞已經轉移到網路上，而像 Netflix 這樣的全球影音供應商，已經透過智慧型手機與其他裝置的直播和回看徹底改變收視習慣。

對於某些人來說，數位化也改變了資本主義的性質以及工作的世界。「零工經濟」（gig economy）這個概念出現，工人被視為簽約的自僱者，公司運作線上平台提供「零工」，免於承擔傳統雇主的責任。斯尼克（Srnicek 2016）的理論指出，我們可能正進入一個「平台資本主義」（platform capitalism）的時代，此時資料是資本家擴張的關鍵資源——蒐集數據、整理並用於改善服務和產品進而銷售獲利。危險之處在於隨著公私領域之間的界線進一步腐蝕，導致個人隱私和機密流失。祖博夫（Zuboff 2019）將這種情況歸納為一種「監控資本主義」（surveillance capitalism），企業利益凌駕數位革命帶來的龐大希望。監控資本家利用諸如 Amazon Alexa、智慧型溫度調節器、喇叭、路由器甚至是家庭保全裝置等設備，蒐集資料進行分析、預測消費者行為，從而提高銷售量。確實，強化監控在數位時代的許多研究都是一個重要的主題。

## 批判之處

通訊領域的數位轉型非常清楚，但這是否構成一場真正的「革命」則有待商榷。正如祖博夫所言，針對我們到目前為止所看到一切創新應用，資本主義尋求利潤一直是社會經濟變遷的主要驅動力，而且工業化社會看起來依然是如此。畢竟，我們仍然需要工業生產來製造晶片、平板電腦、智慧型手

7

機、機器人和電腦，把現在這個階段視為工業化的延續似乎更合於現實，這段時間的特徵是用機器代替了人類和動物的勞動。

今日，我們用「數位落差」來描述網際網路近用與擁有數位設備的不平等，但這些落差仍然以現有的障礙（disability）、階級、性別、種族和族群不平等為特色（Andreasson 2015）。基本上，整個北半球都比較早採用數位技術，這加深了現有的全球不平等，雖然南北之間的鴻溝正逐漸縮小。數位化在某些方面可能算是一種「革命」，但這似乎未改變長久以來的社會不平等樣貌。有些人接受數位化可能具有革命性結果，但持平來說，他們認為這是負面效果，數位化帶來了社會疏離和被剝奪的人類經驗。某些數位批評者通常會把線上經驗的概念視為「不真實」。

## 延伸相關

數位革命延伸的相關性應該已經很清楚。但值得注意的是，當代辯論早已超越簡單地對數位化進行正面／負面評價。最近的研究反對把虛擬空間與物質的社會世界視為本質上不同或歧異的想法。實證研究顯示線上的生活並不是褪去外衣的物質世界，而更像是物質世界的延伸。這一點在社交媒體的研究可說是非常清楚，研究發現大多數人通常是與原本的朋友、親戚以及已經通過面對面接觸而認識的人互動，並不是與陌生人和匿名者、空虛的「檔案」（profiles）交流。同樣地，貝姆（Baym 2015）認為，更符合真實的描述是現在的關係從網路世界流動到現實生活，反之亦然，隨著數位科技變得越來越嵌入我們的日常，這可能正是我們所期望的。

對於社會學家而言，數位革命帶來了一個問題，即現有的研究方式是否適合用在研究網路環境中的互動。我們現在是否需要新的研究方法和工具？塞爾溫（Selwyn 2019: 2）直接解決這個問題，事實上，他認為我們需要的是一種「主動的（proactive）『數位』方法來應對社會學研究的*所有*面

向」。這是因為所有社會情境已經「深深地數位與數位化」。舉例來說，日常溝通包括簡訊、電子郵件和社交媒體，還有許多休閒活動和娛樂（例如遊戲、看電影或電視以及聽音樂）都是在網路上進行。現在，從事社會和政府政策研究的學者們不能忽視龐大的數位官僚，教育、衛生與福利都是透過網路來傳遞和存取。未來，分析由物聯網蒐集到的大量數據可能會比傳統的研究方法，例如訪談、焦點團體和調查等方法，更能告訴我們社會生活的真實樣貌。總而言之，塞爾溫的整體論點是說，發展一套數位社會學並不是少數技術鬼才（geeks）追求的深奧計畫，假如社會學在這個數位時代想要占有一席之地，數位社會學絕對不可或缺。

8

## 概念 02 全球化 Globalization

### 現行定義

藉由各種過程使分散各地的人彼此之間更密切、更直接地交流，從而建立了單一的命運**共同體**或全球**社會**。

### 概念的起源

全球人類社會的想法可以追溯到十八世紀啟蒙運動時期把「人性」（humanity）視為整體的討論。全球化也可以從十九世紀馬克思關於**資本主義**的擴張趨勢，以及涂爾幹關於**分工**地理擴散的想法中提煉出來。但是就現代意義而言，「全球化」第一次編入字典是在一九六一年，直到一九八〇年代初經濟學才經常使用這個字（Kilminster 1998: 93）。

社會學討論全球化理論的重要先驅是華勒斯坦（Immanuel Wallerstein）

的「世界體系理論」（World Systems Theory）（1974, 1980, 1989）。華勒斯坦認為，資本主義經濟體系的運行超越國家層次，是由相對富裕的國家組成核心，最貧窮的社會形成邊陲，兩者之間夾著半邊陲。然而，當代爭論是源於一九七〇年代以來，跨國公司的發展與**權力**導致全球化加速，涉及**民族國家**的衰弱、超國家貿易區塊以及區域性經濟政治實體（例如歐盟）的興起，旅費更便宜導致更普遍的國外觀光與**移民**，還有網際網路出現促進更快速的全球通訊。到了一九九〇年代，全球化概念已經進入社會學主流，影響了這門學科的各個專業領域。

## 意義與詮釋

雖然大多數的社會學家都可以接受我們提出的現行定義，但對於全球化的根本原因以及它帶來的是正面或負面的發展，仍然存在許多分歧。全球化提醒我們注意變遷的過程，或者是邁向全世界互賴（interdependence）的社會趨勢。但這並不意味著它必然導向一個單一的全球社會。全球化有經濟、政治和文化等面向（Waters 2001）。

對於某些人來說，全球化主要是經濟活動，涉及金融交易、貿易、全球生產和消費、全球分工和全球金融體系（Martell 2017）。**經濟全球化**促進了人口遷移的增加，改變遷徙和定居的型態，創造了一種更具流動性的人類存在形式。對於其他人而言，**文化全球化**更為重要。例如，羅伯森（Robertson 1995）提出了**全球在地化**（glocalization）的概念（融合全球和在地元素），用以掌握地方社群集體主動修改全球過程以符合本地**文化**。這導致世界各地文化產品的多向流動。強調**政治全球化**的人把重點放在日益增強的區域和國際治理機制，例如聯合國（United Nations）和歐盟（European Union）。這些機構把民族國家和國際非政府組織匯集到共同的決策論壇中，規範新興的全球社會體系。

　　全球化已經被理論化成為幾個相互連結的過程。貿易及市場交流通常以全球範圍進行。國際政治合作日益增長，例如活躍的「國際社群」（international community）或使用多國維和部隊（peacekeeping forces）等概念，展現了超越國界的政治和軍事合作。最新的資訊技術發展和更有系統（更便宜）的運輸也意味著社會和文化活動也在全球範圍內開展。另外，人類活動的全球化變得越來越**密集**。也就是說，**更多**全球貿易、**更多**國際政治、**更頻繁**的全球運輸、**更常態**的文化交流。以全球為範圍的活動數量日益增加。許多社會學家意識到自一九七〇年代以來，因為數位化、資訊技術的進步以及商品運輸、服務和人員的改善，導致全球化**加速**。快速的全球化產生深遠的影響，二〇二〇年新冠狀病毒在全球迅速傳播充分說明了這一點。一地做出的經濟和政治決定，可能會對其他遙遠的社會和民族國家產生巨大影響，因此，那些長期以來身處核心的要角，似乎已經失去了一些權力與控制。

10

## 批評之處

　　全球化理論專家認為全球化的過程徹底改變人的生活方式，但是其他人則認為這種說法過於誇大。批評者（也被稱為「懷疑論者」）認為，儘管現今民族國家之間的聯繫與貿易已多於過去，但這些國家並未建立一個統一的全球經濟體系（Hirst et al, 2009）。取而代之的是，歐盟、亞太地區和北美內部有一股**區域**貿易強化的趨勢。由於這三個區域經濟體彼此相對獨立運作，因此懷疑論者認為任何全世界、全球經濟體系的概念仍屬空想。

　　全球化削弱民族國家作用的想法也受到挑戰。各國政府繼續扮演關鍵角色，因為他們在貿易協定和經濟自由化的政策中規範和協調經濟活動。國家主權的匯聚（pooling）並不等於喪失主權。儘管全球互賴增強，但各國政府依然保有很多權力，並且在全球化快速發展的情況下，採取更加積極、外

向的立場。全球化不是更緊密整合的單向過程，而是帶來各種結果的影像、
資訊和影響的雙向流動。

## 延伸相關

　　由於全球化形成社會學基本概念的背景，因此它出現在近期針對不同主
題範圍龐大的研究之中，包括跨國恐怖主義、**社會運動**、**衝突**與戰爭、移民
研究、環境社會學、多元文化主義等更多研究議題。隨著研究的推展，也發
現了全球化五花八門的意外結果。舉例來說，雷納德（Renard 1999）針對
「公平貿易」產品浮現與成長的研究發現，儘管全球化過程由大型跨國公司
主導，但經濟全球化也創造了更少的落差或利基，小規模的生產者得以憑藉
公平與團結等共享的價值觀跨入那些利基市場。

　　現在，全球化的概念已被普遍接受為社會學主流之一，並且幾乎在每一
個專業研究領域成為研究的背景。羅多梅托夫（Roudometof 2020）認為，
全球化已經更普遍地成為當代社會科學與公共論述中的關鍵字彙，包含世界
主義（cosmopolitanism）、混合性（hybridity）、全球在地化、跨國主
義和跨文化主義。整體而言，這個綜合的概念使社會學家能夠更牢牢掌握超
越單一民族國家層次所發生的社會和經濟重大變遷。羅多梅托夫認為這是全
球化概念最重要的功能，而不是嘗試對全球化理論及其正負面結果達成一致
看法。

　　針對全球化的評判南轅北轍，但馬泰爾（Martell 2017）的評價又回
到了人們熟悉的不平等這個主題。他認為儘管許多社會學家將全球化視為部
分或主要是一種文化現象，但我們必須理解**資本主義**經濟學和物質利益所扮
演的關鍵角色。馬泰爾對新興跨國政治領域的世界主義理論（cosmopolitan
theories）存有疑慮，他認為此說過度樂觀。即使全球化某種程度來說並不
平均，它複製既有的不平等與不公平權力的機會。例如，全球自由流動意味

11

著「移動需求最低的人——有錢的菁英——是最能自由流動的人；而最需要移動的人——窮人以及核心富豪以外的人——卻受到最大限制」（Martell 2017: 251）。儘管文化變遷很重要，但對於馬泰爾而言，資本主義經濟學仍然是形塑現代世界的重要驅力。

## 概念 03　現代性 Modernity

### 現行定義

　　指的是從十八世紀中歐洲的啟蒙運動開始，至少到一九八〇年代中期，特色是世俗化、**理性化**、民主化、個性化和**科學**興起。

### 概念的起源

　　「現代」一詞可用於指稱任何當代事物，雖然古代和現代之間的對比到十六世紀後期的歐洲已經司空見慣（Williams 1987）。現代化的想法——讓某些東西貼近當代——直到十九世紀前都被視為是一種倒退，之後對現代化才採取比較正面的態度。整個二十世紀的前四分之三，運輸、住宅、社會態度與流行以及各種現代化被普遍視為必不可少且代表著進步。然而，社會理論中的「現代性」有更多含意，指的是從十八世紀中葉到一九八〇年代這一整段歷史時期。啟蒙時代的哲學家抨擊傳統、宗教**權威**與其接受的信仰，提出人類的進步唯有透過應用理性思考、科學方法以及追求自由平等來實現。社會學本身就是現代性的產物，目的是透過科學方法蒐集社會世界的可靠知識，以便為了所有人的福祉介入並改善**社會**。

12

## 意義與詮釋

據說現代性時期緊接著歐洲封建制度而來，涵蓋後封建社會一切獨特面向。這包括工業化、**資本主義**、都市化和作為一種生活方式的**都市主義**（urbanism）、世俗化、**民主**的建立和擴展、科學應用到生產方法，以及一場所有生活領域朝向平等的全面運動。現代化還促進了理性思考，而且行動的特色是不帶情感的「事實真相」（matter of fact）態度，這和之前以情感、宗教傾向看待世界形成鮮明對比。韋伯（Max Weber）將這段過程描述為一步步的「世界的除魅」（disenchantment of the world），透過不斷擴張、法理型（legal-rational）的資本主義形式傳播到全球各地。

現代化作為一種社會形構（social formation），對於突破物質產品的生產極限已經取得驚人的成就，為相對富裕的國家創造巨大的財富，也在生活領域的許多面向帶來更多的平等。二十世紀期間，許多社會學家把現代性理論化，認為它代表一種社會模式，所有國家最終都亟欲或被迫進入這種現代化模式。這個一般性論點因羅斯托（Walt Rostow 1961）的推廣而成為眾所周知的現代化理論。羅斯托認為現代化是一個橫跨幾個階段的過程，社會要「追趕」先行現代化的社會，經濟隨之起飛。從傳統、耕種或農業為主的社會，藉由擺脫自身長期以來的傳統價值與制度，並為了未來的繁榮，投資基礎建設計畫與新產業，實現現代化。由此開始，不斷投資先進技術會帶動更高的生產水準並推動大規模消費，進而創造出永續的經濟成長方式。雖然香港、台灣、韓國和新加坡等國家都遵循與此類似的模式，但從今日來看羅斯托的模式仍過於樂觀，因為許多國家（尤其是非洲國家）並未走上這條現代化之路。

對於某些理論家來說，尤其是鮑曼（Zygmunt Bauman 1987），了解現代性的關鍵在於把握其獨特的**文化**和心態，我們可以用整理花園做比喻。

現代心態推崇秩序而非隨興（randomness）。因此，如果把社會比擬成一座野生花園，也就必須馴服和馴化荒蕪和野性，而**民族國家**整理花園的**權力**逐漸增加，提供了達成此目標的手段。然而，整理花園這個隱喻並不侷限於民族國家，因為渴望秩序和有條不紊已成為現代人日常生活中的正常現象。

## 批評之處

有些社會學家認為，現代化理論無法解釋全球體系中嚴重不平等的現象持續存在，也顯然無法說明許多發展中經濟無法如預期般一飛衝天。特別是，最近的後殖民主義觀點強而有力地論證現代性理論並未認知到殖民主義的重要性（Bhambra 2007）。殖民擴張促進西方的經濟發展，卻給被殖民的國家帶來惡果，事實上阻礙其發展。因此內因性經濟發展的觀點，基本上可視為是意識型態而非解釋性的想法。

對於現代性概念的第二個批評是它過於籠統。批評者認為，實際上這個概念只是對某些現代社會的**事後**（post hoc）描述（但絕不是全部的現代社會），因此無法對現代化的起因提出任何解釋。因為此概念包含好幾個關鍵的社會過程，所以它過於模糊，大部分屬於描述性而非分析性。至今仍不清楚哪一個構成元素是現代化進程中的主要動力。說到底，主要的成因是資本主義經濟或工業化？民主化扮演什麼樣的角色？都市化又該放在哪裡——是原因還是結果呢？

新馬克思主義（New-Marxist）的批評也不同意現代化理論以下的觀點：現代化有一個無法改變的邏輯，驅使較低度發展的社會進入一段強大的經濟成長與繁榮時期。反之，從全球層次來看，相對貧窮的國家將永遠依賴相對富裕的世界，他們的資源被強大的跨國公司所掠奪，人口也是跨國公司廉價勞工的來源。因此，現代化不只是概念過於模糊，這個命題本身就有嚴重的缺陷。

## 延伸相關

14　　　隨著現代性終結，後現代理論出現，重新評估現代性這個概念。有些社會學家認為，我們進入的並不是**後現代性**時期，而是「晚期現代性」或「反身現代性時代」（Giddens 1990）。這並非敲響現代性的喪鐘，而是要揭露並面對它所帶來的負面影響，例如**環境**破壞，隨著科學是邁向真理以及尊重權威兩種過去的信念逐漸凋零，社會生活也變得越來越不確定（Beck 2009）。哈伯瑪斯（Jürgen Habermas 1983）認為後現代理論家太早放棄在他眼中的現代性宏偉計畫。現代性有許多基本功能只完成一部分，我們需要的是深化而非放棄。對於確保有意義的民主參與、拉平各社會**階級**的生活機會、創造真正的**性別**平等，我們還有許多工作要做。總而言之，現代性是一個未完成的計畫，值得繼續追求，不能任其消亡。

　　　　有一批較新的發展成果是建立在「多重現代性」（multiple modernities）的概念，亦即批評現代化與西方化的結合毫無依據（Eisenstadt 2002）。這個想法顛覆先前單一的、現代化線性之路以及統一以西方社會為本的預設。世界各地現代化的實證研究顯示這是錯的。事實上，通往現代性的路徑五花八門（Wagner 2012）。日本的現代性與美國的現代性天差地遠，而且發展中的中國模式似乎也會大不相同。有些現代性，甚至是美國的現代性，都沒有像預期般走向世俗，他們仍保有堅定的宗教信仰特色，同時又擁抱工業主義以及持續的技術發展。其他國家的現代性，例如沙烏地阿拉伯，不僅僅清楚地看到宗教信仰，而且還篩選他們從西方拿來的形式，再加上自己獨特的面向。多重現代化的議程似乎有可能產生更符合現實的評價，這可能會重新賦予這個概念進入未來的活力。

# 概念 04　後殖民主義 Postcolonialism

## 現行定義

　　一場政治與知識運動，試著更理解殖民體制對世界與全球知識生產的歷史以及持續影響。以社會學為例，後殖民理論者想要對這一門依然受西方學者與制度支配的學科進行「解殖」。

## 概念的起源

　　社會學的發展一開始主要集中在**現代性**時期，現代性在西歐與北美浮現與發展，後來影響到世界其他地方。西方現代化理論認為，每個國家都會發展經濟，雖然發展速度和時間不同。馬克思主義者的批判指出「低度開發」是殖民政權奉行的政策，有系統地掠奪資源，並積極讓這些殖民地區與國家陷入「未開發」的狀態。

　　自一九八〇年代以來，圍繞殖民時期及其遺緒的辯論，已從經濟低度開發的理論，轉向關懷範圍更廣泛的**後殖民主義**。這是一場逐步成長的知識運動，強力批判社會學的歐洲中心主義，用理論弱化殖民主義的重要性，還有缺乏南半球學者的學術見解（Bhambra 2014a）。後殖民思想可以追溯到二十世紀初，但是新興的後殖民思想運動起源是一九八〇年代和一九九〇年代。

　　班布拉（Bhambra 2014b）認為當代後殖民主義有很大一部分是圍繞一些著作的辯論，像是霍米・巴巴（Homi Bhabha）（1994）打破西方現代性敘事的另類文化傳統，史匹娃克（Gayatri Spivak 1988）關於支配論述的歷史發展以及薩伊德（Edward Said 1978）的權力關係和知識生產；

15

薩伊德（Said 1978）關於「東方主義」（orientalism）論述的著作，經常被引為後殖民理論的奠基之作。

十九世紀和二十世紀初有許多西方學者在研究中東、非洲和亞洲時都討論了「東方世界」（the Orient）或「東方」（the East），對比西方的西方世界（the Western Occident）。薩伊德認為這種截然的劃分從來就不中立。相反地，東方被異國化，並以「他者」呈現，以凸顯正常與高人一等的（西方）西方世界。非西方學者的學術研究成果一直被排除在外，也促進這種論述的持續發展。因此，東西方之間明顯的**文化**差異，被認為是解釋西方國家在全球經濟、工業和軍事處於統治地位的關鍵原因。總之，許多殘酷的殖民政權能夠有正當性，東方主義在其中發揮關鍵的意識型態作用。

## 意義與詮釋

西方國家在十七世紀至二十世紀中葉採取的殖民主義國家政策，對全球的發展產生深遠的影響，並且持續到殖民地重新獲得獨立之後的很長一段時間。有些殖民地，例如海地和南美的前西班牙殖民地，在十九世紀初成為獨立國家。其他殖民地，包括印度、馬來西亞、新加坡、肯亞、奈及利亞和阿爾及利亞等則是晚了許久才實現獨立，其中有一些是到二十世紀下半葉才獨立。但是殖民主義的影響讓這些新興的獨立國家面臨嚴重的經濟劣勢和政治問題。

後殖民理論家認為，傳統社會學理論並沒有將殖民主義有傷害力、廣泛和持久的影響，固定地嵌入傳統的社會學理論（或者說甚至沒有得到傳統社會學理論的認可）。殖民主義不是當代的社會學理論可以忽略的短暫事件，而是形塑世界權力關係的關鍵因素，而且目前仍繼續困擾著前殖民地。除非社會學家承認殖民主義的影響，不然，他們對全球不平等和全球化進程之類的分析，將不會有任何效力。

康奈爾（Connell 2018）認為，歐洲社會學的發展幾乎未有來自南半球學者的貢獻（如果有也是微乎其微），因此生產出立足於北半球經驗以歐洲為中心的片面觀點。這也是為什麼這門學科的創建者、主要理論觀點和實證研究基礎，長期以來都是反映權力較大的民族國家情況。後殖民的學者主張，不僅是社會學而是所有的學科領域，都需要徹底的「去殖民化」。

後殖民理論家還試圖把全球南方學者過去與現在的作品引進社會學領域以擴大其世界觀。例如，果歐（Go 2016）主張採取社會學的「南方觀點」策略，這意味著要從事「由下而上的社會科學」，關注全球階層中底層的經驗、關懷與類別。在這個過程中，現有以歐洲為中心的理論和概念將受檢證和評估。以歐洲為中心的社會學跟我們說許多世界上有特權與相對富裕國家的生活，但顯然無法有系統地將這一切連結到前殖民地目前的低度發展及其獨立之後的經驗。後殖民學者試著找出解決問題之道。

## 批判之處

指控社會學普遍已經習於淡化、忽略或只是未完全理解殖民主義的毀滅性結果很有說服力，而且似乎也被越來越多的年輕社會學家所接受。但是，大家對於應該採取什麼作法以及可以怎麼導正卻缺乏共識。可以這麼說，有些人主張從頭開始重新思考社會學，而另一些人主張建立真正的全球社會學，既保留現有觀點和理論，同時也更系統地與南半球的學者進行交流。

社會學的辯詞指出，社會學家一直對全球不平等、比較發展、民族主義、全球政治和國際衝突等議題感興趣，這證明該學科也許不像有時候外界描述的那樣孤立。同樣地，社會學通常被視為對現有學科領域以外的思想和理論都非常開放、甚至妨礙社會學被接受為一門「科學」的學科。最後，麥克倫南（McLennan）主張，想像任何學術機構都能擺脫自身的物質和制度位置，是不切實際的想法，社會學也是如此。他認為「所有思想體系的

17

焦點、風格和現有的專業知識難免都是以種族為中心。除此之外，所謂「去殖民化」或「後殖民化」的社會學意涵都遠遠不是清澈透明（McLennan 2010: 119）。

## 延伸相關

與本書許多概念不同，「後殖民轉向」（postcolonial turn）這個概念比較新而且在社會學領域仍在發展（Olukoshi and Nyamnjoh 2011）。因此，現在對社會學與後殖民主義之間互動會如何發展做出定論都還言之過早。但顯而易見的是，後殖民的介入已經打破了「慣例」（business as usual），而且從這個觀點發展出許多深具洞察的研究，尤其是「去殖民化的社會學」可能實際上需要什麼。

康奈爾（Connell 2018）整理出一些關鍵議題和可能的解決方案。她指出在北半球從事研究的社會學家，往往是閱讀和引用其他北半球學者和理論家的觀點。該學科也是建立在歐洲和北美菁英大學的制度基礎上，也就是一流期刊和研究資助機構的重心所在。社會理論的位置與此類似，其中許多理論是基於其應用到全人類，展現西方社會學家形塑這門學科的強勢位置。因此，對於南半球學者來說，理性的選擇就只要採取優勢團體的方法與理論，讓作品瞄準主流的期刊，康奈爾稱這是一種「外向性」（extraversion）策略。但這種外向性社會學可能只是複製而不是挑戰現有的全球學術分工。

康奈爾在處理麥克倫南（McLennan）上述批評時建議，實際上，去殖民化社會學將包括「修正由帝國和全球不平等所產生的扭曲和排除，並且以民主為導向在全球範圍重塑這一門學科」（Connell 2018:402）。一個去殖民化計畫需要以一種更平衡的方式重新規劃課程、改寫教科書和課程，以納入後殖民國家的經驗。這也需要挑戰目前已確立制度的權力基礎，改變全

18

球社會學勞動力的組成，並以更公平的方式重新分配研究補助。

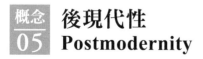

## 後現代性
## Postmodernity

### 現行定義

　　後現代性是緊隨現代性而來的一段歷史時期，相較於它前面的現代性，後現代性的定義比較模糊，比較多元，社會變化也較大。大家認為後現代性是從一九七〇年代初期以來逐步發展。

### 概念的起源

　　社會理論的「後現代轉向」（postmodern turn）始於一九八〇年代中，雖然後現代概念在**文化**與藝術上早在十年前就已經存在了。比方說，建築出現了一種新風格，吸收各種現有流派中的元素，製造出外觀奇怪卻「可行」的建築，例如倫敦的勞埃德（Lloyd）大廈。這種以戲謔方式混合和搭配不同流派和風格的方法，被稱作後現代。而在電影，導演大衛・林區（David Lynch）創造的奇特世界，例如一九八六年的電影《藍絲絨》（*Blue Velvet*），把各個歷史時期摻雜混合，將極端暴力和性「**偏差**」與老式的浪漫與道德故事結合在一起。後現代的趨勢在藝術和文化等許多其他領域中仍然持續，社會學在一九八〇年代後期終於趕上。

　　社會學開啟後現代觀念的關鍵作品是李歐塔（Jean-François Lyotard 1984）的《後現代狀態》（*The Postmodern Condition*），作者在書中概述現代**社會**某些主要板塊正失去其中心地位。尤其是，李歐塔認為**科學**是

19

現代時期主導的知識形式，但隨著人們開始尋找地方的知識形式（例如較古老的民俗知識和宗教與民間共同信念）而逐漸失去其正當性。李歐塔認為科學思維的去中心化是新興後現代社會的症狀。其他對後現代性理論有重大影響的理論家包括鮑曼（Zygmunt Bauman 1992, 1997）和布希亞（Jean Baudrillard 1983, 1995）。

## 意義與詮釋

　　後現代的思維相當多元，而且理論家看重的是暗示社會往後現代轉向所涉及的不同元素。大部分後現代理論者瞄準的是（從孔德、馬克思到紀登斯等）社會學家為了辨識歷史方向與型態而做的嘗試。對於這些理論家而言，歷史變遷的過程已被框架，而且是「朝向某處」進展。以馬克思主義理論為例，這種進步的運動是從**資本主義**走到社會主義與共產主義等更平等的社會。然而，後現代思想家拒絕如此宏大的理論建構。

　　人之前對科學、政治人物和人類歷史進步投注的信任，隨著對核戰或**環境**災難的恐懼，還有持續不斷的衝突和種族屠殺事件而逐漸被腐蝕，刺穿現代社會文明的表象。李歐塔將這一過程描述為「大敘事」（metanarratives）的崩潰，這些持續發展的大敘事合理化人們對科學家、專家和專業人士的尊重。相反地，後現代性的特徵不可逆轉且支離破碎，以全球資訊網為例，它充斥著來自世界各地近乎所有文化的圖片、影片與其他素材。上網的經驗可能是一種很隨興的感覺，將遇到各式各樣與我們自身文化截然不同的價值觀和想法。這種可能令人失去方向感的經歷，可說是一種充滿大眾媒體內容的後現代文化典型。

　　布希亞認為電子媒體已經摧毀人與過去的關係，創造了一個混亂、空洞的世界，在此，社會顯然受到符號與圖像的影響。對於布希亞而言，大眾媒**體**的地位日益顯著，摧毀現實與現實再現（representation）之間的那條界

線，只留下一個我們所有人身處其中的「超現實」（hyperreality）。在超
現實世界中，我們對事件的認知和對社會世界的理解，越來越依賴從大眾媒
體（例如電視）的所見所聞。布希亞（Baudrillard 1995）在一九九一年波
灣戰爭戰前、戰中與戰後出版了充滿挑釁意味的報紙文章，〈波灣戰爭不會
發生〉、〈波灣戰爭實際上未發生〉和〈波灣戰爭未曾發生〉，目的是證明
這些眾所皆知的「真實世界」大事，例如科威特的軍隊開戰，以及二手媒體
公開報導這些事件，實際上都是同一場超現實的一部分。

　　思索在社會學得到的後現代觀點的好方法，在於區分後現代社會變遷主
要原則以及社會學理論解釋與理解變遷的能力。大眾媒體、新資訊科技的快
速成長與傳播、更多人跨越國界的流動、社會階級認同的消失，以及多元文
化社會的浮現，後現代主義者稱這一切變動都引導我們得出結論，那就是我
們不再生活在一個由民族國家下指令的現代世界。現代性已死，而我們正進
入一個後現代時期。隨之而來的問題是「現代」社會學是否適合用來分析一
個「後現代」世界：是否有**後現代性的社會學**？或者後現代變遷的後果是如
此激烈，使得現代理論和概念毫無用武之地？我們需要一套**後現代社會學**來
解釋後現代世界嗎？

## 批評之處

　　許多人對後現代理論提出批判。有些社會學家指出，後現代理論家本質
上是悲觀主義和失敗主義者，他們對於現代性的陰暗面感到震驚，以致於同
時拋棄現代性的正面影響。然而，現代性有明顯的好處，例如重視平等、個
人自由並且以理性的方法解決社會問題。後現代理論中所描述的社會變遷，
有一些也缺乏實證研究的支持。例如，社會階級和其他集體形式不再建構社
會生活，使得個人只能任由媒體形象擺布，這種觀點其實是誇大了。儘管現
在有更多**認同**的來源，但是社會階級仍然是決定人們社會地位和生活機會的

關鍵因素（Callinicos 1990）。

同樣地，很多證據表明媒體所扮演的角色更勝於過去，但這並非表示人們只是吸收媒體內容。有許多針對受眾的研究顯示，電視觀眾會主動地閱讀和詮釋媒體的內容，並根據自己的處境來理解媒體內容。隨著全球資訊網的出現，也有許多另類的資訊和娛樂來源，其中有許多是建立在供給者和消費者之間的**互動**，生產了更多而非更少的批判性內容，也有對主流媒體輸出內容的評價。最後，即使後現代主義者提出的一些改變是真實且具影響力，但有證據顯示各種改變匯聚成為一場超越現代性的激烈轉變，理論上依然存在。

## 延伸相關

由於社會學本身就是根植於現代主義的方法，後現代性這個概念注定充滿爭議。如果我們放棄嘗試理解和解釋社會真實，也放棄應用知識來改善社會，那社會學的意義何在？儘管如此，後現代性對這門學科有個更長久的影響。多元觀點的開啟，以及對於相同的社會現實有不同的詮釋，也就意味著社會學家不再能夠假定社會內部有著絕對的共同文化或共享的價值，而必須對文化多樣性有敏銳度。

在一九八〇年代和一九九〇年代之間，關於後現代性和後現代文化的書籍和文章激增，但是到了世紀之交，隨著全球化概念在整個社會科學領域突起，「後現代轉向」似乎已經畫下句點。有人認為後現代觀點基本上是一個已經消逝的學術潮流（McGuigan 2006; Nealon 2012）。但這樣說對嗎？

迦納（Garnar 2020）指出後現代性這個概念依然重要。他區分後現代主義是一連串的文化現象以及後現代是超越現代性的一個時代，然後認為前者見證重大轉向，而後者則繼續刻畫我們這個全球時代。迦納（2020:5-6）關注數位技術的角色，他認為「後現代的情況要透過科技捕捉」，這

些都是後現代情況的元素之一，其伴隨著生產與消費及全球權力關係與結構的改變。網際網路、大量運算、平板電腦、智慧型手機、衛星、有線電視是「後現代科技」的一切形式，這些科技鼓勵且促進和後現代有關的戲謔（playfulness）、異質性（heterogeneity）和顛覆階層制度的實踐。而且，從數位技術嵌入日常生活的程度來看，這毫無疑問可以稱為是後現代時期。

## 概念 06 理性化 Rationalization

### 現行定義

一段長期的社會過程，過程中傳統的觀點與信念被有系統的規則和程序以及形式化、手段至目的（means-to-ends）的思維所取代。

### 概念的起源

採取理性的行動意味著行為合理，而且在行事之前會仔細考慮行動與後果。這一種稱為理性主義的哲學學說源於十七世紀，使得以理性和論證為基礎的知識以及根植於宗教與傳統智慧的知識兩者形成對比。顯然，理性源於思考與行動還有知識生產之間的連結。在社會學中，**社會**中理性化理論基本上是指一段過程而不是事物的固定狀態，這也是韋伯著作的核心。對於韋伯來說，理性化和解魅是一項長期的、有著世界歷史意義的社會過程，支持一切以現實的角度理解**現代性**時期的獨特性。在最近的研究中，辯論集中於理性化過程是否因宗教和精神信念再度受到重視而停滯，或是理性化過程以新的形式繼續下去。

22

## 意義與詮釋

　　由於韋伯的理性化命題在社會學充滿影響力，因此我們將以此為重心，而不是圍繞在理性和理性主義的哲學論證。理性化是一個變遷的過程，從西方開始，在此過程中社會生活有越來越多的面向是受到達到目的之手段的理性計算與效率所影響。這種方式與早期形成鮮明對比，早期是傳統做法、慣性和情感承諾支配人們的思維和行為。韋伯看到理性化逐漸鞏固，其得力於資本主義經濟學的發展，還有資本主義對理性計算和測量的需求，同時也源於促進理性視野的科學制度成長還有**科層組織**，科層組織也變成最有支配性且最有效率的組織形式。

　　韋伯討論理性化的四種基本類型，包括行動（practical）、理論（theoretical）、實質（substantive）和形式（formal）（Kalberg 1985）。行動理性顯然是指人們基本上接受，如何充分利用現況的實務考量引導他們的處境與行動。理論理性存在於人們試著透過思考自己的經驗以及發現生命的意義來「掌握現實」（master reality）。哲學家、宗教領袖、政治理論家和法律思想家可能被視為是採取了理論理性的形式。實質理性按照社會生活特定領域中一連串的價值觀來指導行動。例如，友誼往往涉及相互尊重、忠誠和互助的價值觀，這個價值觀的集合直接框架人在這一生活領域中的行動。

　　韋伯的第四種類型是形式理性，形式理性是在一套普遍或四海皆準的法律或規則脈絡下，為了實現特定目標而計算最有效的手段。西方社會的理性化涉及形式理性和理性計算的成長與擴散，並隨著科層組織成為廣泛接受的組織形式而滲透到越來越多的生活領域之中。經濟決策是標準的形式理性，雖然手段與目的計算也已經成為許多其他生活領域的共同點。例如，理性化的西方音樂，使用一套統一的樂譜以及節奏和音調差異的測量系統，然後編

碼與記錄下來，使得任何能夠識譜和彈奏樂器的人，都可以演奏崇高天才的創作。音樂已變成由規則管理、可計算和可預測，但就缺少了自主性和靈活性。

當**資本主義**沿著國家科層體制擴張，形式理性逐漸鑲嵌融入社會主要制度之中，排擠其他理性形式。韋伯非常清楚這個過程可能永久不變，因為在整個辦公環境、工作場所和政府部門採用的不近人情（impersonal）、科層的行政管理形式，就是迄今設計出最有效率的組織方法。藉由排除所有個人偏好和情感聯繫，科層體制確保每個職位都是指派最有資格的人來做，而升遷看的是他在這個角色所實際展現的能力與表現。請記得，這是一種**理念型**（ideal type）。同樣地，與資本家獲利相關的（記錄貸方和借方）複式簿記，帶來一種理性計算的心態，這將鼓勵工具理性行動，而且，隨著資本主義公司的規模越來越大、地域越來越分散，有效的行政管理就變得越形重要。

儘管他認為這種理性化形式勢必成長，但韋伯也看到其中危險之處。追求效率和技術進步開始產生一個越來越不近人情的社會，看起來像是有個外在力量控制我們的命運。根據韋伯的命題，社會變成了一座「鋼製牢籠」（steel-hard cage），沒有逃脫的可能。進一步的結果是出現了一種手段支配目的的趨勢。也就是說，科層組織是達成其他目的的手段，例如有效率的公家機構、井然有序的醫療服務或者是有效率的福利體制。但經過一段時間，隨著**權力**的增加，科層組織有了自己的生命，因此，不再是服務其他目的的僕人，而是變成了主人。韋伯視此為理性化導向非理性結果的過程，在社會許多領域都可以觀察得到。

## 批評之處

正如韋伯本人所見，理性化的過程必然會逐步發展，但是也可能會產生

矛盾的結果以及新的社會問題。但是，也有人對理性化命題本身提出批評。雖然資本主義繼續主宰世界經濟，但人們對傳統模式中的科層組織仍然占主導地位的程度提出質疑。近年來，較鬆散的組織形式有所成長，這些組織形式更基於**網絡**結構而不是韋伯概述的階層模式（van Dijk 2012）。問題是，這樣的網路組織是否仍會促進形式理性的發展呢？理性化也與**宗教**的命運息息相關，有些社會學家認為宗教根本沒有消退，而是在二十世紀後期重新興起，宗教的基本教義派、電視佈道（televangelism）和一系列新宗教不斷湧現。這是否代表著「世界的重新賦魅（reenchantment）」與韋伯的理性化命題背道而馳？

## 延伸相關

　　由於一九八〇年代中期**後現代**的批判觀點興起，韋伯的理性化論點可能顯得不合時宜，因為人們對**科學**的信任已被削弱，世界的某種「重新賦魅」似乎正在增長（Gane 2002）。但是，有些重要的研究一直驅使韋伯原始想法的延伸與現代化。鮑曼（Bauman 1989）的《現代性與大屠殺》（*Modernity and the Holocaust*）否定以下一說：納粹的政策以及在歐洲大規模屠殺猶太人，本質上可說是現代性進步方向的「不文明」突變。相反地，鮑曼表明如果沒有理性科層機構的行政管理組織運輸和保存紀錄，或作惡者與受害者的行動理性，根本就不會發生大屠殺。從這個意義來看，理性化過程未必會創造出反抗野蠻的堡壘，而是在適當的脈絡下，理性化同樣有可能會促進這種野蠻行為。

　　里澤（George Ritzer [1993] 2021）把理性化命題應用於當代速食店研究。在韋伯那個年代，現代化科層體制的辦公室是理性化理念型的載體，但在二十世紀晚期，這個載體就是無處不在的速食店，以麥當勞的餐飲連鎖店為代表，有標準化的產品、高效率的服務、員工目標可測量和制式的客戶

體驗。近年來，里澤認為麥當勞化不僅限於餐館和物品營業場所的「實體店世界」，也擴展到網路世界。例如，他認為亞馬遜（Amazon.com）專注於可計算性和量化，將產品和銷售商評級和排名，並且利用演算法和大數據，體現麥當勞化過程的核心特徵。里澤和韋伯一樣，看到這種理性化模式在速食店與網路銷售過程中本身都產生了非理性的結果：工作人員未具技術或技能低下，他們的工作常規化並受到嚴格監控；顧客享用的經驗變差，浪費成為普遍流行的現象。為了減少混亂和不確定性，「麥當勞化」過程產生了一種新型的理性化「鋼製牢籠」。

## 概念 07　社會 Society

### 現行定義

社會描述的是一個大型的人類**共同體**所架構起來的社會關係與制度，這群人不能簡化為個人的簡單集合或聚集。

25

### 概念的起源

社會這個概念可以追溯到十四世紀，當時主要的意義是陪伴（companionship）或連結（association），而這種有限的意義在十八世紀仍然可見於描述上層階級團體或「上流社會」（high society）。該詞還用於描述志趣相投的人所組成的團體，例如貴格會（Society of Friends, Quakers）或各種科學「學會」。但是，隨著社會的定義更普遍與抽象，到了十八紀末期，這個定義變得更加穩固（Williams 1987）。從這個一般性概念開始，十九世紀社會有了明確的社會學意義。

　　有一個強而有力的論點認為社會一直是社會學的核心概念，涂爾幹（Émile Durkheim）用社會這個概念建立了一門新學科，處理人類生活的集體現實，而不是研究個人。涂爾幹（Durkheim [1893] 1984）將社會視為一個獨立的現實，社會的存在**自成一類**（*sui generis*），並對特定區域內的個人產生深遠的影響。在整個二十世紀大部分時間，涂爾幹的社會概念幾乎占據社會學中核心的位置，直到一九七〇年代中才遭受到嚴重質疑。一套新興、全球層次的社會真實理論，以及**全球化**理論質疑涂爾幹這套本於民族國家的社會概念。研究全球層次的社會過程，也吸引人們注意跨越國界人口、商品和**文化**的移動，並在二〇〇〇年代，人們呼籲社會學要完全超越社會的概念，而進入可能更為豐富的「流動性」（mobilities）分析。

## 意義與詮釋

　　在社會學中，社會概念一直是從事社會學研究者自我**認同**的基礎。許多字典和百科全書都指出一項毫無爭議的事實，社會學「研究社會」，社會指存在於所謂**民族國家**領土範圍內一個大型的共同體。帕森斯（Talcott Parsons）補充了另外一個重要特徵，即社會具有「自我存續」（self-perpetuating）的能力——也就是說，內部組成的制度應能夠在不需要外部援助的情況下就可以複製社會。確實如此，對於大部分的社會史來說，社會學家已經研究、比較以及對比特定社會及其主要特徵，還有一些已經構思出來的類型學也清楚地表明這一點。早期第一、第二和第三世界社會之間的劃分，目的是要掌握全球財富和經濟生產方面的巨大差距，然而，當代對已開發國家和未開發國家不同的生活條件與情景的討論，也發揮相似的功能。這種類型學有助於提醒我們注意全球不平等與**權力**的議題。儘管如此，這種簡單粗略的描述對於民族國家內部的不平等及權力關係著墨有限。

　　除此之外，還有很多學者嘗試藉著提出一項特定的驅動力來理解社會

變遷，因此帶來了工業社會、後工業社會、資本主義社會、後現代社會、知識社會、**風險**社會等諸多理論，而且或許還有更多理論。這些關於社會變遷的理論，基本上還是根植於涂爾幹以民族國家為基礎的社會概念，但毫無疑問，將社會變遷的一個面向推斷成整個社會的決定性因素，此種傾向證明了這類理論的侷限性。

## 批判之處

社會概念的理論問題在於其相對靜態，彷彿事物一樣（thing-like）的特質，這樣做有時會給人一種印象，社會和個體是截然分開的「事物」。許多社會學家認為這種二元論毫無幫助也有所誤導，其中以埃里亞斯（Norbert Elias [1939] 2000）為最，埃里亞斯的著作被描述為一種「過程社會學」（process sociology），主要關注不同層次關係的轉變，從個人與個人的**互動**到國家與國家的**衝突**。埃里亞斯也許是第一位揚棄二元論者的學者，他認為二元論是西方哲學的遺緒，阻礙了社會學的思考和分析。

自二十世紀晚期以來，因人們理解超國家（supranational）社會的力量影響了個別民族國家決定自己命運的能力，社會的概念成為更尖銳的批判對象。全球化帶來對社會概念更大的不滿（discontent），因為此概念似乎已無法掌握全球社會變遷的動態。大型跨國企業的收入目前已經超越許多發展中國家的國內生產毛額，並且在全球範圍內尋找廉價勞動力的來源以及有補貼的經濟環境。各國政府必須團結起來，避免陷入生產低薪工作的「逐底競賽」（beggar's auction）。如蓋達（al-Qaeda）等恐怖組織，在世界各地組織、招募和發動恐攻，如果要有效打擊恐怖主義，國際合作就不可或缺。不只這些還有更多的例子證明，超民族國家層次能夠更有效形塑社會生活，社會學家必須找出方法來加以理論化。毫無疑問，社會的概念阻礙而非幫助我們理解全球進展。

27

　　最近嘗試超越社會概念的例子是與烏里（Urry 2007）有關的「流動性」計畫。這項計畫並未全盤否認社會的力量，但堅持確實有其他強大的實體，包括跨國機構、區域集團等等。不僅如此，他還建議社會學應該研究流動性（跨越國界的移動過程），這在人們的日常生活中變得越來越有影響力。

## 延伸相關

　　由於全球化的迅速崛起，再加上有大量研究探索了全球化輪廓和未來方向，有些人認為社會的概念（指的是一連串分散的民族國家）沒有未來。烏里（Urry 2000, 2007）針對「流動性」的研究就是一個很好的例子。主流社會學使用社會作為基本概念，因此社會或多或少被視為是與民族國家共存的有限實體。他們預設國家有足夠力量來調節和控制自己的發展，所以民族國家能夠走上不同的軌道。然而，隨著全球網絡和流動變得更得越來越有效且更具影響力，他們往往會跨越比以前更容易穿透的國界。在此全球化脈絡下，社會這個概念對於社會學分析逐漸無足輕重。烏里認為當今社會學家的任務是設計理解這些流動的方法，了解「流動性」存在的範圍及其所產生的社會生活方式。

　　另一方面，沃爾比（Walby 2020）認為不應該揚棄宏觀的社會概念，而是需要發展社會概念應對全球化、殖民化和歐洲一體化帶來的挑戰。她認為如果要達到此目標，需要結合兩種重要的社會學傳統；一種視社會為一套制度（來自涂爾幹），另一種是將社會視為一套不平等關係（來自馬克思）。這意味著把經濟、政治、暴力和公民社會等制度領域跟社會階級、性別和種族等不平等體制結合起來。

　　沃爾比（Walby 2020:2-3）根據複雜科學（complex science）的最新研究，使用「社會系統」這個概念把兩種傳統融合在一起。具體來說，她引入「社會成形」（societalization）的概念，指出社會是社會系統越來越

緊密結合的過程，但並未真的完全整合在一起。如此一來，社會這個概念在社會學分析依然實用，如同「民族國家的建構、歐洲化和全球化都是社會成形的例子」，即使完全融合為一個單一「社會」也不見得是終點。也許，全球化終究來說未必會消滅社會學的基礎概念。

| 主題二 |

# 社會學實作

## 概念 08 理念型 Ideal Type

### 現行定義

　　理念型是研究者對社會現象「純粹」的建構，只強調其中一些主要面向，用此研究真實世界中具體個案間的異同。

### 概念的起源

29　　　理念型這個概念是韋伯以社會學方式來研究社會行動的一種方法。對韋伯而言，了解與解釋社會生活不可能用和自然**科學**一樣的方法。人類與自然世界中的其他生物不同，人類創造了一個有意義的**環境**，我們必須將這些個人的行動置入社會環境脈絡之中才能了解。當然，有些社會學家認為人創建的組織和社會制度才是研究的主要對象，但韋伯（Weber [1904] 1949）認為要充分說明社會現象，必須在個人行動的層次才能理解。這種社會學方法被稱為**了悟**（*Verstehen*），韋伯用此來探索**資本主義**的起源和關鍵面向，資本主義與宗教信仰之間的關係、不同社會的經濟生活類型、不同歷史時期的**權威**和領導類型以及組織形式。建構理念型是韋伯研究方法中的重要元素，這讓他能夠結合社會學分析的宏觀和微觀層次。

## 意義與詮釋

　　理念型是一種「建構」（constructs），也就是研究者根據自己感興趣的特定社會現象得出標準創建而成。例如，我們可以構建社會主義、**民主**、網路犯罪、消費**社會**或**道德恐慌**的理念型。但在建構時，我們的目標並非盡可能結合現象的各個面向來準確描述現象。由於韋伯認為社會學不可能複製自然科學的實驗方法，所以我們需要尋找其他方法來獲得有效的社會知識，而理念型是一種可以幫助我們達成此目標的實用工具。

30

　　舉例來說，如果我們想了解蓋達組織網絡的「新恐怖主義」和獨特的伊斯蘭國（*Daesh*），我們可以從觀察中找出一些標準面向——也許是它們的全球連結、鬆散的組織形式、不同的目標，還有打算以極端的暴力對付平民（Lister 2015）。之後，我們可以圍繞著這些主要特質創立我們的理念型。當然，新恐怖主義的真實個案不會只包含這些要素，而且在某些情況下，可能會缺乏一個或多個要素，而有其他更顯著的要素。例如，伊斯蘭國在敘利亞和伊拉克的行動就涉及打造一支有效的軍隊，而不是依賴鬆散的**網絡**，從而成功地暫時占領並控制領土。但是，我們在建立理念型時有意地創建一個單一面向的模型（one-sided model），即一種純粹的形式，這種形式在現實世界中不存在或可能不存在。那些捲入新恐怖主義的人、單位和組織，實際上可能以偏離我們理念型的方式行事。但是，理念型運作的重點是要突出一種有邏輯地衍生而來的新恐怖主義形式，使得我們能夠與較舊的形式進行比較，並且更容易地找出在現實世界個案之間重要的相似點和區別。理念型是具有啟發性的方法——社會學家設計假設和從事比較的研究工具。

　　理念型類似一個立場，我們由此立場觀察社會世界；它也是一個參照點，讓研究者能夠據此針對研究現象開始提出一些現實問題。因此，理念型永遠不能說是對或錯，韋伯也不算讓理念型像科學假設的情況一樣，接受經驗研

究的檢證，假如有發現否定的個案就說理念型有誤。理念型的價值是可以從其中延伸出研究，以及促成我們的理解。如果理念型無法讓我們更掌握真實，或者根本無法產生更進一步的研究問題和研究，那麼簡單且直白地說，我們乾脆就拋棄這種無用的概念。

## 批評之處

　　韋伯的批評者認為理念型在社會學的用途有限。例如，埃里亞斯很刻薄地說，當我們可以研究「真實類型」（real type）或經驗個案時，卻認為我們應該花時間來構建理念型，實在是一件詭異的事。這批評似乎很不錯，但我們必須記住，理念型的意圖是要「敏化概念」（sensitizing concepts），這也是研究的初步階段之一，之後將發展成為正式的實證研究。

　　理念型另外的問題更常發生在使用方式而不是概念本身。特別是，理念型最初是一種有助於理解的啟發式工具，卻可能很快就成為需要辯護的真實特質。簡單來說，一個虛擬的理念型被視為代表真實的社會現象，這對理解社會現象毫無助益，反而成為理解的阻礙。帕森斯甚至在韋伯自己討論「資本主義」的著作中也觀察到了這種滑動（slippage），他在建構理念型以及獨特的歷史形式之間來回移動。帕森斯認為理念型在比較研究時指出社會現象的普遍面向很管用，可是在研究獨一無二的歷史時期和文化、需要詳細的經驗調查時，理念型就顯得不大有用。

## 延伸相關

　　社會學界仍然會使用理念型，尤其社會學家無法充分理解的新社會現象浮現時就很明顯。但是，有些社會學家重新回到韋伯的概念是為了延伸、填補空白或發展新的方向。例如，扎勒斯基（Załeski 2010）指出，韋伯著作中對宗教看待世界的態度而做的分類，常常遭人忽略或過於輕描淡寫。另

外，他試著在邏輯上延伸韋伯作品的當代效用。

　　韋伯的類型學涵蓋了入世制慾（inner-worldly asceticism）、出世制慾和世界流傳的（world-flying）神秘主義。入世制慾（例如清教徒主義〔Puritanism〕和喀爾文主義〔Calvinism〕）包含努力「讓世界滿足宗教需求」（Załeski 2010: 320）；出世制慾（基督教的禁慾主義者和隱士）認為現實世界對宗教毫無價值，造成拒絕現實世界裡有的事物；而世界流傳的神秘主義（在佛教和婆羅門教中）在信徒將冥想作為通往更高意識的途徑時出現。扎勒斯基提出了第四種理念型現世（world-active）神秘主義，例如萬物有靈的神秘主義（animistic mysticism），巫毒教儀式（voodoo rituals）或精神操縱。此外，雖然韋伯並不認為這種類型很重要，但扎勒斯基認為實際上這種類型目前非常普遍，以「新世紀」（new age）信仰、習俗以及對天使或魔鬼甚至是外星人的信仰形式出現，這些都被認為會影響或形塑這個世界上的真實事件。參與這類神秘互動使人們感到自己主動地「共同改造現實」。

## 概念 09　質化／量化方法 Qualitative/Quantitative Methods

### 現行定義

　　研究方法的基本差異，質化方法指的是深入理解研究對象的推論與決策過程，而量化方法則是指廣泛測量，對社會現象進行量化。

32

### 概念的起源

　　從社會學這門學科誕生初始，量化研究就是社會學的核心。涂爾幹以官

方統計數據把自殺率量化並進行跨社會的比較，是社會學家使用量化技術的典型。由於十九世紀渴望確立社會學是「研究**社會**的**科學**」，因此，社會學家轉向量化方法也就不足為奇，因為量化方法可以提出準確又可靠的測量，也提供比較與歷史研究的可能性，藉此深入了解空間與時間上社會變遷的程度。

　　質化研究起初是一種較為專門的形式，頂多是給更重要、規模更大的量化研究做點苦力（under-labourer）。質化研究往往被視為重要的先決條件，採取小規模的前導研究（pilot study），目的是釐清意義。但是，從一九七〇年代開始，這種情況開始改變，質化研究本身逐漸被視為一種獨立的調查方法。現在對於越來越多的社會學家來說，質化研究實際上要優於量化方法，已經是對於研究人類與社會生活更恰當、對象也更合適（object-adequate type）的研究方法。

## 意義與詮釋

　　量化研究通常以數字或百分比的形式產生數據資訊，以便評估社會問題的嚴重性，或是一群態度類似的人占多少百分比。描述性的統計資料非常有助於創建一套準確的社會圖像。工人階級占人口比例的高低？已婚婦女上班領薪水的比例有多少？有多少人相信全球暖化為真？這些問題都需要從事量化研究，基本上就是挑出一批有代表性的樣本來做，然後藉此得出一般性的結論。為了做統計上的檢證，量化研究的樣本往往比質化研究還多。

　　我們可以使用推論統計的分析把量化方法再往前推進一步，嘗試從數據得出一般性的結論——舉例來說，樣本內部各組間識別差異（identified difference）的機率是可靠的而不是偶然發生。當社會學家想要仔細挑出幾個相關變數來建立因果關係時，就會在不同的分析中廣泛使用推論統計。近年來，隨著電腦軟體程式的出現（例如普及的 SPSS）使得量化工作變得更

為簡單，因為這些軟體程式簡化了原始數據的操作並且能自動計算。諷刺的　33
是，這種發展也許正好與社會學轉向質化方法一致。

　　質化研究包括以下所有方法：焦點團體、民族誌、半結構或非結構化問
卷、面訪、參與觀察、傳記研究、口述歷史、敘事研究、紮根理論和生命史。
社會學家試圖用所有方法來了解社會生活的運作，以及人們如何詮釋和理解
自己的社會位置。簡言之，質化研究的目的是要挖掘人們社會生活的特質，
而不是測量社會整體的外觀與規模。質化研究成功的領域之一是能夠替那些
代表性不足或弱勢的社會團體發聲。針對無家者、自我傷害、家庭暴力、兒
童經歷等更多人的相關研究都從質化研究方法的設計受益匪淺，讓這些邊緣
性團體可以自由發聲。

　　質化研究法另一個好處是有機會提高研究結論的效度。不論是訪談或民
族誌，研究者可以告訴參與者他們是如何詮釋參與者的回應，並確認這樣的
理解是否正確。訪談結束後，可以做個匯報以消除一切可能的誤解。以大家
所知的紮根理論為例，傳統的演繹方法是先建構假設，然後以經驗資料驗證
對立假設，當研究者系統性地探索前，先以訪談稿的形式蒐集資料，挑選、
編碼然後分類，接著就是創造概念與理論，也就是概念與理論從資料中「浮
現」。這一切互動都意味著研究參與者要涉入研究過程，研究者與研究對象
之間無法嚴格區分。

## 批評之處

　　質化研究法與日俱增，帶來許多實用且充滿洞見的研究，但有些社會學
家擔心量化研究法可能會失寵。威廉斯等人（Williams et al. 2008）在英
國一份針對社會學學生如何看待量化研究法的全國調查發現，許多學生對於
處理數字和學習統計技巧感到不安。更令人擔憂的是，大多數的樣本對量化
研究法興趣缺缺或根本毫無興趣，因為他們認為社會學更接近人文學科而不

是科學。世代之間態度的明顯轉移，可能危及社會學作為一門科學的學科，也因此危及社會學的研究經費，最後還影響到招生。

　　儘管質化與量化研究法之間涇渭分明，但有些社會學家認為兩者之間的
區別並不像以前所想的固定不變。有些質化方法也包括數值測量，反之，有
些表面上是量化的研究也分析有意義的陳述（Bryman 2015）。質化研究
者使用套裝軟體分析大量的文本與訪談資料，透過編碼、分類來量化資料；
有些量化研究是透過半結構化訪談進行，也讓參與者可以超越研究者問卷的
固定框架。調查研究也對人們的態度和意見感興趣，也就是關注意義和詮
釋，而許多得自社會**互動**的觀察研究結論，也隱約預設了更普遍的應用。

## 延伸相關

　　有些質化研究者認為，測量和統計檢驗並不適合研究創造意義的人類，
而有些量化研究者認為質化研究的社會學家所使用的許多方法過於主觀而不
可靠，是一種無可救藥的我行我素。不過，現在有越來越多的研究計畫是採
取「混合研究法」（mixed-method），兼具量化與質化方法。量化與質化
方法的研究發現一致，可能會比使用單一方法得出的結果更有效且更可靠。
在混合方法的研究中，研究方法的選擇往往受研究問題和實際考量所影響。
希娃和同事（Silva 2009）針對文化資本與社會排除在三年間（二○○三
年至二○○六年）變化的研究，就是一份善用混合研究法的好例子。這項
計畫使用一份問卷調查、家庭訪談和焦點團體等方法，將量化與質化研究
混合。這些作者描述她們的方法為「方法論折衷主義」（methodological
eclecticism），認為這不僅可以提供一種確認事實的方式，還可以檢核詮
釋的合理性。

　　社交媒體成為日常生活例行公事，也引發可以或應該怎麼研究這些新媒
體的辯論及討論，像是 Facebook、Instagram、YouTube 和 Twitter 等。

找出社會學家實務上怎麼做的方法之一就是回顧現有文獻，這也是史奈爾森（Snelson 2016）針對質化與混合方法研究所做的工作。這份研究調查了二〇〇七年至二〇一三年間出版的二百二十九篇質化研究論文，其中有五十五篇也採用混合研究法，藉此指出社群媒體研究的新興趨勢。史奈爾森發現這段期間在質化與混合方法的研究整體有所增加，其中 Facebook 是被研究最多的社交媒體。這批研究的重點是試著了解人們使用社交媒體的方式與經驗，他們為了探索這一點，採用訪談、焦點團體、內容分析法和問卷調查等傳統技巧。而在混合方法的研究中，有一種趨勢是把使用傳統方法直接從社交媒體使用者蒐集來的資料，跟從社交媒體內容所得來的其他資料，如 YouTube 影片、Facebook 個人資料以及社交媒體貼文與討論，混合在一塊。正如史奈爾森論文的結論，從二〇〇七年左右以來，社交媒體的研究已經快速發展，現在已經自成一個研究領域。而且隨著它的發展，社會學家開始了解如何妥善處理和研究網際網路上可以取得的大量資料，以及這些資料可能透露的日常生活。

35

## 概念 10　實在論 Realism

### 現行定義

一種社會研究的方法，堅持有客觀外在現實的存在，而其根本成因禁得起科學調查的考驗。

### 概念的起源

儘管「實在論」一詞從古老時期就已被使用，但它是經過十六世紀和十

七世紀知識研究中實在論和唯心論（idealism）支持者的哲學辯論，才進入社會科學領域。哲學上實在論者認為，有一個現實世界存在，唯有透過感官體驗和觀察才能認識。**科學**的任務是在描述和解釋時再現現實世界，因此隨著科學的進步，我們會越來越接近真相。哲學上的唯心論者認為知識始於人類的思想、而不是外在世界，因此我們的思維結構實際決定我們如何認識這個世界。因此，沒有「直接」、無中介的方式來接近一個「存在於那裡」（out there）的外部世界。

一九七〇年代，有一種與巴斯卡（Roy Bhaskar [1975] 2008）、賽耶（Andrew Sayer 1999）等人有關的「批判」實在論重新復甦。批判實在論已逐漸被認為是社會學社會建構論取徑的替代選擇，因此反映出唯心論與實在論之間古老的哲學爭辯。批判實在論希望保留社會學的科學條件，卻不希望有實證主義的缺點，而且它還發展成一種調查的傳統，在英國的社會學界尤其有影響力。批判實在論提供了一套研究各種社會現象的方法，雖然這套方法在一些領域比其他領域使用得更廣，例如**環境**社會學。

## 意義與詮釋

批判實在論不僅是一種科學哲學也是一種研究方法，倡導者認為批判實在論能穿透事件的表象，並掌握真實世界現象的根本原因或「生成機制」（generative mechanism）。批判實在論努力想保持社會科學是一門「科學」，支持者宣稱科學家的任務是揭開某種社會過程如何生產我們所處所見之世界。實在論的出發點是人類社會乃自然的一部分，兩者應該用相同的方法研究。但這並不表示要把自然科學方法引入社會學。反之，實在論的方法據說可適用於自然科學和社會科學。

批判實在論其中一個基本原則是知識分層，實在論者同時處理知識的抽象和具體層次。抽象知識由高階理論組成，例如自然科學的「規則」或社會

的一般理論，而具體知識是指在特定歷史環境中偶然發生的知識。因此需要研究特定的歷史情境或「（歷史）關連」（conjunctions），再加上詳細的經驗研究，以釐清偶發因素如何與必要的關係相互作用，以產生觀察得到的特定關連結果。舉一個簡單的例子，迪肯斯（Dickens 2004）指出，火藥不穩定的化學結構造成它有爆炸的**力量**，但是這個力量是否觸發取決於其他偶然因素（火藥儲存的方式、是否接近火源，以及量有多少）。同樣地，人類有一定的影響力和能力（人性），但是否能夠行使這些力量也取決於歷史上的偶然因素：這些力量是否受到既有的社會關係支持或約束，以及社會是否提供足夠的機會讓能力能夠使用？

　　顯然，批判實在論和**社會建構論**處理知識生產的方式並不相同。建構論的研究經常採取一種「不可知論」（agnostic）的立場來面對社會問題的現實，例如全球暖化，將問題的評估留給環境科學家和其他人。但實在論者試著結合自然和科學知識，認為這樣應該可以更深入、更全面理解全球暖化及其根本原因或「生成機制」。有些批判實在論者把馬克思的**異化**視為早期實在論者的社會理論，因為異化將人類的本質連結到偶發因素，例如資本主義中社會關係的出現，而這種社會關係會有效阻絕人類充分實現其「物種性」（species being）。

## 批判之處

　　批判實在論的問題在於其使用自然科學知識的意願。由於他們未受過自然科學的常規訓練，也就沒有立場加入如氣候變遷過程的物理和化學等方面的辯論，因此社會學家要靠什麼來評估這些證據呢？假如我們就只是接受自然科學的知識，這在許多社會建構論者看來將顯得過於天真。尤其是科學知識的社會學有一種研究科學達成共識過程的悠久傳統。對科學社會學家來說，要維持深入了解實驗程序和其他科學方法所需的相對超然，絕對有必要

採取不可知論的立場。

批判實在論內部對於自然與社會科學是否能用相同的方法來研究也有爭議。比方說，巴斯卡本人認為社會科學和自然科學之間存在根本差異，也認為社會結構不同於自然結構。社會結構並不會延續太長的時間，也不能超脫人對其行為的認知。因此，我們可能必須使用不同方法來研究社會現象和自然現象。但果真如此，批判實在論可能無法提供一致性的研究方法，這是它作為後現代主義與其他「裝飾性社會學」（decorative sociologies）的替代選項如此有吸引力原因。

## 延伸相關

儘管受到批評，但可以說不管理論或方法論的觀點為何，所有社會學研究實作時都採用某種「簡單」的實在論。如果我們不認為有一個真實社會世界存在值得研究，那麼做研究的意義何在？對那些認為嚴謹的建構論是揚棄專業責任的社會學家來說，批判實在論可能是最有吸引力、非實證主義且目前可行的替代選項。

批判實在論已經廣泛應用於犯罪研究，並被視為犯罪學相關政策的復甦。馬修（Matthews 2009）指出許多當代犯罪學對減少犯罪和累犯抱持悲觀態度，因為看起來怎麼做都不見成效。但是，他認為實在論要求介入（interventions）而不僅僅是策略或實踐。介入體現出在特定情況下哪些事物可能起作用的理論，重點不只有介入還有評估，以確定介入的失敗之處。因為所有介入是針對積極的人類行動者（human agent），他們的目標是要改變或形塑潛在的犯罪思辨過程。對馬修（Matthews 2009: 357）而言，即使這類介入措施並未帶來徹底改變，但「即使是微小的收穫仍是收穫」，這可能會導致進一步的改革。

古納爾森等人（Gunnarsson et al. 2016）認為儘管有「主題對照」

（thematic alignments），但批判實在論在女性主義的理論化仍位處邊緣。這可能是因為批判實在論依舊是男性主導，因此它處理的核心問題本質上充滿著「陽剛性」。作者同時指出批判理論者傾向把性徵和性別一刀切，也抱持基礎生物學的觀點，而酷兒理論者（queer theorists）拒絕性別認同是建立在生物學的基礎上，又或者必須以生物學為基礎。儘管如此，女性主義理論家對本體論或「存在」（being）的相關理論越來越感興趣，使其更接近批判實在論的關注重點，雖然有些批判實在論的作品已探索傳統上「陰柔氣質」的主題，例如愛情（ibid: 433-5）。儘管批判實在論者和女性主義理論者最近有實質性的交流，但兩者之顯然還存在著極大的差異。

## 概念 11 反身性 Reflexivity

### 現行定義

　　知識與**社會**和／或研究者與主體之間關係的特徵，側重於社會行動者對自身及其所處社會脈絡的持續性反思。

### 概念的起源

　　反身性與反思或自我反思的觀念有關，因此已經有非常悠久的歷史。然而，這個概念在社會**科學**可以追溯到米德（George Herbert Mead 1934）和庫利（Charles H. Cooley 1902）關於**社會自我**的觀點、湯瑪斯（W. I. Thomas）的**社會建構論**取徑，以及一些關於自我實現和自我挫敗預言的早期研究。庫利和米德反對個體自我是與生俱來的觀點。反之，庫利認為自我是透過與他人的社會**互動**而產生，因為人們開始以他人看待自己的方式看待

自己。根據米德的理論，生物人類有機體與其他人的社會環境之間的持續互動產生了一個由「主我」（I）和「客我」（me）兩部分組成的自我，它們在個體內部不斷進行內在對話。這種個體反身性形成了有意義的社會互動的背景。

然而，從二十世紀後期開始，個人與社會反身性成為社會理論的核心。尤其是德國社會學家貝克（Beck 1994）和英國社會學家紀登斯（Giddens 1984）的理論觀點，將反身性概念從個人擴展到社會層次，同時對**質化**研究方法的重新重視，引起人們對社會生活本身反身性本質的關注。個體和社會反身性的存在被視為徹底破壞社會學之中任何實證主義的痕跡。

## 意義與詮釋

對於庫利、米德和更廣義的符號互動論來說，「自我」建構的過程使人類具有「反身性」，即積極參與社會生活同時又能夠進行反思。這種個體反身性意味著積極的人類行動者可以打亂科學家對他們將如何或應該做哪些行為的預測，這也表明所謂的「社會」是一個持續的社會建構，而不是固定、與個體分開的客觀實體。自我實現的預言也可以說明一些反身性帶來的後果。關於某家償債能力強大的銀行出現一些麻煩問題的謠言，可能會導致投資者急於兌現，使銀行陷入困境，進而實現這個謬誤的預言（Merton [1949] 1957）。各種知識和資訊都有可能改變人們的決策過程，並導致不可預測的行為。

紀登斯、貝克等人的著作中指出，反身性是理解當代社會的關鍵概念。紀登斯和貝克認為，「晚期」**現代性**是一種「去傳統化」（de-traditionalized）的社會脈絡，在這種社會脈絡下個體脫離社會結構，因此個體被迫不斷反思自己的生活和認同。貝克將這種新興的社會形式稱為「反身性現代化」、「第二現代性」或超越工業形式的「**風險**社會」。據說這種

高度反思對研究實踐的影響相當深刻。社會學研究的發現成為社會知識庫的一部分，個人會傳承這套知識並據此強化其決策。在自我實現和自我挫敗的預言中，這些明顯的遞迴效應（recursive effects）成為組成社會生活的一部分。如此一來，隨著研究者與研究主體之間的差距逐漸消失，一套立基於「存在於」（out there）外在世界的客觀研究的簡單實證主義取徑，似乎帶有誤導。同樣地，社會學家所採取的方法也必須反映出這一點，這可能就是傳記研究、口述歷史以及研究人員自傳納入研究過程等質化研究法越來越受歡迎的原因。反身性的概念已經成為社會理論化和社會學研究方法兩者的核心，指出兩者之間必然的關連。

## 批判之處

反身性現代化理論以及由它所預設的高度個體化（heightened individualization），樂於接受以實證為基礎的批評。雖然這套理論描述的一些社會變遷無庸置疑——例如**家庭**生活的多樣化、結婚率和離婚率的轉變——但新形式的反身現代性已經取代工業社會的說法值得爭議。處理風險真的成為當代社會的新組織原則了嗎？工業生產的過程已達到全球規模，大多數的製造業是在發展中國家進行，可以說工業**資本主義**仍然是當今社會最好的表徵。個體化和增強反身性的命題也可能過於誇大。儘管人們可能不會刻意認同社會**階級**，例如，他們做事的方式與二十世紀上半葉完全相同，但不意味他們的生活方式和生活機會不再受階級位置的影響。事實上，由於社會學家已經表明階級還是很重要，也就強力反駁了個體化的論點。

針對社會學研究中採取反身性概念也有不同的看法。某些人認為急於在研究過程中納入研究者自己的傳記，很容易自我放任，並且列出一大堆無關緊要的個人瑣碎細節。除此之外，對反身性的關注可能會導致一個對反身性的反思以及詮釋之上的詮釋，這種永無止境的過程，可能會導致研究者受困

40

在自己的作法中，因而犧牲許多人眼中社會學的真正任務，也就是生產關於社會生活有效和可靠的知識，以更能理解和解釋社會。如果我們要揭示構成社會基礎的模式和規律，該如何把反身性研究的作法應用到現在依然不可或缺的大規模社會與態度調查，也尚不明確。

## 延伸相關

41　　　　反身性已成為許多社會學研究的面向之一，但其他學科和研究領域也會採取這個概念。例如，懷廷等人（Whiting et al. 2018）引用反身性理論，研究「工作—生活」界線轉換的參與式影片。這項研究提供參與者攝影機，讓他們自己決定要如何處理好研究團隊要求其關注的概念。這使參與者能夠生產一些跟自己生活有關的資料，而不是複製傳統研究者與參與者之間不平等的權力關係。研究者感興趣的是研究者—攝影機—參與者三方的緊張關係是如何產生與管理。

　　　　參與者使用攝影機作為「反身性工具」，拍攝影片記錄自己一個禮拜的生活，從而產生他們自己的知識。為了讓參與者也有效地成為積極的研究者，研究者承認他們自己在記錄的過程中相對缺乏能動性（agency）。懷廷等人（Whiting et al. 2018: 334）點出，「我們鼓勵參與者這方進行反思，以了解他們在數位時代中工作與生活邊界的轉換，同時他們也鼓勵我們進一步對自己的研究實踐進行反身性的理解。」對於研究團隊來說，採用這種「關係反身性取徑」（relationally reflexive approach），促使他們考慮自己的潛在預設還有研究過程中的權力關係。

　　　　在作品中採取更接近反身性研究方法的人，並非都贊同貝克的反身性現代化理論或紀登斯的去傳統化論點。對於許多人來說，反身性就只是他們從事研究社會這份工作的方法之一，有助於他們更加意識到自己的偏見和理論假設。當然，帶入反身性對於研究者來說有所助益，否則他們就不會習慣反

思自己長久以來的習慣與作法，這有助於確保它們依然不過時且有效。

 ## 科學
## Science

概念
12

## 現行定義

以蒐集證據驗證理論的方法，取得有效且可靠的整體知識。

## 概念的起源

科學概念緣於對知識的描述，但直到十四世紀的歐洲，科學或「自然哲學」（natural philosophy）一詞的用法較為侷限，用於描寫被書寫與記錄的知識。十七世紀的「科學革命」時期有許多重要的突破，例如牛頓發現萬有引力，科學逐漸被視為一種調查方法。到了十九世紀，科學一詞僅用於與實體世界有關的學科，像是天文學、物理學和化學。在十七世紀末，科學哲學爭論的重點在於何謂「科學的」方法、科學知識如何證實為真，以及最終新興的社會學科是否與自然科學中產生的證據相似。

在二十世紀，各種實證主義流派都認為演繹或歸納以及驗證或證偽等方法的優點較多，所有科學（而不只是自然科學的學科）都應該遵循。然而，社會學家也逐漸把他們的學科視為科學，但要考量人類是有意識地行動以及**社會**與社會學知識之間存在**反身性**，角度與自然科學並不同。現在的社會學分為兩派，一派繼續認為自己是社會科學家，另一派則比較樂於從事社會研究的觀念，認為科學的方法與**地位**都已經過時。

42

## 意義與詮釋

毫無疑問，自孔德（Auguste Comte）的實證主義以來，社會學的關鍵問題一直圍繞在社會學是否算一門科學。這門學科與其他公認的科學（如天文學、物理學、化學和生物學）之間有何關聯？究竟，讓這些學科如此像「科學」的原因為何？許多人相信科學研究包含使用有系統的方法、蒐集經驗證據、分析資料以及對這些資料發展出理論性解釋。隨著時間發展，科學已經可以建立大量可靠的知識。如果我們接受這個特徵，社會學就是一門科學，因為它確實包含有系統的經驗調查方法、以及根據證據和邏輯論證分析數據與評估理論。然而，有越來越多的社會學家對於討論自己的學科是科學感到不安，他們可能更願意將社會學視為更接近人文學科而非自然科學。

研究人類顯然不同於觀察自然界的事件，因此社會學和自然科學可能永遠不會相同。人類不僅會根據本能或透過某種生物性需求行事，也會用有意義的方式彼此互動。這意味著為了描述和解釋社會生活，社會學家需要找到方法以理解人們**為什麼**用這種方式行動。人通常根據意圖行事，而社會學家往往會重新建構個人加諸於自身行動上的意義。要想掌握青蛙的行為並不需要重新建構如此複雜的心理論證過程。人類具有意義的行為特質有優點也有缺點。社會學家不能簡單地採用已有成效的自然科學方法，如生物學或化學，而是必須設計出適合自己學科特定主題（人類和社會生活）的專門方法。有一項重要的優點是社會學家可以直接與研究參與者交談並理解他們觀察到的反應。有機會與研究參與者交談並確認自己的詮釋，也就表示社會學的發現至少有可能比自然科學的某些發現更可靠（不同的研究人員會得出相同的結果）也更有效（研究確實測量到所設想的結果）。韋伯認為這些優點對社會學的科學地位至關重要。儘管社會學的方法必然不同，但其系統性、嚴謹性和理論知識並不亞於任何科學。

　　然而，社會學家面臨一些自然科學家不會遇到的問題。有自我意識的個體一旦察覺自己正被研究，可能會敏銳地改變自己平常的行為，造成研究人員的發現失去效力。例如，在日常生活中，人們會不斷試著管理自己在他人眼中的樣子，也就是社會學研究中可能會發生的「印象管理」。社會學家必須意識到訪談和做問卷調查的時候，受訪者的答案很有可能投其所好。各種不同的問題說明研究人類行為一項重要的特徵——反身性問題。

　　社會學知識會回流進社會，融入研究所在的脈絡，並可能改變這個社會脈絡。自然科學中並沒有所謂的社會反身性，這意味著，如果社會學是一門科學，就不能單純採用與自然科學相同的方法，必須發展「適合自己研究對象」（object-adequate）的方法。

## 批判之處

　　社會學應屬科學這個觀點的根本問題在於假定我們對科學有哪些要素有共識；雖然這在過去就是看自然科學做了哪些事，但現在情況已經大不相同。科學史學者的幾項重要研究，已經削弱過去和科學有關的確定性。孔恩（Thomas Kuhn 1970）研究科學領域的突破——科學革命——我們可能預期科學革命是知識長期積累自然的結果，事實上，孔恩認為自然科學是透過「典範」運作（立基於特定理論的科學研究方法）。「常態」（Normal）科學本質上是不斷對典範進行驗證與再驗證，這並不會帶來重大進展。當有人超越典範，得到違反常態的研究結果，就會導致新典範的出現，這時就會出現突破。

　　費耶阿本德（Paul Feyerabend 1975）對科學方法的歷史研究更進一步打擊了科學的**理念型**。他認為科學上許多革命性的發現根本與科學方法無關；反之，只是靠簡單的嘗試或錯誤，甚至是透過無法學習的錯誤與偶然發現。費耶阿本德的結論是科學方法只有一個重要原則——凡事皆有可能

44

（anything goes）。唯有鼓勵**偏離**科學模式，才可能確保創新。死板地堅持一種方法將造成停滯不前和缺乏進步。社會學試了幾十年想要找出模仿自然科學的方法，但到了一九八〇年代，這似乎不再值得一試。

## 延伸相關

世界各國政府對二〇一九年至二〇二一年新冠肺炎大流行的立即反應是向流行病學家和醫學科學尋求建議和指導。這顯然證明，比起神學的知識或常識，科學仍然被視為一種更勝一籌的知識。這種優勢的基礎似乎植根於科學實務上的成功，而不是對科學方法廣泛理解。在社會學方面，長期以來對於這門學科是否想要成為並被認為是「科學的」學科一直存在爭議，這似乎已經在何謂適當的研究方法上形成牢不可破的分歧。

施偉默與維喬瑞克（Schwemmer and Wieczorek 2020）認為，從主要採取質化還是量化研究法就可以看到這些分歧。他們認為這種分歧使社會學成為「一門共識低的學科，對立的陣營在方法論上把自己歸為自然科學或人文學科。」（ibid.: 4）這些陣營屬於不同的科學哲學。那些傾向人文學科的人偏愛建構論和邏輯歸納法，而朝向自然科學的人與實證主義和演繹法站在同一陣線。學術期刊往往被歸類為傾向量化或質化研究的主題，這無意中會強化已經根深柢固的立場。然而，施偉默與維喬瑞克的研究也在一九九五年至二〇一七年綜合性社會學期刊的樣本中發現這種分歧的證據。因此，儘管最近從各種分歧中出現了混合研究法的趨勢，但這篇文章指出，長期以來牽涉學科的科學地位所關注的議題，持續在社會學論述的結構之中紮根。

## 概念 13 社會建構論
## Social Constructionism

### 現行定義

一種社會學取徑，對於社會現象的真實抱持著不可知論，偏好調查社會 45
關係如何產生社會現象。

### 概念的起源

社會建構論的起源可以追溯到一九七〇年代初的「社會問題」觀點，這
個觀點認為社會問題是在引起人的關注和尋求國家資源。在各種訴求相互競
爭的**環境**中，對於可用的資源一直有太多訴求，社會問題的觀點分析為什麼
有些訴求能夠勝出而其他卻被忽視。然而，現在的建構論也從科學知識社會
學（Sociology of scientific knowledge, SSK）找到想法。科學知識社會
學研究知識生產的社會過程，把**科學**本身視為一種社會活動，必定禁得起社
會學調查的考驗。科學理論是其所在**社會**的產物，科學知識社會學經常質疑
科學理論表面上的「普世」有效性。

這兩條軸線的結合導致社會學出現普遍又廣泛的社會建構論。這種普
遍觀點已被用於分析各種現象，從歐洲的社會建構到連環殺人案、癡呆症、
**性傾向**甚至是海洋。這些研究的共同主題是試圖提出有關其研究對象的「自
然」或「客觀」**狀態**（status）的問題。社會建構論的觀點對於**社會運動**也
很實用，例如女性主義和身障者運動，它們挑戰那些讓女性和身障者處於相
對弱勢看似「自然」的現狀。

## 意義與詮釋

社會建構論在社會學獲得普遍採用，包括將所有引起特定社會現象（例如**性別**或犯罪）的元素拼湊在一起。建構論挑戰了將性別和犯罪視為自然或正常存在的傳統智慧及常識。對於社會建構論者來說，性別和犯罪是在歷史的社會過程和社會**互動**產生。當然，這也意味性別和犯罪並非固定，其意義與形式會隨著時間和不同社會而改變。如此一來，社會建構論立基於社會與制度一直在進步的想法，而社會學的任務就是研究這個持續的過程。

建構論者的研究方法不見得都相同，基本的區分就是「強」和「弱」兩種形式，而這是由科學知識社會學提出。然而，最近這種區別被重構為「嚴格的」（strict）和「脈絡的」（contextual）建構論之間的對比，如此區分似乎更加中立。嚴格的建構論者認為，無論自然和社會都會透過媒介呈現它們的樣子。所有現象都只能透過人類的概念和理論來理解，而且這些都是可以改變——有時是非常激烈的改變。嚴格的建構論者只是建構論者的少數。建構論者的研究大多數都樂於承認有一個外在於社會學家**論述**的現實存在，但問題在於我們要如何了解它。脈絡的建構論者對於社會與環境問題以及社會團體對這些問題的訴求有許多意見，他們指出，不能光憑表面就接受既有的社會問題優先順序。有些問題看起來很迫切需要關注，但有些看起來相對微不足道，大可放心地忽略。脈絡的建構論者以當前社會問題的優先順序為起點。這種排序是否真的反映社會問題的嚴重程度？社會學可以在調查「提出訴求者」（claims-makers）和「否定訴求者」（claims-deniers）時扮演積極的角色，因此社會學家可以確保公共領域之中會有理性評估所需的各種資訊。

漢尼根（Hannigan 2014）研究生物多樣性流失的環境問題就是建構論的好例子，這個問題在一九八〇年代快速引人注意。生物多樣性流失至少從一九一一年就已為人所知，無數保護瀕臨絕種的鳥類和動物立法就足以證

明這點。但是，沒有一個國際性組織能夠將這樣的關注轉為政治焦點。一九八〇年代的改變是因跨國公司看到基因資源的專利而加入（例如在熱帶雨林中的物種），一門保護生物學新「危機」學科的創立，聯合國基層組織的建立，提供了必要的政治焦點，以及一系列保護物種的立法。簡而言之，各種更有力的「提出訴求者」有志於提出這種要求，他們結合起來將這個主題變成環境問題的首要議程。當然，也有一些否定訴求者，但在這種情況下，提出訴求者看起來更強而且組織嚴密。建構論者關注訴求的歷史建構過程，才能清楚地顯示訴求成功的方式與原因。

## 批判之處

　　儘管許多建構論者的描述很有趣，但批評者反對他們的「不可知論」。例如，漢尼根對生物多樣性的研究就漏掉某些重要面向。生物多樣性的流失是一個越來越嚴重的社會和環境問題嗎？社會建構論並未處理也無法處理這個問題。為此，我們需要生物學家、自然歷史學家和環境科學家的專業知識。很少有社會學家具備參與生物多樣性或許多其他相關問題詳細辯論所需的專業知識。對於某些人來說，例如批判實在論者，如果在分析中沒有加入這些專業知識，那麼社會學就會淪為只看陳述、文件和文本的論述研究，從未深入了解手邊的真正問題。

　　另外一種批評是社會建構論似乎偏重訴求的政治性，在政治與社會運動方面，有時候也比科學社會學更有用。建構論指出相對強勢的社會團體能夠形塑和支配政治辯論，這是個很實用的功能，但建構論似乎太常站在弱勢這方。由此看來，有人認為這種觀點具有政治偏見。例如，婦女運動使用建構論的主張，證明女性在私領域、家庭領域並不存在「自然的位置」（natural place），生育和撫養孩子並不構成性別平等「自然」的障礙。這裡的批評並不是說這些論點站不住腳，而是說建構論更像是一種政治策略而非科學研

47

究的方法。

由於所有社會現象都可能適用於社會建構論分析，所以社會建構論本身不可避免地也被視為是一種社會建構——因此，莫提爾（Motyl 2010）尖銳地討論和駁斥「強」版本的建構論。他在論文中關注民族主義和**認同**形成，但這篇論文閱讀起來與主流的社會建構論有所區別，也認為主流的社會建構論非常「平淡無奇」，而強烈的建構論則是「非同尋常、令人興奮且不得體」。

## 延伸相關

社會建構論在社會學中獲得巨大的成功，而且在目前大部分研究可能扮演了重要角色。毫無疑問，社會建構論對社會生活有許多洞見。社會建構論指出了所有已知現象中不可避免的社會本質，將人類社會置於分析的核心，讓社會學家處於關鍵地位。社會建構論可以是極有價值的，因為它揭示了社會建構的過程，從而促進更深的了解和更普遍的公開辯論，而不是將這些問題留給「專家」。

無論在歷史上還是當代社會，移民問題以及我們對移民和難民的態度都一直是特別有爭議性的問題。在全球化的時代，移民問題在許多國家的政治、經濟和文化辯論中變得很重要。弗洛勒斯和舒赫特（Flores and Schachter 2018）探討美國非法移民的具體問題，問出「誰是非法移民」的問題。這個問題似乎無關緊要，因為合法和非法是法律問題，而且定義誰是「非法」也早就固定了。然而，這項調查訪問了一千五百一十五名非拉美裔美國成年白人對非法的看法。作者發現，社會階級、原國籍和犯罪背景是大家形成刻板印象以及「社會非法」的關鍵因素，並且影響了雇主、教師、房東和大眾的決定。簡言之，社會中的「非法」不僅是由法律，而且是強大的社會建構所定義，這會帶來嚴重族群不平等的後果。

# 概念 14 結構／能動性 Structure/Agency

## 現行定義

　　一種源於社會學的概念二分，致力於理解社會對個人的影響（結構）以及個人行動與改變社會的自由（能動性）之間相對的平衡。

## 概念的起源

　　儘管幾個世紀以來人類自由意志的問題一直是哲學辯論的一部分，但社會學將這個議題轉化為能動性和結構的「問題」。這問題本身直接來自早期社會學家的堅持，他們認為社會與限制個人選擇及自由的社會力量確實存在。斯賓塞（Herbert Spencer）和孔德將社會結構視為團體、集體和個人的集合，但是涂爾幹提出的社會事實以及把社會視為一個獨立實體的觀點，才奠定了這門新學門的主題。新出現的社會學類型側重於個人如何被社會結構所模塑和影響，這些社會結構的意圖和目的，都在個人之外，且不受個人的控制。在二十世紀的功能論，帕森斯設計了一套行動理論，認為社會結構並不「像東西」（thing-like），而是更接近規範性期望的模式以及管理社會行為之準則。

　　到一九六〇年代，理論的鐘擺又偏離由結構主導的理論。隆恩（Dennis Wrong 1961）和其他人認為，結構論沒有為個人的創造性行動留下太多空間，許多社會學家轉向以能動性為主的觀點，如符號互動論、現象學及俗民方法論。這股朝行動者觀點轉變的潮流，可說是新興多元主義理論的一部分，而現在的社會學研究者已經將這視為稀鬆平常。然而，從一九八〇年代以來，人們嘗試在理論上整合結構和能動性，例如亞契（Archer 2003）、

49

埃里亞斯（Elias [1939] 2000）、紀登斯（Giddens 1984）和布爾迪厄（Bourdieu 1986）的研究。

## 意義與詮釋

結構／能動性是社會學幾個相關的二元對立概念之一，包括宏觀／微觀和社會／個人。結構／能動性的區別可能是最持久的劃分，它使得達威（Alan Dawe 1971）提出實際上存在「兩種社會學」，兩者的主題、研究方法與證據標準南轅北轍。不認為兩者有這麼大差異的人，也將能動性／結構視為從事社會學工作的基礎。

研究社會結構的人似乎只關注宏觀層次的大規模現象，忽略個人行為；但研究能動性的人只看微觀層次的個人行為。這個經驗法則並不糟，但在微觀層次對個人行動的研究也有結構化的**互動**與關係；相反地，不只是個人，還有集體的實體（collective entities），例如工會、**社會運動**和公司也可能產生所謂的「行動」，因而在形塑社會生活時，展現了有創造性的能動性。因此，結構／能動性二分法並沒有完全適用於宏觀／微觀之分。

社會結構，像是階級體系、**家庭**或經濟是建立在社會互動之中，因此會隨著時間而持續與改變。比方說，由於收入水準普遍上升、**認同**（例如**性別**與**族群**）形式的競爭、以及出現新型態的職業和就業方式，這些都造成**階級**體系的重大變化。然而，人們出生的階級體系仍然存在，會對他們的生活機會產生重大的影響。同樣地，現在的家庭生活比五十年前年更加多樣化，因為社會文化變得多元，更多已婚婦女進入職場，離婚率急劇上升，但所有的家庭都繼續發揮重要的功能，例如社會化，能提供社會生活必要的訓練。因此，在一般層次上，社會結構創造秩序並組織社會中的各個領域。

有些人難以接受社會結構的概念。他們認為從好的方面來看，社會結構可被視為社會學家為了幫助研究所創的啟發式概念、建構性虛擬物

（constructive fictions），從不好的方面來看，社會結構是一種物化
（reifications），把那些實際上是流動的各組社會關係不合理地變成有形
的「東西」。互動論有一個關鍵要素是對情境的詮釋受他人影響，並具有相
當程度的**反身性**。因此，他們認為由結構論者提出的那種固定、有組織的結
構，實際上應該更具延展性、無常，而且要比原先所認定的更可能改變。一
九八九年在捷克（Czechoslovakia）發生相對和平的寧靜革命或「絲絨」
（velvet）革命顯示，在個人與集體能動性的創意行動下，顯然會迅速被摧
毀一個穩固的社會結構與制度。

　　「兩種社會學」的分離一直被視為是這門學科的問題，因為研究結構而
不考慮能動性，以及研究能動性卻忽略結構，似乎會使得社會學想像侷限在
社會現實的局部描述。解決這個問題的方式似乎是找到一種結合能動性／結
構的有效方法，維持兩者的最佳見解同時超越二分法。

## 批評之處

　　馬克思提供了一種重構這個問題的方法，他認為確實是人創造了歷
史（能動性），但他們並不是隨心所欲的情況（結構）下創造。紀登斯
（Giddens 1984）的結構化理論（structuration theory）有部分要歸功於
這個想法。對於紀登斯來說，結構和能動性相互指涉。結構不只是限制，也
有**賦能**（enabling），使得創造性行動成為可能，許多個人的重複性行動更
可以複製與改變社會結構。紀登斯理論的重點是「跨時空秩序」（ordered
across space and time）的社會實踐，正是透過這些實踐複製了社會結構。
然而，紀登斯將「結構」視為促使社會實踐得以隨時間複製的規則及資源，
而不是抽象的、支配性的外部力量。這種「結構的二元性」（duality of
structure）是在重新思考過去的二分法。

　　布爾迪厄的理論也很明確地想彌合結構與能動性之間的鴻溝。布爾迪厄

50

使用實踐的概念完成這個目標。人們已經嵌入、內化一套心理結構——他們的「慣習」（habitus）——使他們能夠處理和理解社會世界。慣習是特定位置（例如階級位置）長期存在於社會世界的產物，因此個人的慣習差異很大。布爾迪厄像紀登斯一樣，看到許多實踐是由此發展而來，但對布爾迪厄來說，實踐總是發生在一個「場域」（field）——一個生活領域或社會領域，如藝術、經濟、政治、**教育**等。場域是使用各種資源（資本類型）進行競逐鬥爭的場所。因此，在這個模型中，結構和能動性再次被視為是密切相關，而非彼此對立。

## 延伸相關

社會學似乎將繼續爭辯社會結構和個體能動性的問題。最近理論化的目標是要克服這種分歧，值得注意的是，紀登斯似乎是從潛在能動性的角度出發，而布爾迪厄的理論仍然更接近結構的立場。兩者是否達成真正整合的理論觀點至今仍在爭辯中。我們未來可能會看到，更多的實證研究和歷史研究將能夠闡明在特定歷史時期、特定的社會和社會生活領域中，結構和能動性的相對平衡。

51　　　廖開懷等人（Liao et al. 2019）對中國封閉社區和都市計畫者的積極角色之研究，是這種脈絡化實證研究的案例之一。這項針對中國都市計畫者所做的大規模調查中，研究人員發現混合的結構性因素影響了計畫者的態度，但他們也是計畫過程中積極的行動者。大多數計畫者表達支持封閉社區的觀點，這與當地政府官員的政策一致，但大多數受訪者實際上是居住在中產階級的封閉社區裡頭。結構化的階級地位和專業地位是影響計畫者態度的重要因素。然而，都市計畫者承認封閉社區的缺點，也能夠考慮到這一點來修改一些方案。本研究說明如何透過詳細的實證研究來評估結構與個人能動性之間的相對影響。

│ 主題三 │
# 環境與都市主義

## 異化
## Alienation

### 現行定義

人類與其本性的一些基本面向或**社會**分離或疏遠，通常會引發無力感和　52
無助感。

### 概念的起源

社會學使用「異化」一詞，源自馬克思早期的觀念，有關資本主義對社會關係的影響以及人類失去對生活的控制。然而，馬克思也受到費爾巴哈（Ludwig Feuerbach）對基督教哲學批判的影響。基督教關於上帝全知全能的宗教觀念，是將真正的人類力量投射到精神存在上，只有死後才能實現人類的救贖，而不是在現世。費爾巴哈認為這是一種異化或疏離的形式，是把人類力量神秘化（mystification），必須加以揭露和消除。

馬克思（Marx [1844] 2007）將異化概念抽離出本質上的宗教脈絡，用它來分析世俗工業資本主義社會的工作和生活情況。對馬克思來說，人類的「救贖」在於從剝削工人群眾的少數支配**階級**手中，奪回對社會各個方面的集體控制權。某些宗教信仰是意識型態控制的一部分，它們鼓勵工人接受

命運，以換取來世真正的救贖。在二十世紀，工業社會學家使用異化的概念，進行在不同管理系統下職場關係的實證研究。比起早期的馬克思主義研究，後來的研究往往更偏向社會心理學。

## 意義與詮釋

異化這個概念已經從社會學**論述**快速流傳出來，並進入媒體評論和日常生活的語言之中。例如，我們可能聽說有整個世代的人正「與社會疏離」，或者青少年次文化代表年輕人與主流價值觀的疏離。顯然，這裡的疏遠或疏離概念相當清楚，但社會學裡的異化和資本主義社會的不平等有關。馬克思歷史唯物論的方法就是從人們安排好自己去生產商品與服務開始。對於馬克思來說，異化就是處於一種有實際後果的客觀狀態，而改變這種情況的關鍵不是改變我們的腦袋或信仰，而是改變我們的生活方式，以便對我們的情況有更多的控制。過去的工作在我們看來似乎更需要體力付出、毫無保留和精疲力竭，但對農民和手工業者等許多社會團體而言，他們的勞動本身就有技術性，並可以自給自足；相較於我們在現代的製造工廠、大型辦公環境、客服中心或速食店所見，過去的人對工作任務可能有更多的控制權。現在的工作在許多方面對體力的要求比過去更低，但並沒有帶來更多的控制權，因此依然產生高度的疏離感。

馬克思的理論指出資本主義的生產方式在四個主要領域產生異化。工人與他們自己的**勞動力**異化：他們必須按雇主要求的時間工作，並執行指派的任務。他們和自己的**勞動產品**異化：這些產品順利地為資本家所有，並在市場上出售獲取利潤，而工人只收到一小部分作為工資。工人**彼此之間**也產生異化：因為資本主義迫使工人競爭工作，工廠和地區則競爭市場占有率。最後，馬克思認為，因為勞動是人類本質一個基本和明確的特徵，人們以上述方式與工作的異化意味著他們已經與自己的「**類存在**」（species being）

異化。勞動本身不再令人滿足，而只是達到目的的一種手段——賺取工資求生存。這表現在與「工作」概念相連結的負面含意，而且與更令人愉悅的「休閒」領域分離。馬克思期待的解決方式是終結資本主義剝削性關係並邁向共產主義，在過程中確立對生產過程的集體控制並消除異化。

## 批判之處

馬克思的論文雖然非常籠統抽象但深具影響力，並且與他的一般社會理論及劃時代的結論密切相關。為了讓這個概念有助於實證研究，社會學家拆解原本的異化概念，因此可以比較在不同的工作環境和不同管理體制下的異化程度。二十世紀有很多研究者嘗試將這一概念操作化。布勞納（Robert Blauner）的《異化與自由》（*Alienation and Freedom,* 1964）即是一例，這本書比較了四個企業工作條件的異化效應。布勞納感興趣的是工人如何經歷異化的關鍵面向：無力感、無意義、孤立和自我疏離。他推斷可以測量各種就業情況的每一個面向，以評估哪些類型的工作會產生最高程度與最低程度的異化。他的結論指出例行性的工廠工作，尤其是在生產裝配線上的工作會產生最高度的異化。然而，當生產線自動化，疏離程度就會降低，因為自動化的生產讓工人對工作過程有更多的控制。這個發現與標準的馬克思主義理論背道而馳，馬克思理論認為隨著技術取代人類，勞動力必然會去技術化。布勞納將主觀的認知帶入異化理論具有創新性和實證性，將工人的感受和看法加入異化理論。它還表明我們可以在不摧毀資本主義的情況下減少異化。

54

## 延伸相關

儘管有人嘗試將其擴大到更普遍的社會學應用，異化的概念仍然與馬克思主義理論相連。由於名義上的馬克思主義政權在一九八九年後垮台，革

命派的馬克思主義理論失勢，異化概念在社會學中似乎不太重要。然而，針對日本管理的研究隱約表示，採用工作小組和團隊決策，可以減少工人的異化並改善職場上的關係，並且也已經嘗試在其他領域使用這個概念。例如，余爾（Yuill 2005）將異化理論應用到他眼中基本上遭人忽略的健康社會學，儘管馬克思最初的理論指出異化對於體現人類特性（embodied human beings）的負面影響。他證明馬克思版本的異化概念對醫療社會學家還是相當有用。

即使在工作關係和職場關係領域，異化理論可能仍然有重要意義。尚茨等人（Shantz et al. 2014）研究了當代英國一家工廠的兩百二十四名員工，目的是要探索異化這個與馬克思重要觀點大致一致的概念在當代的效用。他們將這個概念在三個主要領域操作化：工作過程中是否會認真考慮員工的心聲，工人實際使用技巧的程度，以及工人對自己工作意義的認知。該研究發現異化的概念對人力資源學者很有幫助，但也指出當員工被排除在決策之外時，正如余爾（Yuill 2005）在上文所述，他們就無法使用技能，並且覺得工作中無意義時，結果可能是幸福感降低和情緒疲乏。

## 概念 16　環境　Environment

### 現行定義

55　　環境社會學中地球的自然環境，而不是經濟環境、商業環境或其他人類創造的環境。

## 概念的起源

　　如果「環境」的意思是「自然環境」，那麼它與「自然」的概念似乎大同小異。「自然」是一個非常古老而複雜的詞，有著多種含義，但在社會學中，環境經常被視為**文化**或**社會**的對立面。以「環境」一詞來描述社會所在的自然世界是非常近期的現象。當代的環境概念是自然力量和自然事物（例如植物、動物和生態系統）的混合觀點。環境概念在戰後開始取代「自然」，並於一九六〇年代在已開發國家的環保運動和綠色運動參與者中廣泛使用。然而，這個起源使環境具有更明確的道德地位，環境具有價值、需受保護免於人類活動的侵害，尤其是**工業化**和**都市化**的擴張。從最廣泛的意義來看，環境就是地球本身，衛星從太空任務中轉播的影像為地球這個概念提供了一個清晰且廣泛流傳的可見符號。隨著酸雨、全球暖化和污染等現象一躍成為亟需解決的關鍵問題，環境概念進入了社會學。當今「環境社會學」在美國是一個很重要的專業領域；而在歐洲，奠基於廣泛社會建構論觀點的「環境社會學」往往占主導地位。

## 意義與詮釋

　　許多社會學家對於把生物學概念應用在社會生活研究的解釋深表懷疑，這也是環境問題的研究花長時間才獲得社會學接受的原因之一。有些人認為比起不平等、**貧困**、犯罪和健康等存在已久的社會問題，環境議題仍處於社會學的邊緣。另外一些人則認為環境是更普遍重塑社會學和社會科學的新「核心問題」之一，包括**風險**、恐怖主義和**全球化**。研究環境與社會之間的關係包含理解社會關係和自然現象，因為環境問題是社會和環境的混合體（Irwin 2001）。當我們想到石油和空氣污染、食物的基因改造和全球暖化時，就可以清楚看到這一點，這些問題都要求社會學家掌握自然科學證據。

56

我們不能指望社會學家在這些議題上發表實際的觀點，除非他們明白這些問題會受到關注的原因以及對人類產生什麼後果。相反地，環境問題永遠不可能是完全「自然的」，因為導致問題的原因往往可以追溯到人類活動。因此，自然科學家還需要了解他們試圖處理的環境問題背後的社會原因或「人為」（manufactured）特徵。事實上，自然科學家眼中最嚴重的環境問題——全球暖化——被普遍認為是大規模工業生產和現代生活方式所導致的結果。

　　探索環境問題的社會學家往往落在兩個陣營之一。社會建構論者未把環境問題的「自然」面向視為理所當然，也往往不確定問題是否真的像環保運動者和科學家所說的那樣嚴重。這樣說有充分的理由，因為大多數社會學家未接受過自然科學的訓練，也不具備與自然科學家辯論的專業知識。反之，建構論者研究環境問題的歷史和社會學，把這些問題開放給一般公眾思考。

　　第二個陣營是環境社會學家和批判實在論者。如果環境問題真實存在而且有急迫性，就必須能了解問題的社會和自然成因並介入解決。批判實在論者，尤其是英國社會學界的研究者認為，社會學家的工作應該深入事實的表象之下，以解釋產生環境問題的運作機制。

　　一旦大氣中的二氧化碳濃度達到可以吸收更多太陽熱量的程度，就會導致地球表面全球各地的溫度上升，於是我們開始察看有可能帶來惡果的自然過程是如何產生。但這些自然過程是由人類長期活動所觸發，我們需要正確理解哪些活動是導因，哪些活動只是相關或結果。實在論者認為，我們不能對這些問題不清不楚。

## 批判之處

　　把環境概念帶進社會學一直被視為有問題。如果社會學家不得不聽從自然科學家對環境問題的了解，是否有損社會學所要求的批判性方法？由於

社會科學和自然科學使用的理論、方法和證據類型截然不同，假定兩組研究人馬能夠一起工作是否合乎現實呢？由於許多社會學研究人員採取社會建構論，與自然科學固有的基礎**實在論**相悖，因此，目前社會學更有可能除了繼續研究此類環境問題，也繼續研究涉入科學知識生產的過程與社會**互動**。

57

## 延伸相關

　　社會學作為一門學科，除了少數自稱的環境社會學家之外，直到一九九〇年代後期大部分都忽視或未能意識到環境問題的重要性，遠遠落後於綠色運動參與者和環境科學家。雷沃崔西（Lever-Tracy 2008）認為這主要是因為社會學對任何帶有「自然論主張」色彩的事物都深表不信任，一般來說偏向更讓他們輕鬆自在的社會建構論方法。當今關於環境—社會關係和環境問題的社會學研究及理論建構越來越多，豐富了我們的理解，並更能確定環境問題歸根結底就是社會問題。由於引人注目的全球暖化問題和**永續發展倡議**，以及對糧食生產、大眾消費和能源安全等問題的日益關注，社會學家現在接受，如果該學科要與新一代的研習者息息相關，就必須整合這些問題。

　　其中一個受到許多關注的領域是政治社會學，研究對現實或其他人為氣候變遷的各種政治態度。川特（Tranter 2017）認為澳洲對於全球暖化的主要意見分歧不在於它是否真實，因為民意調查顯示，大約九〇％的民眾相信全球暖化為真。比較有爭議的問題是背後的原因。大約三分之一的澳洲人民認為，全球暖化由自然原因造成，認同保守黨的人（尤其是男性）以及生活在農村的人更有可能反對主流的科學結論，反對當代的氣候變遷是由人類的活動所造成。洛克伍（Lockwood 2018）在另一項研究中指出，右翼民粹主義政黨的支持者往往懷疑氣候變遷，反對各種因應全球暖化的政策。他認為民粹主義意識型態的內容，尤其是把「人民」的利益與自由派、有國際觀的菁英對立起來，就是這種聯繫的核心。人為造成的暖化和處理暖化的政

策論壇，形成民粹主義論壇的一大象徵元素，外在的表現就是富裕的中產階級侵害底層民眾的生計及前景，顯示中產階級對工人的蔑視。這類民意調查是社會學家現在參與環境辯論的一條路。

## 概念 17 工業化 Industrialization

### 現行定義

58　　從十八世紀中葉的英國與歐洲開始，以機器取代人力和獸力勞動的過程，特別是在生產和工作領域。

### 概念的起源

在前現代時期，「industry」和「industrious」兩個詞一般來說是「勤奮」之意。到了十六世紀後期，「industry」也用來描述製造和貿易。這個定義後來被廣泛用於指涉特定的製造領域，例如採礦、電子甚至服務業。因此，工業化的概念暗示了一個長期的變化過程，從前工業社會或非工業**社會**朝向一個以製造為主的社會。由這個意義來看，工業化可能是現代化過程中最重要的面向。歐洲和北美的「工業革命」始於十八世紀中葉至十九世紀最初十年的英國。這個時期見證工業化過程開始起飛並隨著一系列相互關連的發展而生生不息，如煤礦開採、鋼鐵生產和促進大量商品生產的新技術。生產越蓬勃就表示人口越流動，因為人們離開鄉村農業地區，進入不斷成長且新作坊及工廠林立的城鎮與城市中找工作。

到了十九世紀後期，我們口中的工業化社會是建立在技術不斷變化的基礎上，以製造過程為主，而且大批工人受雇於製造業而非農業。雖然許多人

認為這是一個正面的發展，但在這個時期也目睹許多批評者抨擊過度擁擠的城鎮和城市中惡劣的生活及工作條件，以及機器對傳統工藝技能的破壞。早期的社會學家研究了**分工**的急劇擴張、新興的**階級衝突**和日益世俗化的都市生活方式。自從一九七〇年代以來，社會學家認為許多以前的工業社會逐漸變成後工業社會，因為越來越少的工人直接從事製造業，更多的人做的是**教育**、衛生和金融等服務業。

59

## 意義與詮釋

　　工業化是指動物和人類的勞動由機器取代。技術發展本身並不算創新，我們可以一直追溯到古代部落社會中非常基本的石器製造，這帶來新的社會實踐方式，例如讓狩獵和蓋房更有效率。但十八世紀的工業革命被視為一場革命性的變化，其意義類似於公元前九〇〇〇年的新石器時代革命促成定居和農業生產的改變。工業化改變了一般大眾的日常生活以及各種生活方式。因此，工業社會是一個以技術來調和人類與自然世界之間關係的社會。

　　工業化改變了人與自然之間的關係，因為自然逐漸被視為生產過程中使用的原料或資源的來源。十九世紀初期，許多社會評論家懷疑工業化只是一個短暫的過程，有可能被阻止或逆轉，但到了十九世紀末，這種猜想似乎變得不會發生。今日去工業化不但不太可能，而且如果全球人口未能驟減，去工業化根本就不會發生，全球人口的擴張已經超出社會科學家的任何預測。全球超過七十億的人口只有透過食品生產、運輸和全球分工的工業化才可能維持。

　　一九七〇年代起有些後工業變遷的理論指出，使用微電路、電腦運算、衛星和資訊技術等最新電子化發展浪潮，呈現了一股超越單純工業化的趨勢。然而，這些技術仍然在機械而非由人力和動物勞動主導的工業環境中生產。電腦必須在工廠製造，也要利用發電廠的電力運作。網際網路是一種美

妙的全球通訊方式，但如果沒有相關的技術設備和電源也無法連接使用。或許，比較準確的描述是說資訊技術的興起是先進工業主義的形式，而不是一場背離工業原則的運動。

　　工業化的重要後果之一是相關人口的流動，即所謂的都市化，它在十九世紀快速增加。工業生產為房屋、工廠和基礎設施生產了更多原物料，加速人們遠離農業和農村的生活方式。對於大量的人口來說，新的城市和城鎮似乎是一個全新的社會，有許多工業發明，如瓦斯、電力和新機器，以及更高的工資。許多批評者，包括英國的莫里斯（William Morris）和拉斯金（John Ruskin），看到傳統的生活方式和道德隨著新社會問題的出現而消失。早期的社會學家還抱怨**社區**和社會連帶的消失，以及個人主義和計算自身利益的增加（Tönnies [1887] 2001）。

## 批判之處

　　隨著越來越多的國家各自發展，工業化從許多方面來看都是一個持續的過程。然而，自一九七〇年代以來，後工業化理論提醒我們，先進工業社會正朝著不同的方向前進。製造過程已轉移到勞動力成本較低且法規執行較不嚴格的發展中國家。這導致已開發國家的製造業越來越少，服務業的就業擴張，越來越多人是與他人共同工作或為他人服務，而不是用原料和機器生產貨品。服務部門的工作需要一套截然不同的技能，包括「情感勞動」，伴隨著越來越多女性進入職業市場就業和接受高等教育，這也被視為是勞動力「女性化」（feminization）的一項重要原因。顯然，在這些國家，工業化已不再像過去那樣，儘管如此，這一概念仍然掌握了中國、菲律賓和印度等晚近工業化國家的經驗。

60

## 延伸相關

　　後工業化的命題描述了北半球國家的情況，但重要的是，別忘了這些國家無法迴避其他地方的工業污染。許多已開發國家經歷後工業社會經濟變遷並不意味著工業化的結束，因為這個過程現在正在世界各地上演。事實上，經濟學家和發展理論學者針對發展中國家的政府如何加快工業化的努力依然有著激烈的辯論。原口信也（Haraguchi et al. 2019）研究一九七〇至九〇年和一九九一至二〇一四年兩個不同時期的發展中國家，希望了解這兩個時期工業化速度最快且最能持續的國家。雖然同意固定因素的組合很重要，例如初始經濟條件、人口和地理，但其他因素也會產生影響。這些因素包括教育政策、貿易管理、金融部門的發展以及促進公共和私營部門投資和制度的穩定性。

　　有許多南半球國家很慢才轉向工業化政策，而現在環境問題正處於全球政治辯論的最前線。有一些學者現在主張現代化要避免早期工業化污染的破壞程度，並允許發展中國家生態現代化。然而，發展中國家對生態現代化計畫的可行性抱持懷疑的態度。道達（Dauda 2019）認為雖然生態現代化理論有著進步的承諾，但理論對於技術解決方案與市場機制的信念，忽視了現實世界中嚴重的政治和經濟影響。實際上，這一切主要的獲益者是位於北半球的跨國公司，它們把污染密集型技術轉移到工業化程度較低的國家，削弱了後者永續發展的倡議。如果生態現代化理論國家影響南半球創造永續的工業化形式，就需要參與這一類的研究。

61

## 概念 18 移民 Migration

### 現行定義

　　人從一個地理區域遷移到另一個地理區域，尤其是跨國的社會，二十世紀的遷徙變得更加廣泛和普遍。

### 概念的起源

　　人類從有歷史記載以來就會從一個地區遷移到另一個地區，大規模的遷徙是全球人種擴散主要的原因。在現代，隨著新的工作機會出現，吸引農村移民到城市地區，**工業化**改變了個別國家的移民模式，而雇主和勞動力市場對勞動力的需求也產生大量的跨國移民。納粹在一九三〇年代和一九四〇年代迫害少數族群，許多東歐猶太人為了安全而被迫逃往西歐，這顯示遷移往往是被迫而非自由選擇。遷徙往往會導致族群的混合，並且形成族群多元的社會。由於歐洲的整合，許多阻礙人口自由流動的障礙已經被排除，導致區域內的移民大量增加。這樣看來，大規模移民可能有非常不同的原因，移民理論需要考慮到這些。

### 意義與詮釋

　　移入（immigration）是指**搬進**一個國家過新生活的過程，而移出（emigration）則相反——指**遷出**一個國家到別處生活。研究移入和移出包括分辨「原居國」與「目的國」之間關連的移民模式，以及這些模式如何隨時間變化，意即檢視移民模式的轉變對遷移過程中個人、社群和社會的影響。自從第二次世界大戰以來，特別是最近幾十年，隨著全球遷徙增加，移民問

題已經變成世界各地重要的政治議題。移民並不是一個新現象，但在近代顯著增加，加速了**全球化**整合的過程。這種趨勢導致有些人將目前這個時期稱為「移民時代」。例如，自一九八九年東歐共產主義終結以來，歐洲經歷了「新移民」。一九八九年至一九九四年間，邊界開放直接導致數百萬人的遷移，而前南斯拉夫（Yugoslavia）的戰爭和種族**衝突**迫使大約五百萬難民遷移到歐洲其他地區。最近在敘利亞和伊拉克發生的衝突也讓大量流離失所的難民在原居國之外尋求避難，主要在歐盟的民族國家。移民模式也發生了變化，因為隨著國家分裂，原居國和目的地國之間的界限也變得更加模糊。

　　有四種模式可用來代表一九四五年以來的全球人口流動（de Haas et al. [1993] 2019）。美國和澳大利亞符合移民「**經典模式**」。這些國家裡，**社會**是因積極鼓勵移民而形成，新移民成為正式公民。然而，移民並非不受限制，一般情況下，通常會限制允許移民搬遷的數量。英國可以看到另一種「**殖民模式**」，它在不同時期鼓勵來自前殖民地的移民，主要是為了滿足勞動力市場的需求。一九五〇年代來自印度和牙買加等大英國協（Commonwealth）國家的移民可能是這種模式最好的例子。第三種模式，即「**客工模式**」，根據勞動力市場需求嚴格推行短期移民政策。德國和比利時採用此模式，這種模式與殖民模式不同，不允許移民成為公民，無論居住時間長短。第四種模式涵蓋所有形式的「**非法移民**」。近年來，隨著相對富裕國家的移民政策變得更加嚴格以及全球化過程促進了思想、資訊和人員的流動，使得這種移民形式持續增加。

　　解釋遷徙模式的理論一直是由所謂的推拉因素所主導。推力因素是國家內部迫使或「推動」人們移出的因素，例如衝突、戰爭、飢荒或政治壓迫。「拉力」因素是存在於目的地國吸引新移民的因素，例如更好的勞動力市場、就業機會、更好的生活條件和政治誘因。最近，推拉理論被認為過於簡化，尤其是移民模式變得更加流動和全球化。另一種方法是將微觀和宏觀層面的

63

因素聯繫起來。例如，在宏觀層面，我們可能會考慮法規變化、政治局勢或區域聯盟（如歐盟）的形成，從而產生新的移民架構。然後，我們可以將這些與微觀因素聯繫起來，例如移民者的財務狀況、他們對其他國家的了解及他們與**家庭**成員既有的聯繫。如此一來對特定遷移的描述就更令人信服和滿意。

## 批判之處

移民理論的批評者認為，大多數人未能擺脫非常古老的、傳統的觀點，無法參與新興的理論工作，例如新的移動研究（Urry and Sheller 2004）。許多關於移民模式的研究仍然以國家為中心，探索跨國的移動，無法納入區域的模式或大都會區裡頭的移動。新的移民模式也挑戰以**民族國家**忠誠為基礎的**公民身分**和**認同**等傳統觀念，導致那些固守於既定立場的理論出現問題。然而，如上所述，該領域近期的一些研究已經著手解決這些潛在缺陷。

## 延伸相關

移民研究很可能成為社會學重要領域，主要是因為當代全球移民的程度、速度和範圍擴大。皮薩列夫斯卡婭等人（Pisarevskaya et al. 2020）認為移民研究現在已經「成熟」，其研究數量快速增加，擴散到更多學科、採用多元的研究方法並且國際化，是世界各國學者共同研究探索的一門穩固、具多元性的學科。因此，社會學家試圖掌握與過去不同的新模式的輪廓，例如，由於大多數國家接收來自不同地方的移民，因而有跨國移民加速和多樣化的趨勢。

另一種趨勢是移民的全球化，包括有越來越國家成為移民的「送出國」和「接收國」，以及隨著女性移民數量日益增加的移民女性化現象，這同

樣與過去的模式形成對比（de Haas et al. 2019）。移民似乎正成為全世界「正常的」特徵，並包含了一些非常不同的形式。

　　有些人遷移到另一個國家是為了更好的生活，這是班森和奧雷利（Benson and O'Reilly 2009）研究相對富裕人群「生活型態移民」探索的主題。移民給了一些人承諾，保證他們可以過另外一種較單純的生活，也讓一些人有機會擺脫艱困的個人歷史包袱或重新專注於塑造新的自我認同。雖然這個主題通常不是移民研究的一部分，但作者從富人的角度研究了生活型態的移民，使他們能夠將移民的決定放進整個**生命歷程**的脈絡之中。這可能是研究其他移民類型極有成效的一步。另一個極端是販賣人口和現代奴隸，許多人認為這些應該已經消失了一段時間了。然而，馬斯奇（Masci 2010）的研究顯示在二十一世紀，大量的人口販賣使世界上最貧困地區的人民因為被迫勞動、性與賣淫而流離失所，其中大部分和國際的組織犯罪息息相關。簡短的歷史概述調查了世界各國政府是否盡力控制和預防人口販運，並涵蓋南半球和北半球的辯論，研習者應該會從中獲益。

## 概念 19　風險　Risk

### 現行定義

　　根據貝克（Ulrich Beck）的說法，風險是試圖避免或減輕潛在的危害（hazards），特別是人類活動帶來的「人為風險」。

### 概念的起源

　　「風險」一詞來自日常用詞，已發展成一個社會學概念，以及更普遍的

社會變遷理論。冒險或從事愉快的冒險行為，例如極限運動，是許多人正常生活的一部分，並涉及包含危險元素的行為。這些活動大部分精心計算過風險，人們盡一切努力使活動盡可能安全。企業、政府和志願機構使用不同學科領域的風險評估方式來權衡行動方案的利弊、評估成功的可能性，並提出盡可能減少財務與其他相關危險的方法。

　　一旦社會學家開始使用風險概念，這個概念的意義就會變得更廣泛，現在它指的是一種普遍的社會情境：工業社會中的人開始反思**現代性**更有害的一面。貝克（Beck 1992）和紀登斯（Giddens 1991）深深影響風險（或信任）理論的建立，還有我們對當代社會的理解。然而，風險的一般概念已經被帶入更廣泛的主題，包括健康、犯罪和**偏差**、**環境**和社會理論。

## 意義與詮釋

　　風險並不是什麼新鮮事。受到人身攻擊、捲入意外事故或陷入自然災害的風險在人類事務中存在已久。然而，風險社會學家認為，當今「有嚴重後果」的風險，例如全球暖化或核子武器擴散的風險，並非出於「自然的」或超出人類控制。相反地，它們是「**人為的風險**」，是科學知識應用於生產的產物以及技術不斷進步所造成的意外衝擊。

　　日常生活中有許多決定也充滿了風險和不確定性。許多工作受制於短期契約、臨時工制度和不安全感，因此自我認同不再根植或奠基於傳統**認同**的來源，例如**家庭**和**社區**。由此產生的不確定性帶來真正的機會、也帶來風險，因為與之前相比，個人必須更會利用自己的資源，並根據可獲得的大量資訊做出自己的決定。例如，過去的婚姻非常簡單，是**生命歷程**的一個階段，也是成人**性傾向**的穩定化。如今，很多人未婚同居、離婚率提高、再婚率也提高，人們必須在越來越不確定的情況下進行風險評估。這是風險概念進入社會學**論述**以及人們日常生活的典型方式（Arnoldi 2009）。

過去二十年左右的時間，發生了多次恐怖攻擊，這些攻擊也改變了人們對社區在暴力威脅下有多安全以及政府如何保護公民的看法。搭乘國內線的飛機現在可能有一整套安全措施，例如全身 X 光機，目的是降低乘客受害的風險。因為風險是我們現代生活方式的產物，帶來新的選擇、挑戰和決定。即使現在要吃什麼這種看似簡單的決定，也是在食物優缺點等對立的資訊和意見脈絡下做出的選擇。

　　對於貝克來說，風險的概念有更重大的意義。他認為隨著新型態「風險社會」的出現，我們正經歷工業**社會**的逐漸消逝，其中風險意識和風險規避正成為核心特徵，環境問題日益顯著。在十九和二十世紀，政治受到工人和雇主之間主要利益**衝突**所支配，藉由左派和右派政黨上演，側重於財富分配。根據貝克（Beck 2002）的說法，這種產業**階級**衝突已經失去意義，因為人們意識到如果蛋糕本身因污染和環境破壞而有毒，即使搶奪更大塊的「財富蛋糕」也是白忙一場。我們正在邁入一個「世界風險社會」，即使是相對富裕的國家也不能倖免於工業污染、氣候變遷或臭氧層破洞。風險管理將是全球新秩序的關鍵特徵，而單一**民族國家**無法克服全球性風險。因此，政府之間的跨國合作，例如〈京都議定書〉（Kyoto Protocol）等藉由減少碳排放應對全球暖化的國際協議，可能會變得更加普遍。

## 批判之處

　　對風險理論的主要批評之一就是認為理論過於誇大。舉例來說，儘管人們對環境問題和風險有了更多認識，但並沒有充分的實證研究和具體證據來支持貝克世界轉向「風險社會」的論點。如果以階級為基礎的舊政治確實正在消亡，以環保為訴求的政黨並未取得我們所預期的選舉突破，位居「左—右」光譜的工黨、保守黨和自由黨仍然繼續支配國家政治。在全球層次，財富的創造和分配仍然是主要議題，因為開發中國家正在拼命縮小貧富差距。解決

66

開發中國家絕對**貧窮**的巨大問題仍然是國際政治的重心。有些批評者認為風險理論對於風險的概念及其它在不同文化中的變化仍屬無知。有些社會定義下的「風險」在其他社會中可能不是，就像在富裕的工業化社會中被定義為污染的東西，在較貧窮的發展中國家經常被認為是經濟健全發展的表徵。所謂的風險因文化而異，也使得要達成國際協議以應對風險變得非常困難。

## 延伸相關

67　　　儘管風險理論有些較重要的主張可能過於誇大，但最近的社會變化絕對造成更多不確定性，同時也減少對傳統生活方式和習慣的依賴。在此脈絡下，對風險的敏感度似乎日益增加，同時個人也需要自行回應眼前更廣泛的問題。全球健康危機，例如最近的新冠肺炎大流行或麻疹腮腺炎德國麻疹混合疫苗（MMR）注射安全性的爭議，以及生活轉移到網路上是否危險的持續辯論，顯示那些可能被視為非政治問題的事正進入「風險政治」的領域。

　　新冠肺炎大流行的研究似乎始於二〇二〇年中，社會學家開始利用理論工具包來評估這場疫情還有因應措施如何影響個人和社會。盧普頓（Lupton 2021）廣泛回顧點出許多相關的社會學觀點（包括風險理論），可能有助於這項工作的進行。例如，貝克（Beck 1999）的「世界風險社會」（world risk society）概念指出，隨著全球化的進展，風險跨越國界蔓延，這一點從新冠病毒透過全球運輸體系在這麼短的時間內就傳播到各大洲就可以清楚看到。盧普頓還指出，新冠肺炎的風險內容與許多先前的傳染病和大流行疾病不同。一九八〇年代的愛滋病／毒大流行很快就與某些社會污名化行為聯繫在一起，例如性行為和注射毒品。但是，新冠肺炎有著「普遍的」風險，所有社會群體都會受到感染，因此不太可能對特定群體進行污名化。一九一八年到一九二〇年的「西班牙流感」感染全球約三分之一的人口，造成五千萬到一億人死亡，其中許多是年輕人。然而，新冠肺炎對健康的年輕人並沒

有特別嚴重的影響，而是對老年人的影響最為嚴重。風險理論可為探索不同
社會群體之間的不同經驗提供實用的指引。

## 概念 20 永續發展 Sustainable Development

### 現行定義

結合全球自然**環境**的長期保育與開發中國家經濟發展的方法。　　　　68

### 概念的起源

永續發展的概念明確始於一九八七年聯合國布倫特蘭委員會報告
（United Nations Brundtland Commission report），儘管在時間更早之
前也出現類似的概念。十八世紀後期，馬爾薩斯（Malthus）寫出人口不斷
成長的危險，他認為人口成長有一天會超過地球所能負荷。除非人口穩定維
持在安全水準，否則可能會造成大規模飢餓、飢荒和社會崩潰。彌爾（John
Stuart Mill [1848] 1999）認為經濟無限成長會破壞生活品質和環境。馬爾
薩斯和彌爾兩人追求的就是現代人所說的永續發展。

一九七〇年代出版的《成長的極限》（*Limits go Growth*）（Meadows
et al. 1972）提出五種全球趨勢——加速**工業化**、人口快速增長、普遍營養
不良、非再生資源枯竭和環境惡化——並且藉其預估可能的前景。書中結論
指出，儘管有新技術且可用資源倍增，但經濟不可能持續不斷成長，將在二
一〇〇年之前停止。布倫特蘭報告隨後提供了一個政治論壇，藉著減少全球
不平等來結合經濟發展及自然保育。

## 意義與詮釋

這份開創性的報告《我們共同的未來》（*Our Common Future, 1987*）（以委員會的主席布倫特蘭〔Gro Harlem Brundtland〕的姓氏為名）由世界環境與發展委員會（World Commission on Environment and Development）編寫。報告提出著名的永續發展定義：「既滿足當代的需要，又不損及後代子孫滿足其本身需求之能力的發展」。這個概念在政治上帶有爭議、極具彈性，因此有著相互矛盾的詮釋。然而，環保主義者、政府和國際機構會採取其中某些版本的概念，試圖找方法處理嚴重的環境問題和全球不平等。這個定義要求現代人設法創造足夠的財富來滿足自身需求，同時又不破壞賴以生存的自然環境，這樣就不會損害及下一代。

這個概念結合**永續性**和**發展**，吸引了北半球相對富裕國家的環保主義者和政府，還有致力於改善南半球經濟相對貧困的所有人。它帶來許多目標，涵蓋廣泛的社會指標，例如**教育**和識字、健康、提供服務和**社區**參與。同時，企業和政府環境審計、城市空氣品質、回收利用等更多環境指標，旨在減少人類對環境的影響。到目前為止，永續發展倡議的結果相當複雜，有許多小規模的社區倡議和部分進展，但不是所有指標都有進步。

聯合國千禧年生態系統評估委員會（UN Millennium Ecosystem Assessment Board 2005）的報告提供了一項總體評估，報告的結論指出人類的生活依然入不敷出，給全球環境帶來了無法永續的壓力。它特別強調，我們無法保證承諾留給後代子孫達到一個符合他們自己需求的地球，而且二〇一五年達到全球**貧困**和營養不良減半的千禧年目標也無法實現。事實上，全球不平等正在加劇，環境破壞正在惡化，每年約有一百八十萬人因個人衛生、環境衛生或供水不足而死亡——這很難說是大力支持永續發展的概念並落實的結果。

69

## 批判之處

兼容並蓄的永續發展可能是一股力量，因為每個人都能參與其中。但這也可能使關於永續發展的公共**論述**顯得不連貫，意指「迎合所有人」，但最終影響甚微。經過三十多年的永續發展倡議之後，最迫切和刻不容緩的議題仍然沒有真正的進展。也許永續發展尚未實現最初承諾的原因之一，可能是這個概念缺乏了基進的內涵，並被用來掩蓋**意識型態**以促進非永續性的計畫。簡而言之，過去永續發展的實踐就是「既沒有永續性也沒有發展」（Luke 2005）。

另外有些批評者對這個概念本身有意見。由於永續發展源於西方的保育論（conservationism）和環境政治，因此本身有著與生俱來的偏見，主要偏向工業世界環境保護的主要問題，而不是開發中世界減輕物質貧困的核心關懷。這導致西方政府懲罰開發中國家未能保護熱帶雨林和珊瑚礁，而西方國家卻繼續揮霍資源的荒謬景象。相反地，開發中國家抱怨，限制溫室氣體排放量的提議並未考慮到，富裕國家的排放大部分是「奢侈排放」（例如買車帶來的碳排），而較窮的國家則是為了經濟發展迫切需求的「生存排放」（survival emissions）。諸如此類的爭議可能表明永續性和發展是水火不容的目標。

## 延伸相關

永續發展是一個非常容易批評的概念，有著追求烏托邦的雄心壯志，也被認為是解開我們這個時代生存危機的關鍵。然而，我們最好將永續發展視為一個持續的過程，過程才重要。也幾乎沒有任何真正的替代概念能吸引如此廣泛的人民、政府和非政府組織。還有一個情況，最尖銳的批評來自內部而不是外部。千禧年生態系統報告《生活入不敷出》（*Living Beyond Our*

70

*Means,* 2005）就是一個很好的例子，它承認進步有限並羞辱各國政府做得不夠。只要這種頑固執著的自我批評繼續下去，永續發展就很可能會維持目前卓越的地位。

　　旅遊業可能也是一種永續的經濟發展形式，相較於製造業和工業生產，旅遊業的污染似乎比較少。然而，旅遊業本身也會對環境產生影響，對於某些人來說，「永續旅遊」（sustainable tourism）的概念本質上有矛盾。更準確地說，夏普利（Sharpley 2020: 1932）認為「友善環境的旅遊發展（永續旅遊）是根本；但是要藉由旅遊業達成永續發展根本無法實現。全球旅遊業的快速增長顯而易見。從二〇〇〇年到二〇一八年，每年遊客人數增加雙倍以上，全球航空旅客總量幾乎增加了三倍，許多新的旅遊目的地興起，低成本廉價航空公司全球市占率從二〇〇六年的一五‧七％上升到二〇一八年的三一％。這種擴張很可能被視為經濟「發展」，但夏普利認為這並非環境的「永續」。如果旅遊業要在創造永續的未來發揮作用，全球旅遊業必須要重新思考和重新改造，以徹底減少碳足跡。

## 概念 21　都市主義
## Urbanism

### 現行定義

71　　　現代城市和都市地區獨特的生活風格，以及這種生活風格對周邊郊區和農村的影響。

### 概念的起源

　　城市是人類大型的定居形式，比起外圍和較小的定居處，城市通常是**權**

力中心。儘管城市存在的痕跡可以追溯到遠古時期，但認為城市和都市生活具有獨特風格或生活方式的觀點，可追溯到十九世紀後期的社會學論點。當時，都市化過程導致人口快速增長和密度提高，在許多人看來，這代表進入新文明階段。突尼斯（Tönnies [1887] 2001）和齊美爾（Simmel [1903] 2005）探討人類定居的今昔對比，呈現了個人如何發展出新的心理和社會策略以便在新**環境**中生存。然而，隨著芝加哥學派在一九二〇年代和一九三〇年代的努力，城市研究逐漸成熟。帕克（Robert Park）、伯吉斯（Ernest Burgess）、沃斯（Louis Wirth）等人採用芝加哥學派的獨特方法，也就是「城市生態學」，有效開啟城市研究的次領域。這個領域最近的研究著眼**於社會運動**和**全球化**過程與城市生活的相互影響。

## 意義與詮釋

　　突尼斯是城市研究的重要先驅。他在一八八〇年代觀察到*禮俗社會*（Gemeinschaft）（*社區*）中緊密又持久的傳統社會連帶，正被更鬆散、更短暫的法理社會（Gesellschaft）或單純連結（Mere association）所取代。突尼斯認為這無可避免，但在變遷的過程中有一些重要的東西正在流失，因為由此產生的個體性（individuality）很容易就轉變為更加自私和工具性的個人主義。另一位先驅齊美爾試圖掌握城市生活的經驗和品質，關注人們如何面對城市。齊美爾指出都市人採取一種司空見慣的態度、以「全都看過」的心態來適應城市，削弱及否定城市生活對感官的消耗。如果沒有這樣的應對機制，城市環境會變得難以忍受。

　　沃斯（Louis Wirth 1938）在他現在很著名的說法「都市主義是一種『生活方式』」中穩固了先前對城市體驗的印象派描述。現代都市主義的出現標示出一種人類存在的新形式，其特色是以達成特定結果為目標的鬆散、短期互動。買公車票、汽車加油、在銀行討論儲蓄帳戶——所有這些日常

72　互動都是沃斯所謂的「次級接觸」（secondary contact）。次級接觸和**家庭**與社區等「初級接觸」（primary contacts）的不同在於人們互動中只有帶入一部分的自我，剛好可以順利完成**互動**過程。這些互動只是為了達成其他目標的手段。次級接觸當然不可或缺，但沃斯的論點是都市主義要求這些次級接觸成為主導的類型，反過來，社會連帶——把社會凝聚在一起的黏合劑——難免變得更加疲弱。

　　芝加哥學派提供有助於建立社會學城市研究的基本工具。該學派成員提出的觀點稱為「都市生態學」（urban ecology），分析城市內部社會分化的過程。正如帕克所說，城市是「一座大型的分類機制」（a great sorting mechanism）。他使用生物學的次學門生態學的概念——競爭、入侵和演替，來說明城市發展如同一系列的同心圓。商業聚集在市中心，沿著商業區是品質不斷惡化的私人住宅。下一圈包含早已建立的特定地區，再下一圈則是有錢人居住的郊區。如同生態學一樣，入侵和演替過程會跨越同心圓不斷運轉，使得城市保有獨特的變化、流動特徵。儘管生物學的比喻普遍不受青睞，但生態學方法仍激發了許多實證研究。

　　都市研究的最新趨勢探索了都市環境空間的不斷重組，企業搬遷，投資者購買土地和財產，政府和議會採行措施鼓勵就業外也試圖保護綠地。城市空間的重組是持續的過程，因為資本主義公司會四處移動來獲得競爭優勢，這個過程現在已成為全球現象。這也導致某些地區的城市衰敗，而另外有些地區的都市則迅速復甦。這也意味著都市主義的形式隨著商業環境而改變，最近是從工廠變成辦公大樓，還有重新開發已變成私人住宅的工業用地。

## 批判之處

　　都市主義概念的問題在於把美國和歐洲早期研究中提取出來的概念，當成所有城市的普遍特徵。倫敦、紐約或巴黎等富裕的西方城市與奈洛比

（Nairobi）、孟買或達卡（Dhaka）等開發中國家的城市真的相似嗎？除了人口大量聚集之外，差異似乎更為顯著，例如開發中國家許多城市中心區周圍是貧民窟、臨時棚戶區，在已開發國家看不到同樣的空間。同樣地，即使在單一城市內，城市景況也是多元與多樣，這意味著齊美爾或沃斯所描繪的景象，可能只適用於中央商業區和大型購物區。

　　許多城市研究以負面語調描述都市主義的特性也可能受到質疑。有不少都市人很有可能認為生活中毫無人情味是一種放鬆，可以享受隨之而來的自由自在。如此一來，我們也就能夠把都市主義理解為改良過去扼殺個體性之緊密社群。「選擇性社群」（communities of choice）的形成，例如聯誼團體與同好會，也打破都市主義促成極端個人主義的誇張論點。甘斯（Herbert Gans 1962）指出城中村（urban village）在美國城市中的移民群體中非常普遍，這顯示都市主義可以催生而非破壞社群生活。一般來說，生態觀點忽略了城市設計和規劃的重要性，這些行動有可能會減輕他們所描述的都市問題。

## 延伸相關

　　都市主義的概念使得我們對人口稠密的都市環境特色和不斷變化的特徵更敏銳。齊美爾對城市「精神生活」（mental life）的描述可能是印象派風格，但確實捕捉到了生活在城市中的感覺，並證明城市實際上是社會現象也是空間現象。自從芝加哥學派帶入生態學的方法以來，城市研究領域已經發展出各種方向，至今仍然是一個充滿活力的社會學專業領域。有兩個研究領域重新引起人們的研究興趣，就是理解城市更新的過程以及南半球與北半球的城市有何差異，這是大多數都市主義和都市經驗的社會學理論基礎。

　　朱津（Sharon Zukin）的作品《裸城》（*Naked City*, 2010）是對都市主義體驗有趣的詮釋，該書是個人經歷一九八〇年代美國城市復興的旅

73

程。這段時期不但見證了許多破舊的建築物和地區的重新發展，也造成一些人認為城市已經失去了某種真實性（authenticity）。朱津寫道，注入紐約的民間融資導致人們過度關注購物和安全。另外，雖然她並未認為人們應該要哀嘆貧民窟的消亡、街頭高犯罪率和吸毒成癮，但一九八〇年代所經歷那種同質化重建卻也掃除了這座城市大部分的多樣性、創造力和活力。這是一篇個人記述，但它不落入懷舊窠臼，並在當代都市計畫者所面臨的挑戰中加入了許多社會學的見解。

　　有些學者採用了名為「後殖民都市主義」（postcolonial urbanism）的觀點，目標是糾正偏重北半球都市和全球資本主義的傳統。然而，布倫納和施密德（Brenner and Schmid 2015）認為，到目前為止，這種努力尚未發展成為一種真正的新研究典範。辛德勒（Schindler 2017）認為主要原因有二。首先，後殖民都市主義並未充分討論和釐清適合主題的研究方法，其次，「後殖民」一詞經常被用於描述性而非分析性研究。辛德勒認為南半球城市與北半球城市有根本上的不同，並概述了三個關鍵面向。第一，南半球都市主義的特點是資本與勞動力之間的脫鉤，地方政府可能把心力放在城市範圍的擴張——例如開發新城市——而不是引進產業勞動力。其次，南半球城市「新陳代謝的」（metabolic）構造，如公用事業和服務，往往不是普遍的，而是「時有時無、變動且帶有爭議」，因而增強社會性和集體行動。例如，人們在得不到乾淨水源的地方，可能會合力遊說尋求改變或打造當地的基礎設施。最後，研究南半球城市意味著承認政治經濟和城市物質性（urban materiality）是「共構的」（co-constituted），學者應該探索這種關係，而不是假定全球資本主義始始終是城市變遷的驅力。正如辛德勒的分析所示，針對南半球都市主義的實證研究，應該就它們與北半球城市之間的異同進行更實際且更有根據的理解。

| 主題四 |

# 社會結構

## 概念 22　科層體制
### Bureaucracy

### 現行定義

　　一種以成文規則、契約為基礎，等級嚴明的組織形式，獲得現代工業社會的廣泛採用。

75

### 概念的起源

　　「科層體制」（Bureaucracy）源自法文的 *bureau*（辦公室或書桌）和希臘文 *kratos*（統治）的組合。現代科層體制「官員規則」（the rule of officials）的概念，可以追溯到十八世紀中葉，當時單純是指政府官員。這個概念逐漸向外擴散到許多其他類型的組織，並且幾乎立即被認為帶有貶抑之意。有許多批判科層體制**權力**的小說，例如卡夫卡（Franz Kafka）的小說《審判》（*The Trial*），其中如噩夢般地刻畫一個無情、無法理喻的官場。這種負面觀點延續到大眾**文化**中，把官僚組織視為一套束縛人們的「繁文縟節」，缺乏效率而且浪費。

　　官僚體制的社會學研究一直受韋伯觀點的影響，他創造經典的「**理念型**」科層體制，奠定許多研究的基礎。有別於過去認為官僚體制缺乏效率，

韋伯指出現代科層體制最終會如此普遍，事實上是因為它是目前為止設計出來最有效率的組織形式。然而，他也承認科層體制的支配形式往往會扼殺創造力，讓企業失去效率，產生許多不合理的結果並和**民主**原則衝突。由此看來，他的觀點有部分延續了過去描述科層體制整體來說是**社會**一股消極力量的傳統。

## 意義與詮釋

現代生活很複雜，需要一些組織才能順利運作。韋伯將科層體制視為正式組織的主導模式，他對科層體制特色的描述一直啟發著社會學研究。儘管科層組織存在於帝制中國等大型傳統文明之中，但只有隨著工業資本主義的出現，科層體制才被用於社會的各個領域。對於韋伯來說，科層體制的延伸和擴張不可避免，也是應對**現代性**需求的唯一途徑。我們幾乎無法想像一個沒有文字紀錄、檔案以及書面規則的現代福利制度與國家衛生體系。韋伯強調實際案例中的共同特徵，構建了一種理想的或「純粹的」科層體制類型，目的是突出現代科層體制的明確特色。

韋伯科層體制的理念型包括以下所有特徵：

一、層級權威嚴明，權力落在上層。整個結構的上層控制和監督直屬的下層；

二、官員的行為受成文規則約束，這有助建立可預測性和秩序；

三、員工是受薪、終身且通常是全職員工，可以在組織內有一份穩定的工作；

四、官員工作和他們的個人生活之間明確分隔——公私分離；

五、所有資源（包括辦公桌、電腦、筆、紙等）都是組織的財產；不允許員工擁有自己的「生產工具」。

　　儘管這種純粹的類型可能永遠不會存在，但實際個案越接近理念型，組織達成目標的效率就越高。

　　韋伯認為，隨著社會受到科層組織的支配，開始覺得更像個「鋼鐵牢籠」，把人困在裡頭。許多人確實認為自己與官僚接觸時，科層體制會妨礙他們的個人需求，但這是因為個人動機和情感訴求無法獲得照顧，因為科層體制的目的是在處理數千甚至數百萬個案件時達到最高效率。因此，一視同仁的絕對原則帶來許許多多的個人不滿。一個更嚴重的問題是科層體制的支配可能與民主背道而馳。當政府的常設機構成為真正的政治掮客，有可能破壞民主的進步和選舉。

## 批判之處

　　批評者認為韋伯的論點基本上過於*片面*，很大程度上忽略了有助於組織生命「運作」的非正式關係和小團體動力。布勞（Peter Blau）一九六三年對美國政府稅務機構的研究發現，組織經常會為了「完成工作」而打破程序規則，隨著非正式的互助和諮詢系統的成長，科層體制的低層會對團體忠誠。

　　對其他人來說，韋伯對科層體制關注還遠遠不足。鮑曼（Bauman 1989）認為，德國納粹黨（German National Socialist）在第二次世界大戰期間對猶太人大規模的屠殺，只能靠著現代國家的科層組織機制才有可能做到。這個龐大的組織包含了將歐洲各地數百萬人轉移到集中營並記錄無數的個人詳細資料——所有的行動都是在戰時情況下進行——這需要有系統、精細的官僚籌劃和執行。正是科層體制不帶個人情感的特質使得這些官員能夠逃避個人的道德責任。對於鮑曼來說，大屠殺並非正常文明現代性的反常現象；相反地，它是其核心組織特徵——科層體制——的後果之一。

77

　　反之，有些人認為韋伯的觀點**過於負面**。杜蓋伊（Du Gay 2000）提出了一個有力的個案來支持科層體制和傳統官僚精神，他認為許多歸咎於「科層體制」的問題，實際上是因為試圖**繞**過程序規則和指導方針所造成的後果。實際上，他認為鮑曼的研究忽略大屠殺的真正原因主要是種族主義的態度和意識型態，以及使用恐嚇和脅迫。官僚的精神是一視同仁平等對待，科層體制包含一些重要的保障措施，可以預防而非促進政治領袖濫用權力。

## 延伸相關

　　有些研究認為鬆散的**網絡**可能正在取代僵化的階層制度，反之，凱西（Casey 2004）認為科層體制已經開始允許或將一些新奇的活動納入工作場所。如果這種情況變得普遍，那麼它首先可能會挑戰我們目前對「科層體制」的理解。圖可（Turco 2019）最近對 TechCo 的研究著眼於韋伯的科層體制論點在數位時代如何站得住腳。

　　圖可的研究是以她在 TechCo（化名）內部進十個月的民族誌研究為基礎。TechCo 是一家社交媒體的行銷公司，主要販賣軟體和服務給想在線上打廣告的公司。這家公司認為自己處於企業革命的浪頭，這是社交媒體快速發展所需，將會進一步把組織推往後科層體制（postbureaucracy）的方向。社交媒體在公司內部、公司與消費者和客戶之間依照開放溝通的原則運作。消費者不再接受被動的角色，而是要求並期望公司能聽到顧客的心聲，而且回應他們的抱怨、建議和想法。圖可認為 TechCo 是「對話式公司」的實例，採用比以往任何時候都更徹底開放的溝通模式。這使得公司能夠持續改變與改善，並且藉此挑戰傳統科層體制的控制形式。然而，該研究還指出 TechCo 不能真正被理論化為「後科層體制」，因為它的理念植根於對話而不是開放的參與式決策。雖然這家公司推出了一些非常新穎的東西，但最初被揚棄的科層體制元素仍然捲土重來。也許，這證明了即使在最不利的環境

中，科層體制依然極為頑強。

　　韋伯不可能預見科層化的一切後果，因此或許可以承認一些針對韋伯原初分析的批評。然而，社會學家到現在都還在「與韋伯辯論」，這項事實證明韋伯將矛頭指向了現代世界很重要的一面。韋伯也很清楚，科層體制是促成社會持續**理性化**的重要因素，理性化正蔓延到社會生活越來越多的領域。雖然我們可能質疑韋伯的部分說法，但**資本主義**和現代科層體制的全球擴散意味著韋伯的整體論點仍然有效，必須認真看待。

## 概念 23　資本主義 Capitalism

### 現行定義

　　一種起源於西方的經濟體系，以市場交換和利潤生產為基礎，以再投資和事業成長為目的。

### 概念的起源

　　十八世紀的政治經濟學家討論了市場、交換、價格和商品生產，而亞當斯密（Adam Smith）認為某種社會秩序和經濟均衡似乎是由市場自由交換這隻「看不見的手」所造成（Ingham 2008）。然而，「資本主義」一詞直到十九世紀中葉才出現，當時馬克思和恩格斯討論了資本主義的生產方式。對馬克思來說，資本主義是一種剝削的經濟體系，以生產商品在市場交換為基礎，目的是為布爾喬亞（bourgeois）或資本家**階級**創造利潤。在馬克思主義理論中，資本主義是共產主義之前社會發展的最後一個階段，共產主義最後將會終結之前極度不平等的階級社會。

79

韋伯提供了另一種概念，他的研究有別於馬克思鉅觀的歷史架構，以喀爾文教派的宗教信仰詮釋資本主義的起源。對韋伯來說，資本主義不是革命性變革的產物，未來也不可能遭到共產主義取代。相反地，工人階級的未來在於資本主義的發展而非終結。他認為長期的**理性化**過程和科層組織的擴散是理解**現代性**的關鍵。資本主義至少鼓勵了競爭和創新，這有助於減輕科層體制支配的愚蠢影響，從而允許嘗試新思想的自由。

## 意義與詮釋

最有影響力的資本主義理論仍然是馬克思主義的觀點，它將資本主義視為從封建社會中興起，屬於人類社會整體歷史的最新階段。馬克思（Marx [1848] 2005）概述了社會的進程，從原始的狩獵採集共產社會開始，經過古代奴隸制度和基於地主與農奴分工的封建制度。商人和手工業者的出現代表商業或資產階級的開始並逐漸取代土地貴族。馬克思指出資本主義兩個主要元素：資本——任何資產，包括貨幣、機器甚至工廠，可以用來或投資製造未來的資產；以及僱傭勞動——指一群沒有生產工具、必須找到有償工作的工人。擁有資本的人組成了統治階級，而大多數人組成了工人階級或無產階級。資本家和工人相互依賴，但由於兩者之間的關係是剝削，使得階級**衝突**變得更加尖銳。馬克思認為，隨著時間的推移，其他階級都會慢慢消失，留下兩個利益直接衝突的主要階級。

儘管如此，馬克思不僅僅是一位批評家；他清楚地看到，資本主義具有極大的生產力，將人們從不必要的宗教**權威**束縛和「愚蠢鄉村生活」解放出來。它還展示了人類塑造自己未來而不是任由自然力量擺布的巨大**力量**。問題是，如果人們要掌握自己的命運就必須合作，但資本主義競爭性的社會關係將成為合作的障礙。唯有透過革命，才能解決在巨大的生產力與爭奪生產力使用（而非合作）之間的矛盾。馬克思預言那場革命的一百五十年多後，

革命顯然沒有發生。

　　資本主義的發展發生了重大變化，從馬克思時代的「**家族**資本主義」，到隨著公司擺脫家族成員控制而發展起來的管理資本主義，再到二十世紀的福利資本主義，大公司為自己的員工提供服務，例如托兒、有薪假和人壽保險。福利資本主義在一九三〇年之前達到極盛，此後工會成為工人試圖從體系中獲取利益的主要來源。最新階段是「制度資本主義」（institutional capitalism），建立在公司持有其他公司股份的普遍作法。實際上，由於企業互派的董事幾乎控制整個企業界，進而扭轉了管理控制的過程，因為管理者的持股遠大於其他公司。隨著**全球化**的加劇，大多數的大型公司都在國際經濟環境中營運。

80

## 批判之處

　　韋伯和馬克思主義立場之間的爭論一直涉及道德和規範的評斷。對馬克思主義者來說，資本主義是一種在不平等的基礎上進行生產和成長的經濟體系，應該遭到揚棄，掃進「歷史的垃圾堆」。然而，對於韋伯論者來說，資本主義可能是剝削，但已經證明所有替代方案的生產力都更低、更專制，**民主規模**和行使個人自由的空間更小。今天，社會學家之間關於資本主義經濟的整體評估仍然沒有達成共識。

　　然而，大多數社會學家認為，馬克思對革命和推翻資本主義的預測已被證明絕對錯誤。那些確實發生革命的地方——如俄羅斯（一九一七年）或中國（一九四九年）——往往不是遵循馬克思的模式，因為參與革命的是農民和農業工人，而不是已開發工業國家的無產階級。二十世紀後期，蘇聯共產主義的崩潰也被視為一個時代結束的象徵，因為全球化和全球資本主義體系更加緊密地整合，似乎排除任何走向社會主義或共產主義的運動。許多馬克思主義者仍然認為馬克思對資本主義的核心機制及其朝向危機的趨勢分析是

合理的，儘管他顯然低估了資本主義經濟的調適能力。

## 延伸相關

　　大家基本上同意前蘇聯、東歐和世界其他地區的共產主義體系崩潰後，競爭對手資本主義經濟體系支配了全球經濟。一九八九年柏林圍牆倒塌、東西德統一、蘇聯解體和東歐拋棄共產主義之後，目前共產主義／社會主義已不復存在。如今，反對力量更有可能採取後社會主義（post-socialist）運動的形式，例如近年來的反全球化和反資本主義動員，以及無政府主義和環境主義。最近學術界的興趣是各國資本主義經濟體制之間的差異，以及數位化確立後資本主義本身的轉變。

　　坎貝爾和佩德森（Campbell and Pedersen 2007）對丹麥和美國資本主義的比較，是參與「資本主義多樣性」爭辯的有效方法。人們通常認為資本主義經濟在經濟管制最少、低稅率和福利規模較小的國家可以「發揮」更大成效，但丹麥的例子反駁了這項預測。丹麥的資本主義建立在較高的稅率、龐大的國家預算、高度管制和開放經濟的基礎上，但它仍然可以與其他低管制的資本主義體制進行有效的競爭。該研究認為丹麥之所以成功，是因為公司從協調勞動力市場、管理職業和技能訓練以及推行產業政策的制度中獲得優勢。正是這套制度讓丹麥能夠參與競爭，這表明低稅率、管制最少的模式並不是在全球市場上取得成功的唯一途徑。

　　隨著數位化技術快速整合到社會的各個面向，資本主義正在發生一些重要的變化。儘管**數位革命**最重要的一面看起來是顛覆性的溝通潛力，但祖博夫（Zuboff 2019）的重點是數位化的另一面，即增強監控的無情過程。祖博夫認為，數位連結不等於增加社交性，而是要視為「達到他人商業目的的一種手段」。這就是監控資本主義，它利用人類經驗的各個面向作為提高獲利率的免費資源。監控資本主義——谷歌（Google）是祖博夫的標準案

例——深植於大部分難以察覺的套裝軟體、人工智慧、演算法、網路廣告和物聯網來捕獲、分析、使用和販賣數據和資料的作法。雖然許多人可能會看到新技術的好處與蒐集數據之間的權衡，但祖博夫認為這實際上是資本主義的「異常突變」（rogue mutation），會對人權和人性構成真正的威脅。由於馬克思對資本主義及其導致高度去人性的異化現象的分析，監控資本主義可能不像祖博夫所說的那樣前所未見或「異常」。

# 概念 24 消費主義 Consumerism

## 現行定義

是指常見於較富裕社會中的生活方式，鼓吹不斷購買消費品對經濟和個人滿足都有好處。

## 概念的起源

毫無疑問，消費主義可追溯到十九世紀初的工業革命，當時製造的物品數量大幅增加，更便宜的價格讓更多的社會群體能夠加入消費。首先成為現代消費者的群體是上層階級和貴族，他們形成新奢侈品的最大買方。經歷了十九和二十世紀的發展，炫耀性消費擴散到更多的社會群體，到二十世紀中葉，消費主義成為已開發經濟體生活方式的特色。

二十世紀初開始，信用貸款變得更加容易，刺激了消費主義成長。到二十世紀末，背負大量債務已經相當平常，社會**地位**的競爭日益建立在消費模式上。自一九六〇年代以來，社會學家認為資本主義社會逐漸依賴消費主義，鼓勵高物質的生活方式，並且渴望與使用購買的物品（Aldridge

2003），據說這些改變已經導致「消費社會」的產生。環保人士認為高消費社會之轉變已經造成毀滅性的環境損害、不必要的浪費和違背永續發展的做法。

## 意義與詮釋

工業資本主義社會建立在大規模的生產體系之上，但這必然表示也會有大規模的消費。商品和服務必須被購買和消費，儘管生產和消費的地方可能天差地遠。商品會在成本最低的地方生產，但在價格最好的地方消費，兩者很可能在不同所在地發生。整個二十世紀，工業資本主義社會的重心從「生產典範」轉向「消費主義」典範，現在社會學描述相對富裕社會的特色是「消費社會」或「消費**資本主義**」。

工作在**認同**形成的過程中變得越來越不重要。相反地，消費讓人們有機會藉著購買各種事物來建構自己的認同，至少給人們一種更多選擇自由和個性化的感受。以消費為焦點以及消費主義的**意識型態**，以產品交換價值的流行趨勢為根據的產品快速推陳出新，但也因此製造更多的垃圾。消費者對產品和品牌的認同使消費成為日常生活的核心。其次，企業更注重深入探索與生產更彈性、差異化的消費者需求，而不是把生產需求放在首位，之後才顧及顧客。一般來說，這種轉變就是標準化「福特主義」（Fordist）生產方法的消逝，並轉向更靈活的「後福特主義」生產方式，以滿足利基市場。消費者而非工人成為主要的行動者。第三，消費社會促成的個人認同建構有助於分散以生產為基礎的社會衝突，讓更多的社會群體可以透過符號交換（symbolic exchanges）參與地位競爭的角逐過程。因此，轉向消費主義和消費社會表示經濟、政治和文化領域的重大改變。

消費主義也是一種思維方式、一種心態，甚至是一種意識型態，可以產生持續消費的**欲望**。消費社會學家認為，消費的樂趣不在於**使用**產品，而在

於對購買東西的**預期**。人們花時間瀏覽雜誌、商店櫥窗和網際網路，在購買之前尋找產品並產生欲望。坎貝爾（Campbell）（2005）認為這是因為現代消費主義中最令人愉悅和上癮的部分就是想要、渴求、尋找和渴望產品，而不是使用產品。這是一種消費的「浪漫倫理」，來自廣告產業所挑起的欲望和渴求，這解釋了為什麼人們永遠不會真正感到滿足。

## 批判之處

　　儘管消費主義的概念為我們理解資本主義加入一個新面向，但我們並不清楚這是否為資本主義擴張的**原因**。消費推動生產的想法非常重視消費者的需求，但有些人認為這非常沒有說服力，指出公司的行銷和品牌的預算非常龐大，目的在創造欲望和需求，把人們轉變為主動的消費者。這裡的關鍵問題在於這個體系中真正擁有權力的人是誰？生產者還是消費者？大型跨國資本主義公司真的受消費者需求所支配嗎？

　　其他的批評是針對消費主義本身，認為消費主義破壞社會關係和自然**環境**。消費主義的運作是把想要變成「需要」，然後說服人們他們可以且應該實現這種需要。如此一來，社會上可能會有源源不絕的時尚、新產品及服務，提供我們消費。這種需要和欲望不分相當危險，導致人們誤以為用錢可以買到幸福，消費產品是天經地義。相反地，我們應該把想要和需要分開，減少想要，以確保全體人類的真正需要都能獲得滿足。問題在於所有定義「需要」的嘗試都徒勞無功。「需要」源於特定的文化，區分想要與需要時，並沒有一套大家都同意的固定標準。

## 延伸相關

　　消費主義以及其所導致的消費社會概念對於社會學非常有成效。藉由連結生產過程與消費模式，讓我們得以持平地看待資本主義。比方說，「生產

與消費跑步機」（treadmill of production and consumption）理論就是成功結合兩種要素的方法。它結合了**工業化**、資本主義經濟學和大眾消費主義，以了解**現代性**如何改變了人類社會與自然環境之間的關係。跑步機的形象顯示，一旦大規模生產和消費體系啟動之後，就不可能停下來了。

　　消費主義不僅成為一種生活方式，而且是整個**生命歷程**的特徵，包括在已開發國家已經很普遍的晚年生活延長。瓊斯等人（Jones et al.2008）特別提到這種情況，因為現在的英國和其他地方有許多老年人的收入高於前幾代人，有些人選擇更早就完全退休或半退休。目前這一代老年人也是帶動一九四五年後消費文化的人。他們屬於最早的「消費者公民」（consumer-citizens），因此到老年都會繼續積極消費，而不是適應服務的「被動消費」。這項實證研究詳細探討了老年人受消費主義的影響以及其推動消費主義的各種方式。

　　海蘭德（Hyland）（2017）研究工業化國家日漸流行的正念練習（practice of mindfulness），具體說明消費文化適應人類生活近乎所有面向的方式。正念的精神和倫理源自於佛教傳統，宣揚某種道德美德。但隨著它的傳播和流行，正念被行銷、商品化，其精神和倫理的面向喪失，變成所謂的「速食正念」（McMindfulness），呼應里茲（Ritzer）（[1993] 2021）作品所說的「麥當勞化」。海蘭德認為雖然正念在學校的應用越來越廣泛，可是一旦剝奪正念最初的倫理和自我轉化的元素，也就不太可能對任何人產生助力。消費主義的過程將正念轉變成了另一波自助的潮流，它會像其他許多潮流一樣稍縱即逝，不會留下任何持久的益處。

## 概念 25　分工
## Division of Labour

### 現行定義

是指生產過程中工作任務和職業的分散，擴大了經濟上的相互依賴。　　85

### 概念的起源

亞當斯密的《國富論》（*The Wealth of Nations* [1776] 1991）是最早有系統探索分工的作品之一，書中描述了製針廠的分工。亞當斯密認為一個人自己可以每天製作二十個別針，但透過將工作分解為幾個簡單的步驟，集體生產的方式可以每天生產四萬八千個別針。這是說明有計畫、有系統的分工可以獲得巨大好處的經典例子。涂爾幹（Durkheim [1893] 1984）將產業分工理論化，從最廣義的角度來說，產業分工使得黏合**社會**的社會連帶類型產生根本變化。他看到基於相似性的傳統連帶已經被根植於差異和合作的現代連帶形式所取代。對於涂爾幹而言，分工不僅僅是一種經濟現象、也是整個社會的轉型。

### 意義與詮釋

現代社會的基礎是大量職業類別和日益專業化所組成的分工。這已經成為生活的正常特徵，以至於我們幾乎不再注意到它在世界歷史上的重要性。然而，在過去多數形式的農業社會中，許多不直接務農的人在擔任學徒一段很長的時間後從事手工業。由於手工業工人涉及工作由大到小的所有面向，而不是單一特定面向，因此學徒就是必須的歷練。**工業化**使用機器和擴大分工，以更快速、更有效率且更便宜的方式生產相同的物品，逐漸淘汰大多數

的傳統手工藝。製造業工人通常只學習生產過程的一部分，這使他們能夠快速熟練，無須經過長期訓練。這項原則也延伸到大多數其他類型的工作，導致專業化的產生，出現了成千上萬的職業、角色和工作職位，這與傳統社會中大約只有三十種主要的手工業和工作角色完全不同。

涂爾幹認為擴大分工具有很大的意義，雖然它帶來了一些嚴重的問題，例如老闆與工人之間的潛在**衝突**，但它也有許多長期的優勢。在傳統社會中，集體會支配個人，而個人主義縮到最小。凝聚社會的是「機械連帶」（mechanical solidarity），建立在相似性、穩定與相對固定的制度、共享的生活方式與對權威的尊重。連帶未必是有意識地發揮作用，而是透過持續的生活模式「如機械般」產生。

隨著**資本主義**、工業化和都市化興起，傳統生活與隨之而來的機械連帶瓦解。許多評論者擔心社會連帶瓦解和個人主義高張，會導致更多衝突以及社會和道德崩潰。然而，涂爾幹並不同意這種說法。他認為分工擴大的後果會出現一種新形式的「有機連帶」（organic solidarity）。角色的專業化將增加更大社群內的社會連帶，人們將透過相互依賴連結在一起，而不是過著相對孤立、自給自足的社區式生活。我們都依賴數不盡的其他人──現在遍布全世界──提供維持我們生活的產品和服務。除了少數例外，現代社會中，絕大多數人並不生產自己的食物、住的房屋或消費的物品。事實上，有機連帶往往會產生更強的互賴連結，在個體差異和集體目標之間會更加平衡。

## 批判之處

分工導致國與國之間在全球經濟上的互賴，從這個意義上來看，涂爾幹正確地說出分工將使各國人民更加密切地接觸與合作。然而，許多批評者認為分工能繼續下去，所付出的代價是工人去技術化，以及對工作的貶抑。科

學管理的原則再加上以工廠為基礎的大規模生產出現，創造出產業社會學家所謂的「低信任」（low-trust）體系——管理階層在生產方法中可以控制整個流程，而工人在工作場所幾乎沒有任何自主性。在低信任體系中，員工缺乏工作滿足感，這意味著他們並不認同公司，最終結果往往是高度**異化**和缺勤。在二十世紀的大部分時間裡，員工不得不忍受低信任的體系。雖然直到現在這種情況仍持續，但大部分都處於發展中國家，處處可見高度剝削的血汗工廠。全球分工對於西方的消費者來說可能有很多好處，但也是許多苦難和剝削的根源。

## 延伸相關

自一九七〇年代和一九八〇年代以來，人們越來越關注到以大型工廠大量生產標準商品為基礎的生產模式已崩解，也注意到生產客製化產品以供利基市場銷售的趨勢，這就是從福特主義轉變到後福特主義彈性生產的理論化。彈性化幾乎發生在生產過程中的每個環節，從生產方法、倉儲、管理者與工人的關係到產品行銷。這種轉變顯然對日益增加的全球勞動分工產生了重大影響。

二十世紀後期以來，隨著大多數製造業遷移或在南半球設廠，許多工業化國家已變成以服務業為主的經濟體。「境外生產」（offshoring）是現在的一大發展趨勢——有系統地將越來越多的工作任務轉移到國外（Blinder 2006）。布林德（Blinder）認為境外生產可能顛覆依賴服務業聘僱的已開發經濟體。許多辦公室和服務業工作很容易轉移到海外，而且由於這類工作往往相當穩定且薪水相對優渥，所以中產階級和專業群體最能感受到失去此類型工作的衝擊。從世界各地可以透過網際網路提供大學課程、也可以提供金融和多數顧客服務。那麼「後工業經濟體」中會保留哪些類型的工作呢？布林德提到需要與人們接觸的工作——例如照護服務和交通運輸——應該相

對安全，雖然目前機器人技術和自動駕駛汽車正在發展。看起來工作的世界正處於快速、令人不安的變遷時期。

　　威爾等人（Wills et al.2010）以倫敦為例，說明現代城市如何依賴世界各地來的移工填補許多不受重視的工作，如酒吧、清潔、照護和餐飲等。儘管大城市會一直吸引移工來工作，但過去三十年來情況發生變化。新自由主義、自由市場的經濟發展模式鼓勵外包並降低工資和勞動條件，導致倫敦幾乎變得完全依賴外國出生的工人負責維持城市運轉的重要工作。這挑起了涉及**貧困**和社會凝聚力的政策問題，威爾與同事這本書列出了一些可能的解決方案。

## 教育
## Education

### 現行定義

88　　　　一種社會制度，用以推動和實現知識和技能世代間的傳遞，最常見的是透過義務教育落實。

### 概念的起源

　　教育是知識、技能和行為規範的傳遞，以便新成員能夠成為**社會**的一份子。現在普遍把教育視為「一件好事」，凡是透過教育體系獲得識字、計算和理性知識的多數人，都會同意教育有明顯的好處。然而，社會學家區分了教育和學校教育的差別。教育可以定義為一種能促進和提倡技能、知識獲取、擴展個人視野的社會制度，而且也可以在許多環境中進行。然而，學校教育是通過預先設計課程來傳遞某類知識和技能的正式過程，並且通常一定

年齡之前是強制性。已開發國家的義務教育逐漸增加，擴展到學院甚至是大學的程度。

　　十八世紀晚期之前，學校教育是私人的事，只有最有錢的家庭才負擔得起小孩子的教育。經過整個十九世紀進入二十世紀，隨著工作場所和辦公室對勞工識字和計算能力的需求不斷提高，因此引入國家義務教育體制。雖然功能論者把學校的正式功能視為生產受過教育和有技能的人口，但許多馬克思主義和基進批評者認為，學校存在一種隱性課程，會巧妙地傳遞一套價值觀與規範，支持極度不平等的資本主義社會。最近的研究往往關注教育和學校教育在文化再生產中的功能、文化價值觀、規範和經驗的代間傳遞，以及實現此目標的所有機制和過程。

## 意義與詮釋

　　涂爾幹認為，教育是執行**社會化**的重要媒介（agency），灌輸兒童維持社會團結的共同價值觀。涂爾幹特別關注道德準則和彼此的責任，因為其有助於減輕許多人認為會破壞團結的競爭性個人主義。但在工業社會中，涂爾幹認為教育另外一項功能就是教導承擔日趨專業化職業角色所需要的技能，這已無法從家庭中學習。帕森斯進一步深化這個基本的功能論取徑。他主張教育的關鍵功能之一是灌輸個人成就的核心價值，而且通常是通過考試競爭和評量。這非常重要，因為考試是基於普世、才能的標準，而不是**家庭**的特殊標準，而且在更大的社會中，人們通常根據能力和才能而不是他們的**階級、性別**或**種族**來獲得他們的地位。

　　然而，許多研究發現教育和學校教育是再生產社會的不平等，而不是有助於促成生活機會的平等。威利斯（Paul Willis 1977）根據伯明翰（Birmingham）學校田野調查所做的研究，調查為何工人階層的孩子一般來說會正好得到工人階層的工作。這在功績取向（meritocratic）的教育體

89

系中是一個重要的問題。威利斯發現了反學校的次文化，這個文化裡的小男孩對考試或「職業」不感興趣，而只想出去賺錢。他認為這些次文化與藍領階級的工作文化非常相似，因此在這種情況下，學業表現不佳確實無意間讓他們為工人階級的工作做好準備。

## 批判之處

功能論正確指出教育體系的正式功能，但是否真的只有一套全社會的價值觀，尤其是在當今的多元文化社會之中？馬克思主義者同意學校讓兒童社會化，但學校這樣做是為了確保資本主義的公司可以獲得所需的勞動力，而不是為了致力於機會均等。學校生活的結構符合工作生活的結構：服從帶來成功，教師和管理者指派任務，學生和工人執行任務，學校和工作場合的員工按照層級組織起來。學校會教導學生，這是不可避免的事（Bowles and Gintis 1976）。

「隱性課程」（hidden curriculum）的想法也對教育社會學產生了重大影響。伊里奇（Illich 1971）認為學校是監護組織，用意是讓年輕人進入職場前保持忙碌並遠離街頭。學校提倡不加批判地接受社會秩序，並教導孩子了解自己的階級位置。伊里奇鼓吹社會「去學校化」（deschooling），支持在每個人有需要時隨時提供教育資源，並且可以隨心所欲地學習，而不是被迫學習一套標準化的課程。資源可以儲存在圖書館和資料庫（現今可能在網路上），並讓每個學生都可以取用。這些想法在當時似乎是無可救藥的理想主義，但是，隨著終身學習和透過網路遠距學習成為現在的焦點，這些想法似乎也不再如此遙不可及。

## 延伸相關

教育有了這些嚴肅與合理的批評，我們要如何持平看待教育的正面功

能？學校教育是結構不平等再生產的一部分，但它同時也使人們具備技能和　90
知識，讓他們得以理解和挑戰這些不平等。此外，許多充分了解教育體系在
結構中的角色的老師，正從內部改善和改變教育體系。任何不帶變革希望的
理論，都可能過於看重社會結構，而輕忽人類具創造力的能動性。教育是各
種辯論的重要場域，這些爭辯不僅涉及學校內部發生的事情，還包括了社會
本身的走向。

　　義務教育顯然被視為複雜社會生活的必需品，儘管在許多社會學研究
中，功績制的觀點依然認為個別學生是透過努力和天分才獲得成功。庫爾茨
（Kulz 2017）對英國一家她稱之為「夢田」的中學做了民族誌的研究，探
索這種典型。夢田的校長鼓勵孩子們要有雄心壯志，並推動學校採取功績
制，誓言要制定清楚的常規和強大的學制來幫助學生克服任何潛在的社經劣
勢。表面來看這所學校很成功，比鄰近學校有更好的表現。但庫爾茨發現，
有些行為未達要求的學生會被送進資源班（support unit）或被排除在外，
而且不鼓勵教職員討論種族和種族主義。結果，學校體制無法解決卻反而複
製了現存根植於種族、族群、性別與社會階級的教育弱勢。

　　二十一世紀，在大多數已開發國家中，女孩在學校成就和大學文憑方
面顯然都「超越」了男孩。因此，也就開始辯論男孩為什麼「表現不佳」以
及如何解決這個問題。這意味著女孩必須克服過去阻止她們好表現的障礙。
然而，英國有一項以十二和十三歲高成就的女孩為樣本的實證研究發現，她
們一直面臨身分認同的問題，這導因於她們想在目前普遍接受的陰柔氣質
（femininity）規範中表現「聰明伶俐的樣子」（Skelton et al. 2010）。
這些女孩不僅要面對同學關係之間的特殊問題，也要努力爭取老師的注意。
越來越多成功的年輕女孩和女性，她們的現實生活顯然比那些單純說明學業
成就的統計數據描述的現象複雜許多。

## 概念 27 組織 Organization

### 現行定義

91       一個社會團體或集合體，內部結構并然有序，以滿足社會需要或追求特定目標。

### 概念的起源

      組織的歷史跟人類最早為追求安全、食物和住所而結合的人類團體一樣古老。然而，社會學的組織概念則是晚近才有。韋伯的研究將**科層體制**視為**資本主義**和廣義現代生活的基本特徵，這通常被視為組織研究的起點。韋伯承認科層制只是一種組織形式，但其現代、理性的形式是迄今最有效率的設計，因此所有組織都注定成為科層制。之後，有許多理論和研究擴展或批評韋伯的這種基本解釋。隨著時間發展，組織社會學已經從組織的結構和功能理論轉向非正式關係、組織**文化**、**權力**和**性別**關係的運作以及**網絡**的增長等研究。

### 意義與詮釋

      組織（有時稱為「正式」組織）的範圍從小團體到跨國公司和跨國非政府組織 （NGOs），然而大多數研究都關注較大型的國家組織，例如政府部門、大學、學校、醫院、宗教團體、公司、工會和慈善機構。組織可能與制度不同，因為制度可以定義為所有構成文化的既定規範、價值觀和行為模式，例如**家庭**、**教育**和婚姻。組織是刻意設計的單位，旨在實現某些目標，通常透過一套成文規則、法規和程序，並設定在實際的環境之中。這種正

式組織有部分建立在法律規範。例如，大學必須管理一切事情都必須符合法律，從評量政策到工作上的健康、安全以及平等。這種正式組織仍然是世界各地的主要型態。

　　組織與每個人的生活息息相關：「我們出生在組織中，接受組織的教育，我們大多數人一生中的大部分時間都在為組織工作。」（Etzioni 1964: ix）。組織還執行目前現代生活所需的大部分協調工作。然而，利益**衝突**和合作是組織的核心。工人與雇主或不同工人群體之間權力鬥爭的結果，會影響組織的整體運作甚至是組織目標。承認這些衝突的存在代表脫離功能論的觀點，不再將組織描述成平穩運行的機器（Silverman 1994）。功能論雖然並非完全錯誤，但它將組織與構成組織的人員區分開來。當代的「社會行動」（social action）觀點將組織視為「利益與目標相反且經常衝突的人所組成的持續及不斷變化的聯盟，他們願意在嚴格限定的範圍內執行任務，以達到組織負責人的要求」（Watson 2008: 110）。這有助於我們了解組織的內部結構如何隨著時間改變，並引起人們關注組織與外部群體之間不斷變化的關係。

　　柏恩斯和史塔克（Burns and Stalker 1966）針對蘇格蘭電子公司的研究中發現了兩種類型的組織：機械式（mechanistic）和有機式（organic）。機械式組織是科層制，而有機式組織的特點是結構鬆散，這些組織的總體目標優先於狹義的職責。最近，辛恩等人（Sine et al. 2006）使用機械式和有機式結構之間的對比來研究一九九六年至二〇〇一年之間創立的網路公司。這份研究可能預設這些企業組織都不是太正式，通常會採用鬆散的有機結構，但情況不必然如此。在早期階段，機械式結構的公司表現良好，因為創始成員的專業角色減少了不確定性和模糊性，在關鍵時期提高了組織效率。因此，機械／有機的對比可能不是絕對，但哪種形式最有效取決於組織的發展階段。

92

　　組織在專門設計過且反映內部結構的實體環境中運作。例如在垂直的分類體系中，經理和高階主管通常放在大樓的「頂層」。辦公室、走廊和開放空間的配置也與**權威**體系相連結，使得主管能夠隨時觀察員工的一舉一動，例如在電話客服中心和開放式辦公室。傅柯（Foucault 1973, 1978）認為能見度決定員工受到監視的難易程度。另外，因為工人不知道自己何時被監控以及是否被監控，自我監控也會發揮作用，迫使他們隨時控制自己的行為，「以防萬一」。

## 批判之處

　　長期以來對組織概念化的批評指出，雖然正式規則和程序確實存在，但把這些表面價值視為本質是個錯誤。實際上，組織的運作靠的是規避常規或繞過規則。例如，工廠可能有多方面的健康和安全規則，但實際上工人會忽略其中許多規則，以便能及時「完成工作」。梅耶和羅恩（Meyer and Rowan 1977）認為正式規則基本上是個「神話」，它們具有正式與儀式一般的特質，但很少表露出關於組織生活的現實情況。

　　同樣地，說不帶個人情感的垂直階層體制是組織特色可能也是誤導，尤其是在較高層。這是因為只有少數高層能真正做出關鍵決策，而這是個人際關係緊密連結的小圈圈。這也使得董事會和股東扛起少數組織高層決策的「橡皮圖章」之責。同樣地，來自不同公司的主管在社會上可能都彼此認識，因為他們往往聚集在同一家俱樂部和會所。這些人脈會在高層的人際網絡（有些人稱為「企業菁英」）之間帶來非正式的討論、諮詢還有資訊的分享。米歇爾斯（Michels [1911] 1967）早預料到這種情況，他認為大型組織中的權力和控制不可避免地會集中到少數菁英之手。他將此情況稱為「寡頭鐵律」（iron law of oligarchy），也就是少數人統治，並認為它妨礙組織內部還有整個社會真正的民主化。

自從一九七〇年代以來，女性主義的學術作品一直關心組織裡性別角色的失衡。組織一直以來的特色是職業的性別隔離，女性被隔離在低薪、日常瑣碎的職業，並被認為是廉價、可靠的勞動力來源，而且沒有獲得與男性相同的職業發展機會。女性滿足男性官僚的需求，讓他能夠加班、出差並專注於自己的工作。因此，現代組織是男性主導的環境，而女性被排除在權力之外（Ferguson 1984）。

## 延伸相關

傳統的組織模式與日本戰後工業化期間的大公司存在一些關鍵差異。日本公司的層級制度不那麼明顯：員工不管職位高低都會受到策略諮詢，專業化不像其他國家那麼僵化，公司承諾「終身聘用」。然而，經濟問題造成日本模式變得看來缺乏彈性且成本高昂。日本有許多分析家都在尋找一種更有競爭力、偏向個人主義的商業組織模式，更接近西方所屬的模式（Freedman 2001）。網路和網路組織的興起已經引起廣泛討論，雖然這種轉變的程度根本就還不清楚（Castells 2009）。雖然一直有（網路的）非正式化（informalization），但如果沒有正式組織，現代世界似乎不太可能成功地協調合作。

然而，現在有些學者認為組織對於種族和性別不平等的再生產扮演關鍵角色。由於現在有越來越多女性在組織內工作，我們可以期待有一個好地點例如工黨和工會，可以觀察在一個「進步的」政治組織內部，是否日益平等。紀堯姆和波奇（Guillaume and Pochic 2011）使用傳記方法來檢驗這個假設在英國和法國工會的情況。他們發現新工會成員和行動主義者的女性比例很高，這在英國主要是由於工會本身採取了主動、有針對性的行動。然而，即使在女性化程度最高的工會，女性擔任領導職的人數仍然不足，儘管政策改變的目標是鼓勵更多女性擔任要職，「陽剛氣質的組織文化」、男性之間

94

的私人網絡以及工作與生活平衡的問題，仍然是實現真正性別平等的障礙。

雷（Ray 2019）認為，儘管理論家通常認為正式組織是「種族中立」的組織，但實際上種族是組織的一個關鍵構成特徵。種族色彩濃厚的組織會增強／削弱不同種族群體的能動性，合理化資源分配的不平等，採用「白人特質」（whiteness）作為關鍵條件，並且把對平等的正式承諾與組織規則和作法區隔開來，以免牽涉種族因素。採取這種更具批判性的觀點，讓我們可以看到國家政策高層與個人態度，都要經過社會生活中層的（meso）組織過濾（有時是改變）。例如，雷認為個人偏見本身並不會有影響力，除非偏見與資源（包括高層職位）連結起來才會產生影響。非白人群體與低薪工作連結起來的文化框架，還有白人適合擔任領導職的觀念，都已經深入組織的日常規範和規則之中。這並不意味著改變不可能，但確實或多或少解釋了種族不平等持續存在的原因，並且標示出一種不再把種族色彩濃厚的組織視為特例的轉變。

## 概念 28 宗教 Religion

### 現行定義

95　　　根據涂爾幹的說法，宗教是「一種與神聖事物相關的統一信仰和實踐體系，並將遵守這些神聖事物的人們凝聚在一個社群中。」

### 概念的起源

不論形式為何，宗教存在於所有已知的人類社會之中。最早留下紀錄的社會就有清晰的宗教符號和儀式的痕跡。洞穴壁畫暗示宗教信仰和習俗存在

已超過四萬年，從那時起，宗教一直是人類經驗的核心部分。歐洲最早的宗教包含深植於日常生活中的信仰和實踐，並因此成為日常生活的一部分，而不是形成獨特的社會制度。今日在世界其他地方仍是如此。然而，在現代工業社會中，宗教已存在於組織中，並且與經濟和政治等其他生活領域分離。二十世紀宗教社會學的核心爭論在於世俗化（secularization）的理論，有些人認為宗教正慢慢失去支持，而另外一些人則認為宗教信仰正在增加，儘管宗教組織正式的教友數量可能在減少。

## 意義與詮釋

　　馬克思將宗教視為群眾在**階級**分化的社會中跳脫嚴酷現實的避風港。例如，基督教長期以來承諾其信徒靈魂永生，同時也教導此生的物質生活難免辛苦、痛苦並且充滿苦難。對馬克思來說，這證明宗教無法擺脫經濟關係和政治觀念中意識型態因素的影響。確實，承諾來世會更幸福，實際上支持繼續剝削廣大的工人群眾。韋伯對「世界宗教」的大規模研究得出不同的結論。他發現宗教可能是一種保守的力量，但這絕對不是無法避免。例如，有很長一段時間，宗教抑制了印度的社會變革，印度教（Hinduism）強調逃避物質世界的辛勞，而不是控制或改變它。但在西方，基督教不斷與罪和罪人進行對抗，產生了一種挑戰現有秩序的張力和情感動力。同樣地，天主教對於波蘭團結工聯一九八〇年代推翻共產主義政權這場運動的合理化，扮演了很重要的角色。因此，宗教也可以促進社會變遷。

96

　　涂爾幹將宗教的持久性視為主要特徵。他認為所有宗教都將世界分為神聖和世俗領域，對待神聖物品和符號的態度與存在於日常生活中的其他面向（世俗）截然不同。宗教之所以能夠持續存在如此久遠，是因為它們是建立和加強社會連帶的主要途徑。把人連繫在一起最重要的就是典禮和儀式，這就是為什麼它們存在於各種生命危機，以及出生、結婚和死亡的過渡期之

中。當人們被迫適應巨變時，當下集體的典禮儀式會重新鞏固團體凝聚力。儀式性場合會創造一種「集體亢奮」（collective effervescence）——集體聚會中產生的強烈感情和能量，使人們可以暫時擺脫世俗的顧慮，進入一種振奮的狀態。涂爾幹指出，人們的宗教體驗不能被視為只是自欺欺人或**意識型態**。事實上，它是真正社會力量的真實體驗。

　　宗教社會學關注宗教制度和組織的運作方式，特別是涉及社會凝聚力的建立。有許多宗教相互競爭的地方，宗教分歧可能會擴散到破壞穩定的**衝突**中，例如北愛爾蘭的新教徒和天主教徒之間的衝突，印度的錫克教徒（Sikhs）、印度教徒和穆斯林之間的衝突，波士尼亞（Bosnia）和前南斯拉夫的穆斯林和基督教徒之間的衝突，以及美國針對猶太人、穆斯林和宗教少數的「仇恨犯罪」等。

## 批判之處

　　世俗化描述了宗教在社會生活各個領域失去影響力的過程；如果我們生活在一個完全世俗的社會，就不再需要宗教的概念。在西歐，這種型態被描述為「沒有歸屬感的信仰」之一，因為調查結果顯示大多數人仍然相信上帝或眾神，但上教堂做禮拜者卻穩定減少（Davie 1994）。然而在美國，信教和做禮拜的人仍然很多。大家對於世俗化應該或可以如何測量意見分岐，使此問題更難有定論。

　　許多人有宗教信仰但不參加禮拜，相反地，許多人的個人信仰並不強烈，但會因為習慣或要看看朋友而固定上教堂。即使考察歷史也無結論；大家可能認為在**工業化**之前，上教堂比例高，牧師有較高的社會**地位**，群眾有強烈的宗教信仰，但這些假設都受到歷史研究的挑戰。以中世紀的歐洲為例，大多數人的信仰並不熱切，參加禮拜是基於責任感而非宗教承諾。另一方面，現在大多數人不太覺得日常生活中充斥著神聖或靈性實體。

批判涂爾幹論點的人認為，光是將幾個小規模社會通則化，不可能理解**所有**宗教的本質。整個二十世紀，世界上許多社會文化變得更多元，各個國家有各式各樣的宗教。涂爾幹關於宗教作為社會凝聚力來源的論點在多信仰的社會中可能不那麼有說服力，而且未能適當解釋社會中不同宗教信仰所產生的衝突。我們可能也會質疑宗教本質上是對社會的崇拜而不是對神靈的崇拜。這可以視為一種化約論——認為宗教體驗可以被化約為社會現象，從而拒絕接受現實有可能存在「靈性」層面。

## 延伸相關

隨著傳統宗教失去掌控力，宗教信仰似乎在各種新宗教運動中被引導到新的方向。此外，南半球大部分地區幾乎沒有世俗化的跡象，而在中東、亞洲、非洲和印度許多地區，宗教仍然蓬勃發展。同樣地，數以百萬計的天主教徒參加教宗的訪問，而東正教（Easter Orthodox）在經歷共產主義幾十年的鎮壓後，也在部分前蘇聯地區受到熱烈歡迎。即使在美國，宗教也有很強的影響力，並採取了新的形式，例如流行的福音運動和「電視佈道」（televangelism）。宗教社會學家也對存在於正式組織之外的宗教領域感興趣。

例如，馬菲索利（Maffesoli 1995）提出的理論認為，我們現在生活在「部落時期」，基於相同的音樂品味、觀念、消費者偏好和休閒活動而結合的小團體迅速增長。人們對這些「新部落」的承諾可能稍縱即逝，但它們顯示出人對社交的強烈需求，依照涂爾幹的說法，這仍然是一種「宗教」需求。隨著傳統宗教努力留住信徒，有些人認為「世俗」的觀念可以發揮「宗教」的功能。其中一個例子是世俗上對人權的關注，將特殊性和普遍性結合起來，這種**論述**與基督教傳統有相似之處。因此，人權論述或許就可以被視為當代的「世俗宗教」（Reader 2003）。但如果是這樣，這種宗教就是以

個人為中心，而不是以社區或社會為中心。

　　社會學對於日常生活中的宗教也有很強的興趣，對「生活宗教」（lived religion）的研究廣為人知。該領域的研究學者試圖了解個人如何將來自各種宗教傳統的元素，加入、混合和搭配到他們自己的「宗教活動」之中，而不會產生強烈的矛盾（Maguire 2008）。洛夫頓（Lofton 2017: 6）指出，宗教與學術上對消費主義的研究之間存在很強的一致性。特別是，她認為「大部分消費者生活本身就是一種宗教事業，從奉消費為神聖的角度來看，消費的宗教性強過任何一種社會參與的行為」。因此，「宗教」是一個描述公司組織活動和消費者文化的概念，而不是任何正式或教義團體。如果我們採用這種立場，那麼社會學家應該對於日常生活的「儀式模式」更加敏銳，而那些研究「宗教」的人則需要拓寬視野以了解企業和消費文化。

# ｜主題五｜
# 不平等的生活機會

 **階級**
**Class**

## 現行定義

大規模社會群體中的相對經濟位置，由職業、擁有的財產、財富或生活　99
方式的選擇來界定。

## 概念的起源

從馬克思和韋伯提出不同的理論和方法以來，社會學家長期對社會階級
有不同的看法。馬克思認為社會階級是一個群體，其中所有人都與社會中的
生產工具有共同的關係——說白了，他們不是擁有生產工具的人，就是沒有
生產工具的人——因此階級制度涵蓋了大部分人類的歷史。在前工業社會，
兩個主要階級是地主（貴族、紳士或奴隸主）和耕種的人（農奴、奴隸和自
由農民）。但是，在資本主義社會，工廠、辦公室、機器和購買它們所需的
資本，變得比土地更加重要。在當代**資本主義**中，基本的階級對抗發生在擁
有生產工具的資本家和工人（馬克思稱他們為「無產階級」）之間，工人為
了謀生必須為資本家工作。

韋伯也認為階級是建立在客觀的經濟條件上，但各式各樣的經濟因素

都很重要。階級劃分不僅來自生產工具的有無，也來自能影響取得不同工作的技能和資格。勞動力市場中的位置深深影響人們的生活機會。與非技術工人相比，擁有技能者獲得的薪水相對較高；從事專業工作的人，如醫生、律師和擔任高階主管的人，也享有更好的薪資待遇、報酬獎金（如股票和分紅），整體就業條件優於其他大多數的工人。因此，階級地位是由一系列相當複雜的因素所決定，不能化約為是否擁有生產工具。韋伯還將階級與**地位**區分開來，後者是由其他人的認知而不是個人客觀的經濟條件所形成。近年來爭論的重點是階級實際上的重要性是否減少，以及階級架構是否也應該結合消費者偏好和其他文化因素。

## 意義與詮釋

100　　　大多數社會學家現在都同意，社會階級是一種社會階層化的形式，它刻畫出世界上現代工業化國家的特徵，也隨著**資本主義**的發展而擴展到其他社會。階級是一大群擁有相同經濟資源的人，資源強烈影響他們的生活方式類型。財富和職業是階級差異的主要基礎。社會學家普遍同意階級是最具流動性的階層化形式，因為階級不是法律實體，階級之間的界限並非固定，也沒有限制跨階級通婚。即便如此，研究顯示出生時的階級地位會限制、但不會排除個人跨越階級體系流動的機會。

　　　關於**社會流動**的研究顯示，人們能夠而且確實獲得他們的階級位置，這和傳統印度種姓制度禁止這種流動有著鮮明對比。階級體系與個人無關，個人的階級位置客觀存在，無關他們的私人關係，私人關係通常會形成一個十分獨立的生活領域。理論和實證研究已經調查了階級位置與社會生活其他面向之間的連繫，例如投票模式、教育程度和健康。社會學家設計一套階級架構，試圖以最少的分類，掌握最多的職業結構，藉此描繪現代社會的階級結構。社會學家往往以職業作為社會階級的廣泛指標，因為研究顯示，從事相

同職業的人往往會有類似的生活方式和相同的生活機會。

　　許多階級分析者也偏愛「關係性」（relational）的階級架構，因為它說明了**社會**中一些不斷變化的緊張局勢和不平等，以及不斷變化的就業類別和新的職業趨勢。戈德索普（John Goldthorpe）多年來一直致力於階級分析，也創建了一套用於實證研究的韋伯式架構。戈德索普階級架構的設計不是階層制，而是當代階級結構「關係」本質的再現。他最初的架構是根據市場情況和工作情況來確認階級位置。市場情況考慮的是薪資高低、工作保障和晉升前景，而工作情況是考慮控制、權力和權威的問題。最近，戈德索普（Goldthorpe 2000）強調的是僱傭關係而不是「工作情況」，引發對不同類型僱傭契約的關注。

## 批判之處

　　階級理論和分析在社會學中有著悠久的歷史，但自一九八〇年代以來，開始面臨社會學家的批評，他們認為階級的重要性逐步下滑。帕庫斯基與渥特斯（Pakulski and Waters 1996）認為**全球化**帶來一場全球**分工**，其中主要的不平等存在於國家之間而不是在國家內部，已開發國家已成為以服務業為主、逐漸個性化的後工業社會。據說這導致地位傳統主義（status conventionalism）的出現，這是一種基於**消費主義**和生活方式選擇而非社會階級的不平等體系。

　　其他人認為，階級帶來的高等**教育**以及更廣泛的機會，還有更多成功的企業家，其中有些人使用現代科技，例如網際網路，跨越階級體制獲得成就，這可作為更多社會流動和跨階級流動的證據。同樣地，結果就是以階級為基礎的社群和階級認同逐漸淡化。階級對人們來說變得不那麼重要，因為它失去如同以**性別**、**族裔**、**性取向**和政治聯盟作為**認同**來源的地位。

　　階級分析的另一個問題是它無法妥善處理性別問題，因為階級地位源自

101

「一家之主」，通常被認為是養家餬口的男性。因此，女性的階級位置一直
是來自另一半，這種情況在二十世紀初期可能說得通，但隨著越來越多的已
婚女性進入有薪職場，現在用這種方式判斷女性階級地位非常不可靠。事實
證明，把學生、退休人員、失業者等群體納入階級類別也非常困難，這意味
原本的分類架構不完整且片面。

## 延伸相關

最近許多研究明顯看到以階級為基礎的認同相當鬆散，但社會階級並沒
有失去對個人生活機會的影響力。主觀上，個人可能不認為自己是工人階級
或中產階級，但大量的社會學研究持續證明，我們出生的階級是影響我們生
活機會的重大決定因素（Crompton 2008）。

近年來，「平台資本主義」公司和「零工」（gig）經濟部門興起。零
工雇員通常被視為是自雇勞工，戶戶送（Deliveroo）和優步（Uber）等
平台為他們仲介「零工」。這些勞工是中產階級、工人階級還是一個全新的
階級類別？有這個問題是因為他們的工作契約和作法，使他們比起其他全職
員工處於更不穩定的處境，而且他們面臨更糟糕的健康狀況。然而，蒙塔納
（Muntaner 2018）認為，依照他們的工資、工作條件、工作福利和集體行
動而言，零工比其他任何人都更接近傳統的工人階級。如果我們要理解階級
不平等是如何再生產，尤其過去三十年左右，貧富之間的不平等實際上已更
加嚴重，那麼，我們仍必須重視社會階級的客觀特徵及階級的物質影響。

由於最近的理論認為階級的重要性正在下滑，有些研究探索了特定地區
的階級經歷。文森與同事（Vincent 2008）使用**質化**研究法做了倫敦市中
心「工人階級特性」（working classness）的實證研究，將焦點置於兒童
照顧和人們應付生活可用的資源。作者發現在那些「苦於應付」的人和大多
數「設法應付」的人之間有清楚的反差，後者擁有良好的社會資本（朋友和

家人的支持）、文化資本（教育文憑）和經濟資本（有工作，儘管不甚穩定）。雖然這份調查中工人階級的樣本相當具異質性，但看來社會階級仍然是衡量生活機會重要的客觀指標。

# 性別
## Gender

## 現行定義

對於某些社會、文化、心理方面的特徵和行為的期望，被認為適合特定**社會**的成員。

## 概念的起源

性別在社會學中基本上是一個受到忽視的主題，直到一九六〇年代以後大量關於女性主義的實證和理論研究出現，才使人們注意到，男女之間即使在現代社會也是如此不平等。古典社會學把既有以男性主導的性別秩序視為理所當然，例如，功能論認為性別差異根植於社會功能需求，例如女性在家庭中扮演「表達性」（expressive）角色，相對應男性在正式經濟中發揮「工具性」（instrumental）角色。女性主義的研究挑戰這種表面上先天的不平等，指出男性支配更類似於**階級**支配。然而，有些理論家使用現有的社會學概念和理論來解釋性別不平等，例如**社會化**和**衝突**理論的解釋。近年來，性別的概念已經被視為過於僵化，有些人提出「性別」是一個極為不穩定、總是處於變遷過程中的概念。

## 意義與詮釋

103　　社會學長期以來一直存在性徵（男性和女性身體在解剖學和生理學上的差異）和性別（預期男性和女性行為的社會和文化差異）之間的區別。大多數社會學家認為，沒有任何機制可以將生物力量與人類複雜多樣的社會行為連繫起來，這意味著性別是一種複雜的社會建構。

　　有些社會學家認為性別社會化——透過**家庭**、學校和**媒體**等社會媒介學習性別角色——有助於解釋所觀察到的性別差異。家庭、同儕團體和學校的社會化過程，往往會促成小孩子將自我認同的性別化形式內化，如此一來，性別差異在文化上得以再生產，把男性和女性社會化為不同的角色。性別差異化的玩具和衣服，以及電視、電影和電視遊戲中角色的刻板印象，都是文化鼓勵符合性別期望的例子。最近的研究認為，性別社會化不是一個簡單或單向的過程，因為人們積極參與其中並且可以拒絕或修改期望，使得社會化本質上不甚穩定且容易受挑戰。

　　有些社會學家也反對性別與性徵之間的基本區別，認為這種區分是誤導，意味著存在一個生物核心，然後文化與性別差異重疊。有些人現在不再把性徵視為生物學所決定，也不認為性別是透過文化習來，而認為性徵和性別都是**社會建構**。不僅僅是性別認同，而是身體本身，都是塑造和改變社會力量的主體。人們幾乎隨心所欲地選擇建構和重新建構自己的身體，從運動、節食、穿孔和個人時尚，到整形手術和變性手術。性別認同和性別差異與個別人體內部有著千絲萬縷的連繫，幾乎不可能將生物學與**文化**完全分離。

　　康奈爾（Connell 2005）提出了一個最完整的性別理論解釋，將**父權制**和陽剛氣質整合到性別關係理論之中。康奈爾認為勞動、**權力**和情感投注（個人／性關係）是社會中不同但相互關聯的部分，它們共同運作並相互牽動。勞動是指家庭內部和勞動力市場上的性別**分工**。權力透過機構、國家、

軍隊和家務生活中的**權威**、暴力和**意識型態**等社會關係發揮作用。

　　情感投注考慮的是親密、情感及私人關係中的動態，包括婚姻、**性傾向**和育兒。性別秩序的頂端是霸權的陽剛特質，透過文化運作並延伸到私人生活和社會領域。霸權陽剛特質主要與異性戀和婚姻有關，但也與權威、有償工作、力量和身體強健有關。儘管只有少數男性符合這種典型化的形象，但很多男性從中受益。在由霸權陽剛特質主導的性別秩序中，同性戀者被視為「真男人」的對立面。同性戀的陽剛特質遭到污名化，在男性的性別位階處於底層。陰柔特質都是形成在霸權陽剛特質的從屬地位中。發展出非從屬身分和生活方式的女性包括女性主義者、女同性戀者、獨身主義者、助產士、女巫、妓女和體力工，但這些頑強女性的經歷大部分「被歷史淹沒」。

104

## 批判之處

　　有些批評者認為，雖然陽性的霸權似乎十分明顯，但康奈爾並未真的提出一套令人滿意的解釋，因為她沒有說明什麼是「反霸權」。例如，現在有更多的男性加入照顧孩子和養育孩子，這是對陽性霸權的延續，還是一種反抗的趨勢呢？除非我們知道哪些行動會挑戰陽性霸權，否則我們怎麼能一開始就知道這些行動包含什麼要素？有些社會心理學家也想知道男性是如何「體現」一系列共謀的陽剛氣質（complicit masculinity）。如果男性自己也未達到陽性霸權的理想，不合格對他們的意義為何？簡言之，抵抗實際上會是什麼樣子？

## 延伸相關

　　性別的概念在社會學中變得越來越重要，有部分是因為女性主義的研究成果，還有部分是因為最近關於性傾向的研究，包括酷兒理論，有助於改變性別的含義以及如何使用這個概念。巴特勒（Butler 2004）認為，性別是

「展演的」（performative），也就是說，人的性別不是一種東西，不是身體與生俱來，而是更像一種持續的表演或還沒有完成的作品。這意味著性別是一個不穩定的社會類別，可以容納許多變形，也可以徹底改變，最明顯的例子也許是跨性別認同的「展演」。性別是什麼以及我們如何理解它，都取決於人們如何表現他們的性別，而這顯然是可以改變的。

　　性別不平等在大多數的社會是一個已經確立的事實，雖然程度各不相同。曼德爾（Mandel 2009）觀察十四個已開發國家的性別秩序和公共政策，比較不同國家以減少性別不平等為目標的干預措施帶來的影響。她認為有些政府支付婦女照顧孩子的報酬，另外一些制度則提供福利以緩解工作和家庭的緊張關係。然而，兩者都根植於傳統的性別角色，並沒有解決婦女的經濟弱勢。讓更多婦女進入有薪工作的政策目標似乎會帶來更多的好處，但曼德爾指出，這些政策不能單獨發揮作用，把照顧之責放在女性身上的意識型態需要改變。因此，引入育嬰假政策可能是把育兒負擔轉移到更平等基礎上的務實的第一步。

105

# 交織性
# Intersectionality

## 現行定義

　　社會不平等的交織，包括**階級**、**種族／族群**、**性別**、障礙和**性傾向**，比起單一面向的概念化（conceptualization），這種交織所帶來的歧視更複雜。

## 概念的起源

　　馬克思之後的社會學認為，社會階級是塑造個人生活機會不平等的主

要形式。從二十世紀以來，其他不平等的面向被認為越來越重要，到了一九七〇年代，現代社會中的不平等來源日趨多樣。儘管有些研究試圖從理論上說明階級和性別是如何相互強化，但並未有系統地解釋。隨著社會學研究不再只關注階級，人們越來越清楚地看到，現有的階級理論不容易轉移到其他形式的不平等。最早使用交織性概念的研究是坎秀（Kimberlé Crenshaw 1989）關於美國「種族和性別」交織性的論文（Taylor et al. 2010）。隨後，安德森和柯林斯（Andersen and Collins [1990] 2016）的選集很快就探討了階級、種族、性別和性傾向的交織如何塑造人們的認同和生活機會。黑人女性主義的學術作品影響交織性理論的發展，交織性理論的發展是從美國學者開始，到目前為止，也一直由美國學者主導，儘管這正在慢慢地改變（Crenshaw 1991）。

## 意義與詮釋

　　社會學者不再只關心社會階級，因而提出如果我們要理解當今人們的生活，就必須找到把階級與其他不平等現象連結起來的方法（Andersen and Hill Collins [1990] 2016; Rothman 2005）。到目前為止，交織性理論可以說是最有影響力的觀點，它試圖從社會和文化多樣性的事實出發，連結階級與其他不平等現象。這並不是一個淺薄的看法。它指出所有社會學研究與理論在討論「黑人」、「工人階級」、「婦女」、「身障者」、「男同性戀」等通用的分類時都過度類化（overgeneralized）。當社會學家討論和辯論「工人階級」或「婦女」的經驗時所指為何？大多數工人階級的主要認同可能不是階級位置。白人異性戀工人階級男性的生活，可能與黑人同性戀工人階級男性的生活非常不同，唯有實證研究才能告訴我們這些認同形式中哪一種更重要。

　　交織性研究解釋了在具體情況下不同形式的差異交織在一起的方式，

106

這可以對真實生活進行高度複雜的分析。然而，這些作品不只是描述性研究，還試圖理解社會中**權力**關係製造不平等與歧視的運作方式（Berger and Guidroz 2009）。舉例來說，交織性研究不僅僅是「階級＋種族＋性別」；反之，它堅持認為每個類別都會涉及其他類別，它們一起產生對世界的感受，「依照所處的脈絡，有時被壓迫和被邊緣化，有時是享有特權和優勢。」（Smooth 2010: 34）。簡言之，交織性類別所產生的社會位置，不能被分割成其表面上看似不相關的個別元素；它們不僅僅是各部分加在一塊。

交織性研究傾向能挖掘人類真實生活經驗的**質化**研究方法以及傳記式方法，以重新建構不平等在整個**生命歷程**中的影響。這凸顯出與主流階級研究的重大區別，後者通常由調查方法和**量化**分析主導。因此，交織性描述社會生活的多樣性，並且是一套分析多樣性的理論，但它也可以視為一種方法論──藉此將不同社會位置的互動帶入成為分析焦點──目的是更全面和有效的描述不同的經驗。

## 批判之處

交織性理論和研究存在一些問題。第一，有多少不平等和認同的類別可以納入分析？這個問題通常被稱為「等等」（et cetera）的問題。也就是說，有一些研究在階級、性別和種族因素之後加上了「等等」，以表明還有許多其他不平等的來源（Lykke 2011）。但是，如果是這樣，研究人員怎麼知道他們已經涵蓋所有來源，以確認他們的研究發現呢？第二個問題是對使用的不同類別給予相對權重。我們是否應該推論它們是大致上相似的變項，或者有理由認為其中一個類別就某方面來看對人們生活的影響更大？例如，馬克思主義理論認為，只要還是資本主義社會，階級地位仍能影響機遇和生活機會，這一點並非沒有道理。分析個人認同要素交織的方式越來越平凡無奇，但重要的是要記得，在英國和其他地方，有大量可靠的社會學作品

繼續尋找弱勢者的結構模式，包含大規模的社會團體（例如部分階級和少數族群），此模式影響地位相同的人所擁有的生活機會。

## 延伸相關

　　嘗試了解不同的生活經驗時，交織性的概念變得越來越重要，不僅對貧困問題，也包含了整個社會生活。而且，隨著研究越來越多，社會生活的特徵顯得越來越複雜，細微的差異越來越多。例如，巴納德和特納（Barnard and Turner 2011: 4）認為，「一個生活在英格蘭米爾頓凱恩斯（Milton Keynes）的中產階級、印度裔的第三代、擁有大學學位的印度教婦女的經歷，可能與一個生活在布拉福（Bradford）、僅有中學（level three）學歷、丈夫是身障者且有兩個孩子的印度裔第二代、穆斯林的婦女，其實沒有什麼共同之處。」

　　近年來，有人提出如果平等立法要成功，社會政策必須注意到交織性（Hancock 2007）。阿隆索（Alonso 2012）以這個觀點探討葡萄牙，這個國家在歷史上一直讓市民社會團體參與制訂平等政策。他們的解決方案是鼓勵利用現有的平等機構發展一套協調的模式，而不是直接建立一個新的整合機構。雖然這看起來效果有限，但作者認為這種折衷方法可以保留現有安排中已有的專業能力，也讓我們有機會研究跨機構的交織不平等與單一團體議題。儘管還沒有形成一個充分整合的交織性研究典範，但它可以為將來建立這種典範鋪路。

# 概念 32 父權制 Patriarchy

## 現行定義

108　　男性在社會部分領域或所有領域及制度中，對女性進行系統性的支配。

## 概念的起源

　　男性支配的觀念由來已久，許多**宗教**將其視為自然而然而且必要的現象。社會學關於父權制的理論說明始於恩格斯對**資本主義**之中女性服從男性的討論。恩格斯認為，資本主義集中**權力**在少數男性手中，因為這套制度生產的財富更勝以往，隨著男性將他們的財富傳給其男性繼承人，也加劇了**性別**和**階級**的不平等。

　　然而，父權制理論現在主要的來源是女性主義，特別是一九六〇年代以來，這個概念發展出來，被用來幫助解釋現代社會中男性支配的持續存在。雖然女性主義理論者對此概念的實用性看法不同，出現了自由主義、社會主義和基進女性主義的觀點。女性主義的口號「個人即政治」指出，家庭領域是男性支配地位再生產的關鍵場所——過去並不接受這個觀念。男性對女性的持續壓迫還體現在日常生活中性別歧視的言論和預設、媒體對婦女和女孩的再現，以及男性在公共和私人場合對婦女的暴力和性侵害。二十世紀末，實證研究為父權制的概念奠定了基礎，並確認它在**社會**中各個領域的不同形式。

## 意義與詮釋

　　父權制的概念構成基進女性主義的基礎。它是一個包羅萬象的概念，

涵蓋婦女受到男性宰制壓迫的各種情況。例如，因為男性主動或被動地拒絕女性進入企業、政治和其他社會生活領域，所以婦女要努力在這些領域獲得權力地位。對許多基進女性主義者來說，傳統**家庭**是父權制的關鍵要素，在這種制度下，婦女從事無償的家務勞動，使男性能夠享受外頭公共世界的自由。今天，女性仍然承擔家裡大部分的雜務，即使夫妻都有一份正職。費爾斯通（Firestone 1970）認為，男性支配得到與生俱來的「生物不平等」所支持。由於只有女性可以懷胎十月、生兒育女，所以她們生育後就依賴男性。在資本主義社會中，這種「生物不平等」的制度基礎是核心家庭，因此摧毀這種家庭形式是女性解放的先決條件。

對基進女性主義者來說，男性暴力和威脅性強化了男性的支配。家庭暴力、家庭內不為人知的強暴、**公共領域**的強暴和性騷擾，以及男性在日常**互動**中對女性的攻擊行為，都促成了一種普遍的、有害的、但往往未能被覺察的男性支配。這不是說所有男性都積極參與這種行為，但基進女性主義者認為，所有男性都可以從父權制中獲益，並由某些男性的暴力支撐這個體制。在更廣泛的文化中，女性在雜誌、時尚、電視和其他**媒體**中遭到物化。許多媒體再現的焦點繼續把女性當成男性的性對象。顯然，父權制被烙印到現代社會的一切制度之中，而女性主義研究者讓這些問題更引人注目。

沃爾比（Walby 1990）將父權制重新概念化，把這個概念引入更詳細的實證研究。她認為父權制未能解釋日益成長的性別**平等**。沃爾比分析的核心是父權制私人和公共形式之間的區別。私人形式包括家庭關係和親密關係，而公共形式包括僱傭關係、國家和政治。經歷了二十世紀，隨著女性進入之前被禁止的社會領域，父權制顯然從私人形式轉移到公共形式。舉例來說，因為現今婦女在正式的職場上能見度更高，但這並不代表已經實現了性別平等。例如，女性在工作中獲得的報酬往往低於男性，她們在公共領域會遭遇男性的暴力，還要續承受對性行為的雙重標準，而現在她們必須面對媒

109

體在網際網路上對女性性慾化的再現（sexualized representations）。

## 批判之處

父權制的概念一直受到主流社會學家和女性主義理論本身內部的批評。儘管有許多人可能接受父權制是一種**描述性**的概念，但它也一直被用作為對所有女性壓迫的不充分和非常抽象的**解釋**，卻沒有指出一個令人信服的機制。有些基進女性主義者還聲稱，父權制在整個歷史上和不同文化中都存在，因此是一種普遍的現象，但這種廣泛的概念沒有為歷史和文化的差異留下討論的空間，也忽略了**種族**、階級和**族群**對婦女處境的重要影響。簡言之，認為父權制是一種普遍現象的論點有可能會落入生物化約論（biological reductionism）。

許多黑人女性主義者以及來自開發中國家的女性主義者認為，大部分主流的女性主義忽略女性之間的種族分歧，因為這些觀點往往是立基於已開發國家的白人、主要是中產階級婦女的經驗（Hooks 1981）。因此將主流女性主義通則化是無效的，因為不同的階級與族群的婦女經驗並不相同。美國黑人女性主義者的研究強調奴隸制、種族隔離和民權運動等強大的歷史遺緒對黑人社群性別不平等的影響，指出黑人婦女因其種族和性別兩種因素受到歧視。同樣地，長期以來被白人中產階級女性主義者視為是維持父權支配的關鍵因素——家庭制度，在黑人婦女和黑人女性主義者眼中可能不盡相同，對她們來說，家庭生活也是反對白人種族歧視的堡壘。黑人女性主義理論的發展，更敏銳地意識到黑人工人階級女性所面臨的交織性不平等和多重弱勢。

最近，後現代和社會建構主義理論質疑「所有女性都有一致的認同和經驗基礎」的想法。我們不應假定中產階級、工人階級、白人、黑人、都市或農村婦女都會共享一個身為「女性」的主要認同。甚至也質疑在社會學研究

中討論「女性」或「男性」的分類是否有意義？因為這些概念暗示著有生物或本質的基礎，而性別研究在多年前就已經加以否定。後現代的轉向充滿挑釁意味，但這是女性主義運動者和學者嚴肅的課題，因為他們的經驗研究詳述在男性主導的社會中，女性所面臨的各種不平等及不平等的程度高低。

## 延伸相關

女權主義理論家認為，父權支配是通過各種社會形式實現的，包括語言和**論述**。凱斯和利帕德（Case and Lippard 2009）在一篇相當持平的文章中，探討了笑話如何延續父權關係，以及女性主義者如何解構這些笑話並產生屬於自己的顛覆性版本，來揭露和破壞性別歧視。作者在這項研究中分析了超過一千九百則女性主義者的笑話。最常見的主題是「男人沒用」（二五·七％），在所使用的概念和分類中，男性刻板印象占了大部分（六二％）。然而，他們發現很少有笑話（三·八％）跳脫詆毀男性或使用刻板印象的預設來批判性別本身的企圖。然而，他們確實接受在不平等的社會中，幽默是一項強大的意識型態武器。

對於某些人來說，二〇一六年川普當選美國總統，以及其他地方類似、自詡為民粹主義的「強人」在選舉中獲勝，代表即使在一個性別平等明顯提高的時期，父權制的觀點依然存在。吉利格和施耐德（Gilligan and Snider 2018）利用這個難題提出了一個問題：**為什麼**父權制會持續存在？有一些群體很明顯從父權制的制度安排中獲益，因此會捍衛這些制度、反對推動改變的運動。然而，吉利格和施耐德認為這只是部分解釋。他們認為父權制的層級結構也提供了一種心理學的防禦機制，防止我們向他人打開心防時的失落感和不舒服的脆弱感。因此，父權制結構的解體也瓦解了保護我們免受深層羞恥感的心理防禦機制。這或許可以解釋為什麼對女性主義和 LGBTQ+ 平等權利運動的反彈，往往充滿了憤怒和仇恨。政治同樣非常個人。

## 概念 33 貧窮 Poverty

### 現行定義

在一個**社會**中無法取得那些被視為「基本的」或「正常的」東西之狀況。

### 概念的起源

雖然我們可以說大多數人類社會中都有貧窮，但這個概念的使用可以追溯到十九世紀末和二十世紀初。朗特里（Rowntree [1901] 2000）對英國約克（York）貧窮的研究，為後來試圖確定社會中貧困程度的工作奠定基調。這方面的研究很重要，因為如果要評估減少貧困的措施，關鍵就在於必須知道有多少人生活在貧困的條件下。自從湯森（Peter Townsend）在一九五〇年代開始研究貧窮以來，另一種評估貧困的方法獲得廣泛使用。湯森（Townsend 1979）發展了一套以生活方式為基礎的相對貧窮概念，從中選出十二個重複出現的項目，例如「家裡沒有冰箱」，作為貧困或剝奪指數。這使他能夠估計貧困水準，而且結果遠高於預期。這是一個相對而非絕對的貧窮概念。後續的研究使用問卷調查和訪談，以確定人們主觀認為**他們**所想的生活必需品是什麼。許多國家的政府（和歐盟）也根據家庭收入水準相對於全國平均收入（通常是五〇％或六〇％），畫出一條「貧窮線」，來確定哪些人生活在貧困之中。

### 意義和詮釋

社會學家區分貧窮為兩個基本概念：絕對貧窮和相對貧窮。**絕對貧窮**的基礎是在物質上維持生存的概念——為了維持合理的健康狀態必須滿足的基

本條件。缺乏足夠食物、住處和衣服的人被說是生活在絕對貧窮之中。根據這個定義，許多發展中國家仍有大量人口生活在絕對貧窮狀態。據說在孟加拉、莫三比克和納米比亞有超過三分之一的人、盧安達約有三分之二的人，以及奈及利亞有百分之七十的人，今日仍生活在絕對貧窮之中。然而，是否有一個放諸四海的絕對貧窮標準存有爭議，因為不同文化對需求的定義有所差異。

當今，大多數社會學家使用**相對貧窮**的替代概念，這是相對於一個社會整體生活水準的貧窮。選擇這個概念的主要原因在於人們普遍認為貧窮是由文化所界定，不能用一個普遍的標準來衡量。一個社會的必需品，在另一個社會可能被視為奢侈品。在已開發國家，自來水、抽水馬桶和定期食用蔬菜水果都被認為是基本必需品，但在許多發展中國家，這些東西並非日常生活的一部分，以缺乏這些東西來衡量貧窮並沒有效。即使是「絕對」貧窮的定義也會隨著時間改變，因為我們的知識會進步，因此，即使絕對貧窮也是「相對的」。

相對貧窮的概念並非萬能。隨著社會發展，人們對貧窮標準的理解也隨著生活水準的提高而向上調整。冰箱、中央暖氣和電話曾經都被視為奢侈品，但今天大多數人把它們視為必需品。還有人認為，相對貧窮的概念使得人們忽略了一個事實，社會中最貧窮的人仍比以前的人過得好很多，因此讓人懷疑富裕社會中是否存在「真正的」貧窮。有些社會群體更有可能生活在貧困之中，包括兒童、老年人、婦女和一些少數族群。尤其是那些處於弱勢地位或在其他生活面向遭受到歧視的人更有可能成為窮人。

對貧窮的解釋不是著重在個人（「指責受害者」）就是聚焦於社會組織（「歸咎體制」）。「窮人將永遠與我們同在」的看法由來已久，這個說法暗示窮人必須為自己的處境負起主要的責任。根據這種觀點，社會提供許多往上爬的機會，如果有些人一事無成，無法掌握優勢，一定是他們自己的錯。

在十九世紀，貧民院和濟貧工廠（workhouses）的存在是為了安置那些大

113 家眼中的失敗者。儘管這些想法後來失去立足點，但在一九八〇年代新自由
主義的政治觀點透過窮人自己的生活方式和態度解釋貧窮時又再度復甦。美
國社會學家莫里（Murray 1984）看到一種新的「下層階級」浮現，他們身
上都有一種靠著福利過活並且拒絕進入職場工作的依賴文化。

「歸咎體制」的方法探討社會經濟條件製造出某種程度貧困的方式。
景氣循環和衰退、**教育**政策和體系的變化，以及**階級**、**種族**、**性別**和身障等
主要階層，都會影響個人的生活機會和經歷貧困的機率。這種結構性的解釋
否定個人必須為自己的貧困負起主要責任。這種觀點可以追溯到一九三〇年
代，當時陶尼（R.H.Tawney）認為，貧窮實際上是社會不平等的一個面向，
社會不平等導致了極端財富和極端貧窮。因此，解決這個問題的關鍵是透過
社會和經濟政策減少社會不平等，而不是指責個人。英國最近在這方面有兩
項政策改變，分別是引進全國最低工資和擴大「在職」福利，兩者都是為了
減少貧窮程度。經濟結構的調整也會導致貧窮程度的上升，在一九八〇年
代，製造業的衰退、就業的「郊區化」（suburbanization）和不斷增長的
低薪服務部門減少了工作機會。總之，貧窮程度應該參照社會結構的變化來
解釋。

## 批判之處

人們對於繼續使用貧窮的概念提出許多批評。一旦接受對絕對貧窮的
文化批評，我們就只能使用相對貧窮的概念。但批評者認為這不過是社會不
平等的另一種說法，對我們的理解毫無幫助。如果貧窮的標準隨著社會發展
的富裕程度而變化，那麼就會失去這個概念最初的目的──辨識並喚起對嚴
重剝奪的意識。那些具有現代生活大部分科技設備，並且獲得社會福利的家
庭，真的可以定義為生活在貧困之中嗎？

　　有些社會學家已經放棄了這一個概念，轉而使用**社會排除**這個詞，它可以由剝奪窮人某些**公民身分**權利的過程加以辨識。有此批評是針對測量貧窮的嘗試。根據一組辨識項目而建立的貧困指數充滿著主觀的選擇。我們根據什麼標準來選擇哪些項目是必要的或是真正需求，哪些只是欲望？有些類別，如熟食早餐或出門度假，可能更像是個人選擇和優先次序，而和貧窮無關。這種選擇性可能會使人不再關注發展中國家裡非常真實的絕對貧窮。

## 延伸相關

　　儘管有不少批評，但貧窮的概念在社會研究中仍受歡迎，特別是以提供決策者資訊為目標的研究。相對貧窮的概念對於將不平等的辯論導入社會學架構而言非常重要，其作法是引起人們注意哪些潛在的社會經濟過程有可能增加剝奪感，否定一些社會群體擁有完整公民身分。然而，窮人不可能找到出路的觀點已受到一些研究的挑戰，這些研究指出實際的經驗並非如此。詹金斯（Jenkins 2011）表明，任何時候都有不小比例的窮人曾經享受過優越的生活條件，或是在可預期的未來擺脫貧窮。大量的社會流動意味著，不僅有些人成功擺脫貧窮，而且一輩子曾經有段時間活在貧窮之中的人比大家過去所想的還要多。如此一來，貧窮就被有效地「賦予人性」（humanized）。

　　新冠肺炎大流行迫使人們注意「脆弱性」這個概念，因為人們很快就知道，老年人和生病或有併發症的人，如糖尿病、肥胖和心血管疾病，感染後重症和死亡的風險更高。然而，這種醫學上的風險模型往往忽略窮人的脆弱性，這種情況在政府強制封鎖期間（包括企業關閉）尤其嚴重。帕特勒等人（Patel et al. 2020）認為，英國社會經濟地位低的人做的工作往往無法居家上班；他們住處的件較差，更有可能住得過度擁擠，由於工作不穩定和收入波動使得心理健康狀況較差，導致免疫系統被削弱。他們也更有可能帶著這些併發症過活，成為新冠肺炎併發症的高風險群體。窮人在第一波大流行

114

中是「被遺忘的弱勢群體」，我們也尚未充分了解染疫對身體健康的影響。

## 概念 種族與族群
## 34 Race and Ethnicity

### 現行定義

115　　　種族是指以生物學特徵（如膚色）為基礎所分配的各種屬性或能力。族群是指一個社會群體的成員共享一套對共同文化認同的獨特意識，使他們有別於其他社會群體。

### 概念的起源

　　以膚色來區分社會團體在古代文明中非常普遍，雖然群體之間更常見的是以部落或親屬關係進行區別。相對而言，這些區分的基礎與現代的種族概念並無關連。自十九世紀初以來，種族有了明確的生物學內涵，後來又加上遺傳學內涵，將此概念連結到科學理論和分類架構。種族的科學理論於十八世紀末和十九世紀初發展起來，被用以合理化英國和其他歐洲國家統治發展中國家領土的帝國野心。這些都是所謂「科學種族主義」（scientific racism）的實例，為德國國家社會主義黨、南非的種族隔離制度和其他白人至上者（如美國的 3K 黨）的種族主義意識型態，提供了「科學」的掩飾。

　　現代意義下的族群概念指的是不同的文化群體，可以追溯到一九三〇年代，並連結到一九四五年之後出現的少數族群概念。隨著種族被認為完全無法作為社會科學的可用概念，聚焦在群體文化的族群概念取而代之。研究由族群而產生的弱勢及歧視型態，已經將此觀點擴展為「少數族群」（ethnic minority）或「少數族群團體」（minority ethnic group），儘管這裡的「少

數」未必是指數量上的少數。有些社會學家認為，種族的概念不應該被一併排除，因為這個詞在整個**社會**中被普遍使用。因此，社會學家需要考慮如何使用這個概念以及使用時的含義為何。

## 意義與詮釋

這個關鍵詞把種族和族群結合在一起，因為兩者構成一個很常見的詞組，也意味著兩者彼此相連。然而，它們很容易區分。現今，種族是一個很困難的概念，因為它雖然不再被當成一個科學概念，卻仍然被廣泛使用，事實上可能還是主導的概念。然而，對於生物學家和社會科學家來說，明確的種族並不容易看到。當然，生理上的差異清晰可見，但這些差異並未構成基因上的獨特種族。大多數社會學家認為，種族概念不過是一種意識型態的建構。由於這些原因，有些社會學家——特別是北美以外的社會學家——往往把種族放入引號中，表示其意義非常有問題。

採用種族概念以便將人劃入不同的生物群體之中，社會學家稱這個過程為「種族化」（racialization）。正如美國的奴隸制和南非的種族隔離制度所示，一個種族化的社會往往基於極端的社會不平等，包括司法、醫療保健、工作機會、**教育**以及更普遍的生活機會不平等。種族可能根本不算是一個科學概念，但是種族在歷史上帶來的物質後果清清楚楚說明湯瑪斯（W. I. Thomas）著名的格言：「如果人們（原文如此）界定情境為真，它們的後果也為真。」如果種族根植於生物學的觀點，族群則是一個引起人們關心**文化**——或者更準確地說，各種文化——的概念。族群通常藉由語言、歷史、**宗教**、各種社會規範以及共同的記憶而區分彼此的不同。但關鍵在於族群並沒有固有的特點，純粹是一種社會現象，隨著年輕人融入族群的生活方式、規範和信仰而不斷地再生產。

有些族群凸顯自己的方式是使用排外手段，例如禁止通婚，這有助於維

持文化所確立的邊界。對於社會學家來說，族群是比較有用的概念，因為不帶有種族的生物學包袱。然而，「族群的」（ethnic）一詞的使用可能也有問題。以歐洲為例，「族群的」通常被用來指稱與所謂「原住民」（即非同族群）不同的文化。但是，族群是某群體所有成員、而非部分成員的共同屬性。

　　少數族群的概念在社會學中獲得廣泛使用，但不僅僅是數量上的問題。「少數族群」來自於他們相對於其他主流群體的弱勢地位，而不一定是因為數量比較少。少數族群往往表現出很強的凝聚力，源自於其成員一起經歷的歧視、種族主義和偏見。淪為受害者會讓人們進一步覺得他們有共同的利益。因此，社會學家會使用「少數」這個詞並不是看字面意義，它是指一個群體在社會中的從屬地位，而不是指數量上的代表性。在許多例子中，「少數群體」實際上占人口多數，例如種族隔離制度的南非，或者是某些地方低收入戶居住的內城（inner cities）。許多少數群體與其他人口分屬不同族群，身體特徵也不同。英國的西印度人和亞洲人或美國的非裔美國人就是這種情況，雖然義大利或波蘭血統的英國人和美國人不太可能被視為少數族群。常見的情況是膚色等身體差異被稱為「少數族群」的決定性因素，這代表族群之間的區分很少是中性的。

## 批判之處

117　　　　類種族主義（quasi-racist）的態度為人所知已有數百年之久。但種族作為一組固定特徵的論點乃隨著「種族科學」的興起而出現。白人種族較優越的信念即使事實上完全沒有價值，仍然是赤裸裸的白人種族主義中一項關鍵的元素。然而，正當生物學上的種族想法遭到捨棄、失去青睞時，一種更微妙的「新」或「文化」種族主義出現。「新的種族主義」使用文化而非生物論點來論證族群持續分隔的合理性。尤其是，這個論點往往聚焦在多數族

群的權利而期望少數族群能被多數族群同化，因此新種族主義與多元文化主義相互對立。少數群體尋求維持自己的文化，就有可能因為拒絕同化而被邊緣化或遭到醜化。

種族主義的運作越來越倚靠文化而非生物學的事實，意味著有多種種族主義的存在，而不同的群體會經歷不同的歧視。新的種族主義出現模糊了過去種族和族群之間的區別，因為這個版本的種族包括文化面向。這可能會降低族群這個概念在社會學裡的實用性。

## 延伸相關

如生物種族主義到文化種族主義的轉變所示，**科學**和社會中的種族觀念似乎根深柢固。最近基因研究的發展、警務中的種族貌相（racial profiling），以及對移民的關心程度，都使得族群和族群關係的問題站到政治第一線。制度性種族主義的概念是一九六〇年代末美國民權運動的一部分，並在一九九九年被一份英國政府官方報告所接受，也將種族主義和種族歧視的問題從個人擴大到機構或組織層面。然而，關於種族和族群概念有效性的爭議並沒有解決。

班頓（Banton 2015）看出種族和族群「弔詭」是一個很好的例子。也就是學術界往往認為種族概念雖然遭到徹底的揚棄，但它仍然是政府和學者使用的眾多官方分類架構的一環。儘管它是社會學界拒絕普遍採用的傳統觀念，但它仍然存在且被公開使用，而且似乎大家都理解其含義。班頓認為解決這個弔詭的方法是承認實務知識和理論知識之間的哲學差異，以及它們所採用的不同含義。實務知識需要收集有關社會經濟差異和社會群體間不平等的資料，而理論知識則要試著澄清正在使用的術語和概念。問題是許多學者是從字面意義著手，而不是從他們所點出的實際問題。因此，關鍵的問題是他們所使用的種族和族群概念是否真正合乎目的。經過數十年的研究和理論

118

化，這或許有點奇怪，但班頓認為解決這個問題是在這個領域有所進展的基礎。

種族主義的類型和程度隨著國家而異，維維亞卡（Wieviorka 2010）發現歐洲各地的種族主義模式既有一致性也有多樣性。一方面，現代形式的種族主義顯然是**現代性**的產物。**工業化**、大規模**移民**、殖民主義及其遺緒，以及擴展的貿易關係，都導致國家內部和國與國之間的緊張和衝突，其中一種表現就是種族主義。因此，我們可以預期大多數歐洲國家會表現出一些相似性。然而，維維亞卡聲稱，並非所有的種族主義都一模一樣。他列出四種大致類型，描述對現代性的不同回應，他注意到殖民時期區分「下等」和「上等」種族概念的「普世主義」（universalist）類型，有很長一段時間在整個歐洲都占主導地位。然而，現在的種族主義者的態度已經多樣化，在許多情況下會結合對於社會向下流動的關心，和／或是某些國家國族**認同**流失的問題。

## 概念 35　社會流動　Social Mobility

### 現行定義

是指人或社會群體在社會階層體系中向上或向下的流動。在已發展的現代社會中，社會流動是指在社會**階級**體系中的移動。

### 概念的起源

社會流動的研究可以追溯到一九四五年後，當時社會學家試圖評估社會不平等（通常是階級）是否會隨著社會日益富裕而減少。有些經濟學家認為，

**工業化**之前不平等的程度很低，而持續的經濟成長導致了不平等的增加，但隨著時間的推移，社會流動性增加，不平等將趨於平緩並進入逆轉。在一九六〇年代末，美國的研究發現許多垂直流動，儘管實際的流動相當少或僅在小範圍。大範圍的流動，例如工人階級到中上層階級，仍然非常罕見。向下流動的情況就更罕見，因為白領階級和專業工作增加的速度比藍領工作更快，使得藍領工人的兒子能夠進入白領工作。

利普賽特和迪克斯（Lipset and Bendix 1959）分析英國、法國、西德、瑞典、瑞士、日本、丹麥、義大利和美國共九個國家的資料。他們的研究聚焦於男性從藍領工作流動到白領工作，並有了一些令人驚訝的發現。沒有證據顯示美國比歐洲社會更開放，因為美國的垂直流動率為三〇％，歐洲則介於二七％到三一％之間。作者的結論指出所有的工業化社會都經歷類似的白領工作擴張，促進了向上的流動。現在的社會流動研究在評估整體社會流動是增加還是減少時，越來越重視性別和族群的面向。

## 意義與詮釋

社會流動是指個人和群體在不同社會經濟地位之間的流動。垂直流動是指在社會經濟位階的上升或下降。因此，收入、資本或**地位**提高的人被稱為向上流動，而經濟或地位惡化的人則是向下流動。在現代社會中，由於人們搬到新的地區找工作，也有很多地理上的流動，這被稱為橫向流動。這兩者往往密切相關，因為個人可能獲得晉升，需要轉移到同一個集團在其他地方的分公司，甚至是國外分公司。

社會學家研究社會流動的兩個主要面向，一是**代內**流動，著眼於個人一生中在社會量表上的上升或下降程度；另一是**代際**流動，探討小孩與他們的父母或祖父母相比，在社會量表上向上或向下移動以及移動的程度。爭論的重點往往是階級體系是相對固定或流動，以及隨著工業資本主義社會的成

熟，社會流動是否變得更容易。如果向上的社會流動程度仍然很低，那麼我們可以推測，階級依然牢牢掌控人們的生活機會；但如果今天的社會流動比以前更多，那我們可以說階級的控制正在減少，社會越來越以功績導向，而且不平等的情況更少。

英國社會流動程度在戰後獲得廣泛的研究，有豐富的經驗證據和研究報告。格拉斯（Glass 1954）分析一九五〇年代之前很長一段時間的代際流動，他的結論指出英國不是一個特別開放的社會，儘管有許多小範圍的流動。向上流動比向下流動更普遍，但處於底層的人往往動彈不得。戈德索普（John Goldthorpe）和同事做了一份〈牛津流動性研究〉（The Oxford Mobility Study），即《現代英國的社會流動性和階級結構》（*Social Mobility and Class Structure in Modern Britain,* [1980] 1987），試圖找出自格拉斯的研究以來，英國社會流動形態發生多大的變化。研究發現男性整體流動的程度比先前要高，階級體系中大範圍的流動更多。但是，職業體系並沒有變得更平等：截至一九八〇年代，藍領男性獲得專業與管理工作的機會增加是因為職業結構的變化，而不是因為機會增加或不平等減少。戈德索普與傑克森（Goldthorpe and Jackson 2007）使用更多新資料得出結論，沒有證據顯示代際流動絕對的下滑，但有一些跡象表明大範圍的流動下降。他們還發現男性向下和向上流動之間變得不平衡，這代表不大可能恢復向上流動的上升率。

## 批判之處

針對社會流動研究的一個重要批評是它一直以來幾乎只關心職業男性。這在一九五〇年代和一九六〇年代也許可以理解，因為當時主流的意識型態是男主外女主內，但隨著越來越多的女性從事正職，這種說法已站不住腳了。事實上，現在有越來越多的婦女是靠著自己的收入成為一家之主。最近

一些研究表明，現代女性比前幾代有更多的機會，尤以中產階級的婦女受益最多。如果社會流動研究要闡明社會是否開放的真實變化，也就需要考慮到女性的經驗。

　　長期以來，有些人對整個社會流動性研究傳統的批評是，英國和其他已發展社會是功績導向，因為報酬是給那些「表現」與成就最好的人。因此，能力和努力是職業成功的關鍵因素，而不是階級背景（Saunders 1996）。桑德斯使用〈國家兒童發展研究〉（National Child Development Study）的實證資料表明，無論是經歷社會優勢或弱勢的英國兒童，只要他們聰明、勤奮努力就能取得成功。英國是一個不平等的社會，但它基本上也是一個公平的社會，報酬是給那些努力付出並理所應得的人。有些人認為個人才能是決定階級地位的因素之一，但「階級出身」仍然是一個非常強大的影響因素，這意味著來自弱勢背景的小孩必須比其他人表現出更多的優點，才能站上類似的階級位置。

## 延伸相關

　　對於社會學者來說，若要建立跨階級的職業和流動趨勢，社會流動是一個重要的概念。現在，許多人認為**全球化**和經濟市場的去管制正導致貧富差距的擴大和階級不平等的「僵化」（hardening），導致社會流動的機會更少。然而，重要的是記住，我們的活動從來不是完全由階級劃分所決定，許多人確實經歷過社會流動。

　　阿克斯（Ackers 2019）最近的研究探討男性技術工人的社會流動，討論他們在這個過程中所感受的個人緊張與不安。這份質化研究涵蓋二十八位男工的生活史，發現這些成功的代際流動案例中，有一種「雙重緊張」（dual tension）在發揮作用。第一個緊張來源是他們從傳統工人階級的生活方式轉向到更接近中產階級的生活形式。第二個緊張來源是家庭給他們的壓力，

121

要他們改善從父母輩繼承的工人地位。本質上，這些人經歷階級錯置，其集體歸屬和個人成就之間出現緊張關係，他們採取一種在生活中「過得去」（getting on）的觀點來應對。然而，他們也希望自己向上流動後的職業能為父母接受，彷彿他們仍然「保有」自己的家庭背景。這項研究與其他研究相反，其他研究認為社會流動向上顯然是一件「好事」，但這項研究卻點出個人向上流動與自我意識轉變的問題。

　　社會轉型或革命如何影響社會流動的前景？赫茲等人（Hertz et al. 2009）以後社會主義國家——保加利亞為例探討這個問題。這項研究記錄保加利亞一九九五年至二〇〇一年期間代際社會流動的急劇下降，這段時間發生劇烈變化，經濟蕭條和公共支出（特別是**教育**）大量刪減。特別是，這段期間父母教育程度較低的小孩，平均教育程度是絕對下降，代際社會流動也隨之下滑。赫茲等人認為下降的主要原因是教育支出的大幅削減和學校數量減少、失業率攀升，以及政治風向遠離過去的平等主義立場。我們可能不會太驚訝前社會主義的社會轉型會造成很多混亂，但可以想像的是二〇〇八年全球金融危機可能會使得要扭轉該文所指出的趨勢變得更困難。

## 地位
## Status

### 現行定義

122　　　人們在**社會**所處的位置，其基礎為社會其他成員對個人或團體抱持的尊重或聲望。

## 概念的起源

　　社會地位是社會學的基本概念，尤其與符號互動論的傳統有關。對韋伯來說，地位是指在他人眼中，對不同社會群體在尊重上的相對差異。傳統社會中，地位經常是根據在不同的脈絡中和某個人歷年來面對面**互動**而取得的第一手知識。但隨著人口的增加，地位越來越不可能以這種個人的方式得到。韋伯認為地位已經逐漸透過生活方式或我們今天所說的生活風格來傳達。生活風格中的地位象徵，例如房屋和室內設計、穿著打扮、言談舉止和職業，全都有助於塑造個人在其他人眼中的社會地位，而那些擁有相同地位的人，會形成一個有共同**身分認同**的社群。

## 意義與詮釋

　　韋伯認為社會因為對**權力**和物質資源的競爭和衝突而分裂。馬克思把**階級**衝突視為社會分歧的主要來源，韋伯則認為階級只是**衝突**的基礎之一，甚至可能不是主要的基礎。階層化的現代社會有多重面向，理解現代社會不能化約為簡單的階級問題，而必須考慮社會地位和「利益團體」的聯合（即試圖影響社會的團體和協會）。由於階級、地位和黨派的結合和重疊，產生了社會結構的複雜圖像，與社會內部許多可能的位置。

　　雖然馬克思認為，地位之分來自於階級之別，而且與階級並行不悖，但韋伯觀察到地位的變化往往不受階級影響。例如，當貴族逐漸失去權力和財富，未必造成他們地位的喪失。有些出身貴族的個人在社會中仍然保有很高的地位，因為他們一直處於強大社會**網絡**之中（經濟資本低、地位高）。相反地，大家眼中「徒具虛名」的現代名人可能非常有錢卻遭人鄙視（地位低、經濟資本高）。

　　我們所採取的社會角色取決於我們的社會地位，而一個人的社會地位會

123

因社會脈絡不同而有差異。例如，身為一名學生有一定的地位，因此預期他們在教室的時候會守規矩；但身為兒子或女兒則是不同的地位，其他人會有不同的期望。同樣，作為一個朋友，個人在社會秩序中的地位完全不同，他或她所扮演的角色也會隨之改變。我們同時擁有許多地位，而這組地位被稱為「地位組」（status set）。社會學家還區分出先天地位和後天地位。先天地位是一種被賦予的地位，通常是基於生物因素，如性別或年齡、「男性」和「青少年」。後天地位是藉由個人努力而獲得，包括醫生、運動員或經理。

　　雖然我們可能願意相信自己的後天地位最為重要，但其他人可能不這麼認為。不論是什麼社會，某些地位會勝過其他地位，而這種「主要地位」（master status）通常決定一個人整體的社會位置。**性別**和**種族**通常被視為主要地位，但「偏差」、「環保主義者」、「基督徒」，對於某些人來說則是主要地位。附著在地位上的聲望也會隨著時間而改變，而這在很大程度上經常是社會團體直接行動的結果。「黑人」在歐洲與北美曾是一種負面地位，因為它是由白人的多數者文化所賦予。身為黑人就會面臨偏見、歧視和社會**污名**。雖然在很長一段時間裡，黑人民權運動和平權運動重新奪回「黑人」的概念，把它轉變成為一個正面的地位，並把它與令人驕傲的歷史和文化傳統聯繫起來。這個例子顯示，即使是先天地位也面臨社會定義與評價的改變。

## 批判之處

　　儘管韋伯和現代韋伯主義者提出有力的例子，說明在階層化體系中地位和社會階級一樣重要，但批評者認為這並未充分重視階級位置對人類物質生活機會的影響，包括他們以及他們孩子的健康。針對**社會流動**的研究顯示，儘管現在的社會流動比過去更大，但在階級結構的底端，幾乎看不到什麼固定的代際流動。簡而言之，階級對於社會位置與地位的影響，大於社會位置

與地位對階級的影響。社會不平等主要也是透過經濟結構的變化而產生和複製，而無法以個人選擇或尊重的角度來加以解釋。正如克朗普頓（Crompton 2008）指出，解釋物質**貧窮**和嚴重弱勢，需要對社會的社會經濟和職業結構有所了解。

124

## 延伸相關

現代社會已經變成以不斷獲取物品為目標的消費社會。儘管有來自階級理論者的批評，但是基於不同「品味」的地位差異在現代對於階級位置的強化可能比過去更有影響力（Bourdieu 1986）。隨著現代社會變成以消費為導向，社會地位可說變得更重要。在一個消費社會中，人們逐漸透過購買和消費商品作為生活方式的選擇來建立地位區隔。這導致了高度個人化，以及社會階級和其他傳統身分的去識別化。這並不意味著社會階級不重要，但確實代表人們不太可能將其視為個人身分的核心特徵。轉向**消費主義**允許更多不同、複雜和精細的地位差異，導致整個社會更全面的地位競爭。

在一篇有趣的文章中，雷格（Rege 2008）問到為什麼人會在意社會地位。她探討個人在「互補性互動」（complementary interactions）中如何被吸引去關心自己和他人的社會位置。這種互動（例如在商業中）是指一個人可以透過與自己能力類似的人互動來提高自己的地位。但是，由於「能力」不一定看得見，地位可以是物以類聚的重要符號。這種互補性互動的命題可能有助於解釋為什麼某些地位的「道具」（props）或物品在某些情況下會被共享。例如在商業界，大家都戴勞力士（Rolex）手錶和穿亞曼尼（Armani）西裝，可能是因為這些物品被大家認為是代表經營能力的明顯符號，而且，藉著投資這些物品，商業人士更有機會建立有用的人脈。雷格的論點暗示，「比排場」的舊觀念可能並不像以前所想的那樣膚淺。

右派民粹主義政治在歐洲和其他地區的崛起和勝選，使得大家對民眾支

持民粹主義的原因產生興趣。對某些人來說，民粹主義代表的是民眾面對不平等程度提高以及財富集中在一小群人的情況，對於自由派、都會菁英的反彈。吉德倫和霍爾（Gidron and Hall 2017）認為，事實上，這些經濟議題結合文化因素，產生了支持民粹主義的浪潮。這份研究利用二十個民主國家的調查資料，證明民粹主義和所有的政治形式一樣，民粹主義廣受人群支持。然而，民粹主義確實有一群核心支持者，是來自於那些未接受過高等教育的白人、男性工人階級。這群人在過去三十多年裡的相對地位下降，而女性的地位上升，該文認為社會地位低下者的主觀認知與支持民粹主義政治相關。吉德倫和霍爾將地位焦慮重新帶入政治立場的討論之中，有效證明地位這個概念仍有許多可供利用之處。

125

# ｜主題六｜

# 人際關係與生命歷程

## 概念 37　社群／社區
## Community

### 現行定義

　　一個有爭議的概念，但簡單地說，就是生活在某一特定地區或有共同關　　126
心領域的一群人，他們彼此之間有系統性的**互動**。

### 概念起源

　　「社群」一詞從十四世紀開始使用，當時帶有「平民」的意思，用以區
別那些有地位的人。從十八世紀開始，社群被用來描述特定地區或有共同興
趣的人，如「事緣社區」（Williams 1987）。到了十九世紀，人們眼中的
社群與**社會**的反差越來越大，「社群」的規模小於偏向無人情味的「社會」。
隨著**法理社會**（*Gesellschaft* 或結社紐帶）迅速擴大，德國社會學家突尼斯
（Ferdinand Tönnies [1887] 2001）追溯了**禮俗社會**（*Gemeinschaft* 或
社群紐帶）的衰落。在社會學研究和社會評論中這樣的對比屢見不鮮，社群
一詞的要素具規範性，當社會學家試圖用此概念進行分析時會產生問題。

　　早期的社群研究意味著研究者深入特定的地方以便能更了解他們。然
而，這些往往被視作單純的描述研究，欠缺理論上的嚴謹性。到了一九七○

年代，社群研究顯得格格不入，很快失去新一代社會學家的青睞。不過在一九八〇年代與九〇年代，人們對日常生活和生活方式的觀點重新產生興趣，促使「社群研究」的復甦，也使得研究人員能夠在地方層次探索**性別**、**族群**和其他社會不平等。過去的二十年來，研究再次轉向，開始研究**全球化**與全球化對地方的影響、網路「虛擬」社群的建構，以及與日俱增的地理流動對社群關係的影響。

## 意義和詮釋

127　　　社群是個難以確定的概念，因為社群有多種含義，並帶有一些破壞性的規範意義。然而，其中有兩個基本定義較為突出。我們常會提到學術社群、同性戀社群、穆斯林社群以及其他更多的社群。這個定義是基於「事緣社區」的概念，其中指涉的人及團體可能在地理上相當分散，而且實際上從未曾謀面，但仍然有一些共同的興趣或目的。我們對於各種群體「共同的」（communal）面向為何並不十分清楚，儘管它可能是對共同**身分認同**和共同興趣或目的的感知。另一方面，有些研究者仍然認為社群是以地域為基礎，包括親屬網絡、鄰居、商業和朋友，特別是這些社群規模較小的情況下。這種空間定義可以追溯到一九五〇年代和六〇年代早期的社區研究傳統。當然，這兩組定義在某些情況下可能會重疊，例如「採礦社區」可能會在地化，也包含共享的利益，以及在工作場所創造共享的認同感。

　　李伊和紐碧（Lee and Newby 1983）的社群研究調查發現，社群現有三種不同的定義。首先，社群是一個人群生活的地方或有界限的領土。這個定義的問題在於它更像是一個地理的定義，而不像是社會學的定義。許多人可能生活在一個特定的區域，但彼此之間毫無瓜葛。這個定義未考慮到社會關係和人與人之間是否有互動。第二，有些研究把社群定義為「一個在地的社會系統」，涉及一個地方內部運作的社會關係。這個定義的問題在於形成

這個社會系統的社會關係可能植根於使社會團體分裂的對立和仇恨，將這種情況視為單一「社群」是否合理呢？最後，社群被定義為一種有關共享的認同感的關係。李伊和紐碧將此稱為「共融」（communion），即使人們搬離當地，這種共享的認同感也可能會存續下來。

## 批判之處

　　社群概念其中一個主要問題在於，用此概念進行社會分析時，一直有陷入規範性偏見（normative bias）的危險。社群在道德和社會層面經常被視為優於其他更大型的人類居住形式。突尼斯「禮俗社會」和「法理社會」的對比就是清楚呈現此問題的範例。儘管從許多方面來看，突尼斯準確描述了快速都市化和工業發展帶來的一些重大社會變遷，但他的研究意指在這過程中流失了一些更有價值和更重要的東西。

　　從邏輯上來說，社區研究往往向內看（look inward），關心一個明確地區中的內部關係創造出的豐富社區生活。但其缺點是無法把社區內的人民生活與外部世界聯繫起來。因此，許多社會學家完全放棄將這個概念當成有用的分析工具，而是傾向採取以更客觀的社會**網絡**分析來研究社會關係。這種分析方法的一項優點是能夠突破社區的界限，把當地的社會網絡與外部的社會網絡聯繫起來。這一點在我們所身處的更流動、更全球化的世界是特別重要的因素。例如，全球**移民**的模式意味網絡會跨越國界，移工與他們的母國社群和移居地的社群都會保持緊密的聯繫。

128

## 延伸相關

　　我們有理由質疑社群這概念是否可以繼續留在社會學之中。儘管反對此概念的批評聲浪此起彼落，但它確實讓我們注意到一些根本的東西，也就是人們曾經有過的生活**品質**。儘管舊的社群研究可能過於向內看，但這樣做確

實帶來一些非常豐富且翔實的描述，這是後來採取比較客觀的研究方法所難以複製的。社群研究可以讓我們更了解人們各種生活中有意義的關係。只要這些研究有充分的包容性，足以思索現在變得更普遍的衝突、社會不平等和更廣泛的社會網絡，在這個數位時代，這個概念依然非常有助於了解全球與在地的聯繫。

當數位革命把溝通轉移到跨越時空的網路環境時，未來社群的概念將如何發展呢？現在有許多評論集中在數位技術的陰暗面，如「暗網」（dark web）的危險、駭客攻擊與網路誘拐兒童、監控和監視因數位設備而強化，以及商業利益主導網路和社交媒體。

然而，林格爾（Lingel 2017）提出了另一種觀點，他探討了美國網路反文化作為網路社群生活的形式。他挑選的三個例子是：整型愛好者的社交媒體平臺《人體改造》（*Body Modification Ezine,* BME），新不倫瑞克（New Brunswick）的地下龐克音樂場景，以及紐約布魯克林的變裝皇后文化。該書提出以下觀點：數位媒體可以提供那些身處主流社會邊緣的個人和群體很多東西，然而林格爾很清楚，數位技術對於這類團體的社區營造工作是把雙面刃。他們可以幫助反文化團體創立強大的溝通結構，遠比在實體世界所做的更有效。然而，隨著軟體和平臺不斷升級和改變，它們也可以破壞網路的人際網絡，為排斥和包容帶來新的可能性。這種實際且經驗性的方法，說明了社會學的想像有助於我們了解數位化所產生的潛力與問題。

# 概念 38 家庭 Family

## 現行定義

一個由血緣關係、婚姻或收養關係的個人所組成的社會團體，他們對團體有共同的承諾。

## 概念起源

家庭的概念和社會一樣古老，從古典到當代社會學家，對家庭都發表過看法。現在，許多社會學家認為，我們在談論「家庭」時不能以為有個普遍的模式。現在有許多不同的家庭形式，如繼親家庭、單親家庭等，社會學提到「家庭」時都是用複數形，以反映這種多樣性。

所有關於家庭生活過去的「黃金時代」的想法（亦即小孩在穩定、和諧的家庭中被撫養長大）都被證明有誤。例如，許多政治人物和評論家都將現在的家庭與維多利亞時期（Victorians）顯然較穩定的家庭進行比較。但是，在十九世紀的英國，死亡率很高，平均婚姻時間不到十二年，二十一歲以下的小孩有超過一半失去了父親或母親。同樣地，維多利亞時代的家庭紀律建立在嚴厲的家規與體罰，這對現今大多數人來說是無法接受的。中產階級的妻子基本上被綁在家裡，而許多「令人尊敬」的男性則是經常去嫖妓或逛妓院。童工也非常普遍。歷史社會學提供了一些及時的提醒，即我們常識裡的歷史記憶往往充滿懷舊之情且不切實際。

## 意義和詮釋

今日要定義「家庭」困難重重，因為社會學家現在已經意識到，任何一　130

個國家的**社會**和全世界各國的社會都存在各式各樣的家庭型態。在世界上有些地方存在已超過一個世紀的傳統家庭結構,以相對不變的方式延續至今。然而在已發展的社會之中,人們的家庭安排發生了重大的變化,因此必須要採取新的方法研究家庭生活。

在已發展國家,少數族群的存在(例如南亞或西印度裔的家庭)與女性主義等運動的影響,使家庭形式產生了相當明顯的文化差異。窮人、技術工人階級、中產與上層階級內部各種群體之間持續存在的**階級劃分**,導致家庭結構存在重大差異。**生命歷程**中的家庭經歷也呈現多樣化。例如,可能有人出生在一個父母都在一起的家庭,然後結婚又接著離婚;也可能有人在單親家庭長大,結過幾次婚,每段婚姻都有小孩。

隨著家人因工作關係在全國和世界各地移動,少了跟留在家裡的人日常互動,父母、祖父母和整個家族之間的聯繫也變得更加薄弱。另一方面,現在有更多人活到老年,三個「持續進行中」的家庭——已婚的孫子女、他們的父母和祖父母之間可能存在密切的關係。家庭組織中的性多元程度也比過去還要高。同性戀在許多西方社會的接受度越來越高,夥伴關係和家庭由同性戀以及異性戀的結合和婚姻關係而形成。

家庭類型、結構和實踐方式的多樣化,已超過普遍以核心家庭為基礎的理想家庭形式觀點。有很多人試圖重振這種現在看來「很傳統」的家庭形態,支持者認為對養育小孩來說,傳統家庭更穩定,更值得信賴。然而,這種理想化忽略了家庭生活的「陰暗面」,如親密暴力和虐待兒童,對核心家庭的描述不夠充分且片面。最近,有一些已發展國家的同性戀婚姻合法化,以及在高離婚率的情況下繼親家庭或混合家庭的正常化,全都表明「家庭」的概念和「家庭」的現實之間的差距可能正在緩慢地縮小。

## 批判之處

　　家庭植根於互助和扶持的主流觀點有待商榷。實證研究發現不平等是家庭生活常見的面向，有些家人從中受益，而另外一些人則處於不利的地位（Pahl 1989）。資本主義生產在家庭和工作領域之間劃出一條涇渭分明的界線，劃分出男性和女性領域或公共和私人領域。在當代已發展社會，照顧孩子和家事等家務勞動一直以來主要都是落在女性身上，即使是有正職的女性也一樣。女性不僅要負擔具體的工作，如打掃和照顧孩子，也要投入大量情緒勞動去維持人際關係和照顧年邁的親人。

　　女性主義者已經讓人注意到家庭生活的「黑暗面」，如家庭暴力、婚內強暴和兒童性虐待。長期以來，家庭生活中的暴力現象一直遭到忽視，使得社會學中的家庭形象顯得過度正面與樂觀——家庭被視為無情世界中的避風港。女性主義研究顯示，家庭這個親密的私人環境一直是**性別**壓迫、情感或肢體暴力的關鍵場所。這些研究有助於進一步揭開家庭的神秘面紗。

## 延伸相關

　　儘管多樣性已成為家庭研究的核心特徵，但隨著**全球化**拉近各種文化的距離，也可能出現一些普遍的模式。比方說，瑟伯恩（Therborn）（2004）認為，氏族及其他以血緣為基礎的團體影響力正逐漸式微，自由選擇配偶的趨勢也越來越普遍。女性在婚姻與家庭內部的決策權逐漸獲得認可，而且過去在發展中社會，男女的性自由曾處處受限，而今也越來越高漲。還有一個普遍的趨勢是兒童權利擴大與日漸接受同性伴侶，長期來看，核心家庭的主導地位似乎會降低（Ware et al. 2007）。

　　英國有許多針對「家庭實踐」的研究，探索「家庭」實際上在社會中是如何被實踐和理解，而不是把家庭視為一個固定不變的社會制度（Morgan

131

2011）。這種觀點提醒我們，人們如何扮演家庭角色，如母親、父親等。考夫曼和恩隆德（Kaufman and Grönlund 2019）對英國和瑞典的育兒及性別分工的研究就是一個很好的例子。父母如何展演「良好」的親職角色？在英國，母親傾向於請長一點的育嬰假、兼職工作，並有限制地使用日間托嬰，而父親仍然工作很長時間。但在瑞典，母親和父親更平等分擔照顧責任，也一樣請育嬰假。在這兩種情況下，父母都努力展演自己是「好父母」，但不同的政策和國家支持脈絡會影響什麼是好父母的意義。英國強化了男女有別的勞動分工，而在瑞典則展演了性別平等。這項研究顯示結合家庭實踐的途徑與不同國家政策脈絡的分析，可以獲得更有力也更全面的成果。

## 生命歷程
## Life Course

### 現行定義

132　　　一個人一生經歷的各種社會創造的過渡階段。

### 概念的起源

　　長期以來，我們認為人類有一個普遍的生命週期，所有人都要經歷幾個固定的生物階段。我們都會從嬰兒、兒童長成青年、成年人和老年人，最終當然都會走向死亡。然而，從一九七〇年代開始，隨著童年、青少年次文化和高齡化成為主流社會學的一部分，我們清楚地看到這些表面上是自然或生物的階段，實際上是人類生命歷程的一部分，且必須被視為是一種社會建構。

　　歷史社會學家發現，在封建社會中，童年經歷與其他類型的社會大不相

同，除了成年階段之外，其他階段沒有明顯差異。小孩子的外表還有別人對待他們的方式都很像「小大人」，而且也被安排盡快去工作。具自身特色的青少年文化在一九四五年之後才出現，而且隨著預期壽命延長，現在比過去任何時刻都有更多人可能體驗到「高齡」（超過八十歲）的感覺。對於社會學家來說，生命歷程的概念比生命週期的概念更可取，因為它允許生命階段在不同的社會與時代有明顯的差異。

## 意義和詮釋

　　一個特定**社會**的生命歷程是社會結構、**文化**和經濟體系的產物。這意味著生命歷程階段的數目和類型可能會隨著時間和社會差異而有所不同。一個簡單的例子是垂死與死亡。在大多數已開發社會中，平均死亡年齡已超過七十五歲，死亡與老化息息相關。然而，在過去沒有運作良好的醫療保健系統，對傳染的原因也不了解，所以嬰兒的死亡率非常高，死亡與晚年生活沒有直接相關。其他社會因素，如社會**階層**、**性別**和**族群**，也影響經歷生命歷程階段的方式。在十九世紀，上層階級的孩子讀寄宿學校，然後繼續接受很長一段時間的**教育**，但對於工人階級的孩子來說，十三歲的男孩到煤礦和工廠工作，同齡的女孩去幫傭，這並不罕見。童年並非一個普遍且與年齡相關的生命歷程階段。

　　同樣地，同齡世代（同一年出生的人）往往受到相同的重大事件所影響，而其他年齡的人則不然。如此，整整幾代人也會經歷不同的生命歷程。同齡世代有相同的文化和政治參照點、特定政府、**衝突**、音樂潮流等。以近期來說，九一一攻擊事件以及伊拉克與阿富汗的入侵，都帶來相同的生命歷程經驗，儘管對這些事件的詮釋有所不同。例如，「嬰兒潮世代」有了第一個家庭電視，新形式引人注目的青少年文化，收入水準不斷提高，對性和道德的態度更加自由。他們的生命歷程在許多方面與其父母和祖父母截然不同。

133

社會科學家們花了大把時間研究童年，這似乎是一個清楚且普遍的生命階段。但是，童年作為一個獨特的生命階段，大約只有三百年的歷史。在此之前，通常大一點的幼兒會直接開始工作，而無須經過一個稱為「童年」的生命歷程階段。社會歷史學家阿里亞斯（Philippe Ariès 1965）研究中世紀時期的繪畫和畫像，指出我們所知道的童年概念和生命階段在當時並不存在。繪畫中的「兒童」穿著「成人」的衣服，臉上表情看起來比他們實際年齡成熟許多。我們所知道的「童年」階段是在很晚的時候才被社會創造出來。今天，許多兒童和青年仍然從很小的時候就開始工作，而且工作範圍廣泛，從採礦到農業，而聯合國試圖建立一個放諸四海皆準的童年定義與兒童權利，也就是默認童年生命階段不是普遍一致的。當然，我們也可以用我們熟悉的各個生命階段來追溯這種**社會建構論**的觀點，包括青少年、青年和中年。

社會學家已經著手將已開發社會的生命歷程中一個相對新的階段理論化，也就是我們所說的年輕成人。一般認為年輕成人描述的是那些二十多歲，也許是三十歲出頭的人，他們生活相對獨立但尚未結婚或生孩子；因此，他們仍然在嘗試各種關係與生活方式。然而，並不是每一個社會階層和族群的人都以同樣的方式經歷這個階段。它可能只描述了二十歲出頭的一小群比較有錢的人，他們有時間也有能力旅行和探索其他生活方式。這個階段的生活也可能牽涉更多的年輕女性，她們進入大學並開創事業，而不是早早就跨入傳統**家庭**生活。

## 批判之處

顯然，人類生命歷程的社會建構論取徑成果豐富，為個人生命的研究帶來新的面向。有些後現代思想家認為這還遠遠不夠，因為生命歷程研究的觀點仍然拘泥於標示出具體變化的過渡階段，這也許暗示一種已經不復存在的

結構，並追溯到更早期生命週期的生物模型。這裡的批評是指生命歷程的研究尚未與較早的生物階段研究完全切割。對於後現代主義者來說，人類的壽命是一個連續的過程，而不是一連串截然劃分的階段，不應試圖分辨特定階段再硬套上一個不合理的排序。然而，這種批評或許未能充分考慮到與生命歷程階段相關的社會標誌的影響，如義務教育、享有福利的資格、強制退休年齡和領退休金。這些都是影響人類自我認知轉變的象徵性標誌。

## 延伸相關

　　生命歷程的概念在社會學裡的發展相對不足。然而，把生命歷程引入童年時期、家庭生活、青年文化與高齡化過程和個人關係的研究已經顯示，一套新的研究議程有可能出現（打破過去基於生物學的生命週期方法）。這個概念也激發人們對新研究方法的興趣，如傳記研究與口述歷史，這使得社會學家能夠接觸到處境不同的人經歷生命歷程階段的方式。這方面的研究可以提供新的資訊，從生命歷程不同階段的社會行動者角度來看待**結構─能動性**的問題。

　　對於我們晚年時對年齡的看法，不同階段生命歷程的事件是否要比其他事件來得重要呢？希弗（Schafer 2008）認為情況有可能是如此。他那篇精彩的文章探討「主觀老化」（subjective ageing）的現象，即人對於年紀與老化過程的認知。比方說，希弗的統計分析發現，童年時期喪母與成年後主觀年齡較大有關，而童年喪父似乎就沒有同樣的影響。他認為度過關鍵生命歷程轉折期的時間點和一個人社會自我的發展之間，有著重要的連繫，對於未來的主觀認知和成年後的健康情況都有影響。這篇文章指出在生命歷程研究中檢視「生命階段」持續具重要性。

## 概念 網絡
## 40 Network

### 現行定義

135　　社會學中，網絡指由相對鬆散的社會羈絆與紐帶聯繫起來的一群人，他們的關係可能是非正式的（如社交媒體上的「朋友」），也可能是正式的（如職場上的同事）。

### 概念的起源

　　多年來，社會科學家一直在研究家庭親屬關係和朋友網絡，以及員工和公司熟人群體之間形成的社會網絡。毫無疑問，齊美爾在二十世紀針對社會基本形式的變化所提出的理論觀點，例如二元體（兩個社會單位）與三元體（三個社會單位），可說是更廣泛的社會網絡研究先驅。儘管網絡是人類連結非常古老的形式，但對一些社會學家來說，資訊科技為網絡連結創造許多新的機會，網絡也成為當代社會明確的組織結構。網絡本身的靈活性和適應性，使它們遠勝於較老舊的**組織**類型，其可見於企業開始採用網絡結構以便能在全球經濟環境中極大化公司的效率。

### 意義和詮釋

　　社會學家將人和社會群體之間的各種連結稱為網絡，研究網絡要比一些相對靜態的概念（例如「社會」）更勝一籌。克羅斯利（Crossley 2015: 67）認為，沒有一種叫社會的「東西」存在，只有「人類互動的連結，更好的說法是這些互動連結組成了社會」。也許思考網絡的最佳方式是將其視為一個類似網狀（web-like）的結構，或者是一個矩陣，其中垂直和水平線交

叉的點是「節點」──從社會學的的角度，就是個案、個人、團體甚至組織。進入這張網絡，就有可能打開和其他節點（個人、團體或組織）的一整串連結，然後可以藉此來獲得利益。網絡可以被視為人們和團體之間的一切直接或間接連繫，包括朋友圈以及那些僅隔一步之遙的人，如朋友的朋友。

組織也可以網絡化，人們進入網路化的組織裡，可以進一步擴大社會接觸與影響力。同樣地，許多其他的社會團體也為個人提供了一系列網絡連繫的機會，讓社交生活能「更順暢」，從有管道接觸當地議員到找來有特定技能的技術工人，網絡無所不能。有些團體，如政黨和慈善機構，具有國際影響力，可以提供到他國旅行或定居者寶貴的人脈。

網絡有許多實用功能，即使連結相對薄弱，但更有影響力的網絡往往受到嚴格控管。女性長期以來被排除在企業、政治和私立學校的重要網絡之外，因此限制了她們在這些地方和其他生活領域的機會。英國一些昂貴的學校，如伊頓公學（Eton）和哈羅公學（Harrow），只招收男孩，造成女性無法進入這麼強大的關係聯繫網絡。社會學家發現女性在勞動力市場的網絡比男性相對薄弱，這也會影響前途。然而，有更多的女性受高等**教育**並被拉拔到公司裡更高的職位，這種情況可能正在慢慢改變。

在柯司特（Castells 2009）看來，電腦運算和科技的長足進步，使得網絡比科層體制更有效率。許多行政工作，如資料處理，不再需要工人擠在大大的辦公室，而是可以由分散在全球的獨立團隊來完成。組織和公司利用這種有彈性的優點，變得更加分權化，使企業朝著規模更小、更有彈性的組織類型發展，包括居家上班。傳統上，組織位於明確的實體空間，如辦公大樓或大學校園，因此科層模式有其意義。但到了今日，組織的實體界線已經隨著新技術的出現而逐漸毀壞，在這個日益全球化的環境中，新技術讓組織得以跨越國家與時區，並且在涵蓋其他組織的寬廣網絡中工作，以增加效率。柯司特表示，隨著更有效率也更有成效的組織形式出現，我們正目睹**科**

136

**層體制**的支配地位逐漸瓦解。

## 批判之處

資訊技術與網絡的結合是否使我們完全脫離韋伯對科層體制未來的悲觀看法？我們也許應該對這種觀點持謹慎態度。科層體系正日益受到其他階層化程度較輕的組織形式挑戰，但科層體制可能不會完全消失。網絡社會似乎不太可能使所有組織都脫離實體空間，而那些已經被安置妥當的組織很可能繼續採用更多的科層結構。在不久的將來，可能有兩種趨勢，一方面是組織的大型化、非個人化和階層化，另一方面是相反的影響，這兩者之間可能會有持續的拉扯。

## 延伸相關

136

網絡無疑會更加擴散，而數位技術的採用將擴大此趨勢。儘管社會網絡分析並不是全新領域，在人類學和古典社會學領域中，它曾用於研究親屬網絡，但比起過去的社會學家，這種方法似乎有可能用於探索更廣泛的各種社會網絡。

克羅斯利（Crossley 2008）對倫敦早期龐克搖滾運動的網絡進行的經驗研究，可說是社會網絡分析的一個好例子。他認為網絡的結構性特質有助於解釋運動本身的出現。舉例來說，龐克運動起源於倫敦而非英國其他城市，有部分原因是後來成為運動「核心」的關鍵參與者，早就已經連結起來，這也讓倫敦的集體行動更有可能實現。同樣地，早期的龐克樂團成員之間相互聯繫，遊走各個樂團、分享資訊、擴大網絡。簡而言之，他們之間存在一個相通的密集網絡，這網絡正當化他們龐克的打扮風格及**文化**，並對抗那些給龐克貼上「偏差」標籤者的攻擊。當然，龐克的政治和意識型態元素也很重要，但假如沒有原本就已存在的有利人際網絡結構，他們可能也找不到表

達的方式。

　　另一個創新的研究是梅耶和普勒（Mayer andPuller 2007）研究從社交網站 Facebook 蒐集來的朋友網絡資料。研究者分析十所公私立大學的大型資料集，探索學生之間交上朋友的關鍵因素。他們發現校園網絡的特色與「古典」社會網絡的特徵類似：他們都是「小圈圈」（cliquish），而那些交友廣闊的個人會連上到同樣有大量連結的人。然而，如果兩個學生的政治態度一致，就更有可能成為朋友，而在少數族群之中，**種族**是友誼形成最有力的預測器。不管大學的規模大小或性質為何，都維持這種型態。這也顯示政策目標雖然鼓勵學生的互動要多元，但對於學生人際網絡的形成影響有限。

## 性
## Sexuality

### 現行定義

　　人類的性特徵和性行為，包含社會、生物、身體和情感方面。　　　　138

### 概念起源

　　一直到最近，我們對性的知識大多來自生物學家、醫學研究者和性學家，而他們的研究可以追溯到十九世紀。然而，這些研究往往關注個人心理學，而不是研究社會學家感興趣的性取向和性行為的一般模式。許多早期的學者還研究動物的行為，以提供關於人類性行為的線索，有些學者現在還這樣做。儘管性有明確的生物成分，如繁殖的需求，但社會學家認為人類的性由生物和社會因素複雜交織而成。

歷史上第一次針對性的重要社會學研究出現在一九四〇年代和五〇年代，當時美國的金賽（Alfred Kinsey）和同事對性行為做了大型調查。他們的發現震驚世人，揭示公共規範和期望與實際上的性行為之間存在巨大差異。傅柯在一九七〇年代末對性的研究，開啟人們對性的歷史以及性被創造、否認和壓抑方式的興趣。這是一個重要的轉捩點，將性的研究從生物學帶入歷史、政治和社會學的領域。

## 意義和詮釋

性取向是指一個人在性慾或愛情方面的傾向，這是生物和社會等因素複雜交織的結果。在任何社會裡，大多數人都是異性戀，而且異性戀在歷史上一直是婚姻和**家庭**的基礎，儘管還有許多其他的性品味和性傾向。例如，羅柏（Lorber 1994）指出十種不同性的認同：直女（異性戀女）、直男、女同性戀、男同性戀、雙性戀女性、雙性戀男性、跨性別女性（經常打扮成男人的女人）、跨性別男性（經常打扮成女人的男人）、變性的女人（變成女人的男人）和變性的男人（變成男人的女人）。性行為又更加多元，各個社會都有管理性行為的規範，鼓勵某些性行為，但譴責其他性行為。

傅柯（Foucault 1978）證明在十八世紀前的歐洲似乎不存在同性戀的概念。同性戀一詞是在一八六〇年代提出，從那時起，同性戀者就逐漸被視為一種不同的人，在性方面有特殊的異常行為。同性戀成為醫學而非宗教**論述**的一環，在臨床上被稱為一種精神疾患或變態，而不是一種宗教的「罪」。同性戀者和其他「偏差者」，如戀童癖和變裝癖，被視為患有一種生物學上的病狀，會威脅主流社會的健全。直到幾十年前，同性戀性行為幾乎在所有國家都是一種犯罪的活動，在美國還是一種特定的精神障礙，直到美國精神病學協會（American Psychiatric Association）在一九八七年才將其除名。雖然尚未完全從社會邊緣轉到主流，但近年來已看到快速的進展。

　　在過去的四十年裡，大多數西方國家對性態度無疑變得更寬容。人們性生活的重要面向已經徹底改變。在早期社會，性與生殖過程密不可分，但在我們這個時代，兩者已經分開。性已經成為每個人探索和塑造的生活面向之一。如果說性曾經被「定義」為異性戀和婚姻關係中的一夫一妻制，現在則越來越能夠接受在更多元化脈絡下性行為與性取向的多種形式。

　　社會學家一直以來完全避開對性的研究，直到一九四〇年代，金賽的研究團隊在美國進行一項開創性調查，有助於消除同性戀是需要治療的疾病的想法。研究性行為困難重重。許多人認為比起生活中其他領域，性行為純粹是個人的事，不打算與陌生人討論如此私密的話題。這可能意味那些準備站出來接受訪問的人，基本是自願的樣本，因此無法代表整個母體。

## 批判之處

　　金賽的研究受到保守派和宗教組織的攻擊，有部分原因是納入十六歲以下的未成年人。學術上的批評者質疑金賽廣泛的實證主義方法，這種方法蒐集大量的原始資料，但未能掌握性慾的複雜性，而性慾是他所發現的各種行為的基礎。這項研究也未能解決人們加諸於性關係上的各種意義。而且，後來的研究確實發現了比金賽團隊所發現更底層的同性戀經驗，所以他們樣本的代表性可能比所想像的還低。然而，期待靠一項研究解決一切問題其實不甚公允，尤其是在如此艱難的研究實作領域，金賽有效地打開社會學對性的研究值得記上一筆。

　　性行為調查的效度和信度已是許多爭論的主題。不少批評者認為，這些調查並未帶來關於性行為的可靠資訊。受訪者公開表露的態度可能只是反映他們如何理解普遍的社會規範，而不是準確描述他們的個人態度和性行為。然而，這種批評也可以用來評判針對人類生活不同面向的各種調查，如結婚、離婚、犯罪和**偏差**，社會學家設法權衡資料的利弊，帶來有助於政策制

140

定的洞見，目前沒有確切的理由說明性研究不應該這麼做。

## 延伸相關

性之所以成為社會學理論化和研究的一部分，原因之一是一九六〇年代的改革運動促成文化和法律的變革，開啟了社會學一系列新的主題。這些運動成為社會主流的一環之後，跟性行為有關的舊規範又重新鞏固。最近的調查顯示，大部分受訪者支持勸阻年輕人的性行為，而有少部分的人仍然反對同性戀。在這種情況下，社會學研究需要對日新月異的態度和公共規範相當敏銳，並可能需要設計新的方法，才能更正確掌握人們的生活真相。

年輕人的性是性引來政治家、評論者和社會科學家更多關注的領域，特別是他們在網路上的活動。年輕人在社交媒體上分享露骨的數位影像和影片，透過智慧手機「約砲」（sexting），瀏覽線上色情圖片，這些活動最常被說是「危險的」，需要監控、管制與控制。社會學家也透過風險理論觀點看待這些行為。奈澤（Naezer 2018）針對荷蘭十二至十九歲的年輕人所進行的民族誌田野調查指出，這種風險論述的後果是這些活動被「病態化」（pathologize）、道德化並予以管制。問題在於這些論述把年輕人視為新數位技術與設備的被動受害者，但事實上社會學家知道年輕人是社會生活的主動參與者。

奈澤建議我們重新概念化，去除風險分析，把年輕人的網路性活動推論為「冒險」；也就是說，「涉及不確定後果的經驗」可能帶來負面或正面的結果，或者事實上是兩者都有。此外，為了更清楚了解年輕人網路上的性活動，社會學家應該傾聽他們的心聲，因為特定活動在風險光譜上的位置既主觀且不斷變化。採用這種方法可避免將毫無根據的結論硬套在這些活動及從事這些活動的年輕人身上。

## 概念 42　社會化 Socialization

## 現行定義

　　**社會**新成員逐漸意識到社會規範和價值的社會過程，這有助於他們實現一種獨特的自我感知（sense of self）。社會化過程貫穿整個人生。 141

## 概念起源

　　社會化是許多社會學觀點的共同概念，在功能主義的傳統中發展與充分探討這個概念，尤其是帕森斯用此概念來解決「社會秩序的問題」。互動主義者，如米德（mead）和庫利（Cooley），也用社會化來研究童年時期**社會自我**的創造。社會化指將一個完全無力照顧自己的嬰兒轉變為一個有自我意識、有知識能力且熟練掌握其社會**文化**方式的人。社會化是社會再生產的基本要素，能隨著時間發展，維持社會的持續性。在社會化過程中，不僅是小孩向成年人學習，成人也要學習如何處理嬰兒與小孩。育兒過程將成年人的活動與兒童聯繫在一起，通常在他們餘生都是如此，同樣情況也發生在祖父母身上。社會化討論時分為初級社會化（primary socialization）和次級社會化（secondary），初級社會化特別強烈，發生在人生最初那幾年，次級社會化則是持續整個生命歷程。

## 意義和詮釋

　　社會化透過各種媒介進行，像是**家庭**、同儕團體、學校和媒體。家庭是初級社會化的主要媒介，儘管有越來越多小孩在這個階段也會進入某種形式的學校教育或托兒所。現代社會的社會位置並非與生俱來，但**種族**、**性別**和

家庭的社會**階級**以及出生地，確實都會影響社會化的模式。小孩學習性別，基本上靠觀察與學習父母、鄰居或**社區**裡其他人言行的特色，大部分以無意識的方式進行，也從成人對待嬰兒和小孩的方式學習性別差異。比方說，父母和其他成年人對小男孩和女孩的談話和應對方式不同，不同的性別期待形塑相稱的行為規範。小孩在年紀很小的時候就能分辨出自己和他人的性別，而且在整個童年時期會不斷被加強，例如，選擇特定性別的玩具，與書籍、電影和電視節目中的再現。然而，性別社會化並不是完全無意識地接收。父母和同儕團體會積極執行性別角色和期望，而違反性別規範的小孩要面臨懲罰，如羞辱、人身攻擊或責罰。無意識中不斷地學習，再加上處罰和強制性措施的強化，使性別社會化成為一個非常強大的過程，會一直持續到青少年期及之後。

「次級社會化」從學校的正式與非正式課程開始，並一路延續到大學與職場。當學生開始選修傳統的「女性」和「男性」科目時，男孩與女孩就沿著不同的科目分開來，而這種模式會一路延伸到大學。教師的期望在這種性別模式中也發揮一定的作用，學校和職場上的同儕同事也是如此，隨著現在有許多家庭都是雙薪家庭，同儕團體的影響無疑會越來越吃重。

進入成年之後，當人們學習如何在工作環境和政治信仰等新的社會生活領域與人相處融洽，社會化仍在繼續。大眾**媒體**，如廣播、電視、CD、DVD和網際網路對於社會化的作用越來越大，有助於塑造意見、態度和行為。新媒體的出現尤其是如此，人們通過聊天室、部落格等進行虛擬互動。綜上所述，社會化媒介形成各種複雜、相互拉扯的社會影響力與互動機會，這也說明為什麼社會化永遠不會是一種完全受指導或決定性的過程，尤其是考量到人是有自我意識的生物，能夠對於眼前的訊息產生自己的詮釋。

## 批判之處

　　針對社會化理論的主要批評是這些理論不免誇大了社會化的影響力。帕森斯的結構功能論就是一個明顯的例子，批評者認為結構功能論把人視為「文化傀儡」（cultural dopes），任由社會化媒介擺布。當然，有一些社會學理論非常強調社會化，藉此解釋社會和文化再生產如何發生。朗（Dennis Wrong 1961）質疑他眼中社會學「人類過度社會化的概念」（oversocialized conception of Man），他認為這個概念把人當成單純的角色扮演者，遵循主流社會規範下的社會腳本。如果我們反過來看佛洛伊德的自我與**認同**理論，就有可能打造出另一種理論，把個人、甚至是小孩視為這個過程中主動的行動者，而非被動的容器（vessels）。社會化過程幾乎都**衝突**不斷、充滿情緒，不像某些社會學教科書所描述的那樣平順。時至今日，社會和文化再生產的理論對社會化過程中固有的矛盾更加敏銳，這反映在布爾迪厄、威利斯和馬坎蓋爾（Mac an Ghaill）的研究中。

143

## 延伸相關

　　社會化是社會學的基本概念，有助於解釋社會如何跨世代傳遞知識、社會規範、意識型態和價值觀。儘管上述批判不可否認，但社會化仍然是一種強大的社會過程，特別是初級社會化階段，小孩學會控制自己的衝動和發展出自我意識。它也使我們得以評估社會化媒介，如大眾媒體、同儕團體和學校教育在不同**生命歷程**的相對重要性。此外，針對不同社會和同一社會不同時期的社會化過程的比較研究，也有些實用的洞見。簡而言之，當我們在解釋社會變遷與社會再生產的時候，社會化是一個必要的概念（假如不是充分概念）。

　　由於女性主義和 LGBTQ+ 運動的成功，立法的方向是支持平權與家

庭、家戶形式的多樣化，我們可以預期現在的初級社會化過程，不會像過去那樣明顯帶有性別化或異性戀色彩。然而，甘珊（Gansen 2017）針對英國九所幼稚園進行為期十個月的民族誌研究發現情況並非如此。她發現異性戀常規性（heteronormativity）是這些班級的特點，教師以各種方式構建性別化的性取向。然後，小孩在他們的遊戲中再生產這些性別化的規範和認同。甘珊認為小孩在幼稚園學到的是男孩可以控制女孩的身體。這並不意味社會化絕對符合性別化的異性戀規範，因為有教師破壞這些規範以及小孩抗拒這些規範的例子。然而，整體結論是在英國幼稚園的環境中，傳統的社會化成果仍繼續存在。

從門森（Mennesson 2009）對男性參與大眾眼中的「女性」活動（如芭蕾舞）所做的描述，是一項針對較非傳統的成人社會化形式帶來的效應的精彩研究。門森訪問了十四名爵士舞和芭蕾舞的男性舞者，初步掌握男性在社會化過程中如何發展出對女性活動的渴望，還有男性身處「女性世界」如何影響男舞者的性別認同。她發現這和女性從事足球與橄欖球等「男性」運動有相似之處。家庭結構中的「顛倒性別社會化」似乎會產生這類偏好，雖然男性舞者的社會化會帶來特定的結果，有些舞者渴望「維持男性特質」，而另一些人則更樂意說自己兼具陽剛特質與陰柔特質。

# │ 主題七 │
# 互動與溝通

 文化
**Culture**

## 現行定義

　　一個特定**社會**或社會群體具有特色的生活方式，包括知識、習俗、規　　145
範、法律和信仰。

## 概念起源

　　由於這個詞的歷史錯綜複雜，「文化」就像它所預設的反義詞「自然」
（nature）一樣，可說是英語裡最複雜也最難明確說明的詞彙之一。從十五
世紀開始，這個詞有一個重要含意是耕種（culture），即照料農作物和動
物。一旦這個含義擴及到人，文化就意味「培養」人的心智。在十八世紀的
德國，文化變成與「文明」（civilization）相對立，前者看起來要比後者
高一等。到了十九世紀，對於「文化」或文化整體的認識蓬勃發展，這也是
現代社會科學使用文化一詞的濫觴。在這個意義上，文化指的是學習一個社
會生活方式的所有要素，包括語言、價值觀、社會規範、信仰、習俗和法律。
然而，文化在傳統上並不包括建築或傢俱等人工製品，雖然這種情況隨著社
會學家對「物質文化」的興趣與日俱增而有所改變。在這個意義上，文化的

比較研究是一項非常龐大的工程。

## 意義和詮釋

　　在大部分的社會學發展史裡，社會學所研究的文化和社會關係及社會結構緊密相連。舉例來說，馬克思主義者的研究往往將整個文化體系與文化生產視為上層建築，矗立在資本主義生產模式的基礎上。因此，宗教信仰、主流思想、中心價值和社會規範，全都被視為支持與正當化剝削性社會關係的經濟體系。甚至在電視時代之前，法蘭克福學派的批判理論就認為，新興的大眾文化是一種**社會控制**的形式，讓大眾變得消極且缺乏批判力，將群眾想成一群低級娛樂的被動消費者。這種馬克思主義批判的諷刺之處在於，它區分出高級文化與大眾文化，認為前者更有價值，儘管那屬於受過教育的上層階級。

　　文化再生產不僅牽涉語言、一般價值和規範的延續及發展，也牽涉社會不平等的再生產。例如，**教育**表面上看來應該是一座「大型矯平器」（great leveller），使得不同**性別**、**階級**和種族的人，只要有能力，就可以實現他們的理想。然而，四十多年來的大量研究都告訴我們，教育系統的作用是再生產現有的文化和社會分工。

　　迄今為止，文化再生產最有系統的一般理論是布爾迪厄（Bourdieu 1986）。他的作品將經濟位置、社會**地位**和象徵性資本連結到文化知識和技能。布爾迪厄理論中的核心概念是**資本**，人們用各種形式的資本來取得資源與優勢。布爾迪厄指出社會資本、文化資本、象徵資本和經濟資本是關鍵的資本形式。社會資本指菁英社會**網絡**的成員身分和參與；文化資本來自**家庭**環境並透過教育取得，通常會有憑證，像是學位和其他文憑；象徵資本指聲望、地位和其他形式的榮譽，這使得地位高的人能夠支配地位低的人；經濟資本指財富、收入和其他經濟資源。布爾迪厄認為，不同的資本形式之間

可以互換。

　　擁有高**文化資本**的人可以用它來交換**經濟資本**；當他們參加高薪工作的求職面試時，卓越的知識和文憑讓他們比其他求職者更有優勢。擁有高社會資本的人可能「認識對的人」或「進入對的社交圈」，並能夠用它來換取**象徵資本**，例如他人的尊重和社會地位的提高，從而增加他們獲得**權力**的機會。這些資本的交換總是發生在組織社會生活的場域或社交場合之中，每個場域都有自己的「遊戲規則」，不能轉移到其他場域。

　　文化資本可以存在於一種**內化形式**（embodied state），因為我們在思考、說話和移動時都帶著文化資本。它也可以存在於一種**客體化形式**（objectified state），如我們擁有的藝術品、書籍與衣服。它還可以在**制度化形式**（institutionalized forms）中找到，如學歷，這在勞動力市場可以輕易轉化為經濟資本。正如許多其他社會學家所發現，教育並不是一個脫離所屬社會的中立場域。教育系統內的文化和標準已經反映了社會，學校會有系統地讓那些已透過家庭以及所屬社會網絡取得文化資本的人占據優勢。如此一來，教育系統對於現有社會的文化再生產，與深入其中的社會不平等，都扮演著關鍵的角色。

　　自一九八〇年代以來，人們對「消費社會」的輪廓越來越感興趣，也讓文化的研究更貼近主流社會學。研究購買與消費產品與服務的行為，意味重新審視對大眾文化的批判，但這次社會學家們從消費者和受眾的觀點探討這個問題。過去統一的大眾文化已經多樣化，指向小規模與利基市場，品味與「品味文化」是否存在的主題已經引人注意。人們的文化品味是與階級地位、性別和**族群**直接相關，還是獨立於結構位置而變化？

147

## 批判之處

　　許多文化的批判研究一直預設大眾文化在某方面不如高級文化。大眾

文化不太需要努力、教育或知識就能樂在其中，而高級文化則需要很多知識和敏感度才能好好欣賞。然而，高級文化的正當性有賴於一種基本想法，亦即努力是值得的，可以靠努力培養出「更好的人」及更文明的社會。斯坦納（Steiner 1983）認為這種說法根本就是錯的。在第二次世界大戰期間，德國軍隊在歐洲集中營進行大規模屠殺的時候，古典音樂會依然沒有中斷演出。斯坦納認為高級文化「（讓社會）文明」的說法顯然有誤。

後現代理論家也看到高級文化和大眾文化之間的界線根本難以維持，他們認為這只是不同的偏好和品味選擇，無關優劣形式。有些人將消除文化差異視為一種解放，這首度開啟社會學認真研究大眾文化之門。最近有更多的研究探討女神卡卡（Lady Gaga）與金童貝克漢（David Beckham）的文化重要性，還有電視肥皂劇中對身障的再現（representations of disability）。其他人則認為，文化品味真正的考驗在於它如何影響生活機會，就像布爾迪厄的觀點。

## 延伸相關

社會**科學**在一九八〇年代的「文化轉向」將文化研究帶進主流社會學，其中很多作品深具洞見，探索文化生產和消費在形塑生活方式和生活機會上的角色。研究文化也讓我們知道，符號再現、娛樂和媒體領域，可以傳達更多的社會關係。但是，最近對文化研究的批評認為這些研究有許多都是「裝飾性社會學」（decorative sociology），犧牲真實的社會關係和人們的生活，而以研究文本、**論述**和詮釋為優先（Rojek and Turner 2000）。這是一個合理的擔憂，文化研究需要確保結構化的權力關係和文化制度的歷史發展不被忽視。

當數位革命變得沒那麼「革命性」，只不過是深入日常生活與工作的一個面向，與數位化相關的主要特徵便開始影響當代文化。祖博夫（Zuboff

2019）在《監控資本主義時代》一書探討流氓資本主義的興起，里昂（Lyon 2018）則想要理解他認為是史無前例的數位「監控文化」。大多數人都只是把網路購物、社交媒體、線上遊戲和其他活動當成一個單純為了互動與溝通的有趣機會，並視為擴大自由選擇的範圍。然而，這些活動產生的所有資料都可以「輕易量化、容易追蹤，也可能有經濟性──貨幣化──的意義，而且是遠端儲存，它們都已經去邊界化」（ibid.: 5）。監控文化真正的新穎之處在於，人民不是國家監視下被動的受害者，而是自我監控和他人監控的主動參與者。每當我們上傳資料到社交媒體、點閱他人的資料和帳戶、發簡訊、發推特、發表產品評價或透過數位設備分享我們的個人資訊，就會出現這種情況。這種文化無法與歐威爾（George Orwell）筆下的「老大哥」（國家）相提並論。反之，它是說「觀看」（watching）已經迅速成為一種生活方式的文化。里昂的書研究這種文化如何產生，並提出比較無害的監控形式。

 **論述**
**Discourse**

## 現行定義

談論和思考由共同預設所組成之主題的方式，並能夠形塑人們對此主題的理解和行動。

## 概念起源

論述這個概念源於語言學──對語言與語言使用的研究。在此脈絡下，論述指的是言語或書面溝通，例如面對面交談、公開辯論、線上聊天室等。

語言學分析論述是為了理解溝通的運作和組織。然而，在一九五〇年代，英
149　國哲學家奧斯丁（J. L. Austin 1962）認為，書面和口頭溝通並非中性、被
動的陳述，而是積極形塑已知世界的「言說行動」（speech acts）。傅柯
將語言研究連結到主流社會學有興趣的**權力**及其在社會中的影響。從這一點
出發，論述和「論述實踐」（discursive practices）的概念對社會學家來
說就更有興趣了。

## 意義和詮釋

　　語言和溝通的研究主要集中在技術方面，例如語法和語法規則對建構意
義的作用。然而，從一九五〇年代末開始，論述開始被理解為一種行動類型，
因此也是對世界的一種干預。我們的行動方式也受到論述的影響，例如，我
們討論時把政治團體說成是「恐怖分子」或「自由戰士」，或者新聞報導是
針對工人罷工的原因或罷工帶來的破壞。「言說行動」的概念改變人們看待
語言和日常生活對話的方式。過去看似邊緣的事物很快變成我們理解社會結
構、權力關係，還有**文化**與**媒體**研究的核心。社會學家能夠研究語言用來塑
造政治論點的方式、從爭論中排除某些觀點，並控制人們討論議題的方法。

　　毫無疑問，最有影響力的論述理論來自傅柯，他研究了精神疾病（用他
的話說是「瘋狂」）、犯罪、刑法系統和醫療機構的歷史。傅柯（Focault
[1969] 2002）認為，各種論述創造出組織社會生活的架構，透過論述可以
運作權力。透過這種方式，論述架構的運作更像典範（paradigms），限制
了如何合理地談論特定主題，以及談論的方式。例如，討論犯罪時是根據法
律和秩序的支配性（dominant）論述，使遵守法律和配合治安維護成為日
常生活的常識。因此，反對大規模的治安管理或建議窮人經常違背法律，便
幾乎令人無法理解。由於犯罪論述早已奠立，人們的行為和態度在一定程度
上受到犯罪論述的影響，因為他們在**社會化**的過程中吸收了社會的規範和價

值觀。因此，論述有助於創造人們的自我意識和個人**認同**。這提醒了我們，人沒有充分思考、說話、想做就做的自由，因為人的能動性受到了限制。

　　傅柯的論述概念甚至還更進一步，讓論述和論述實踐成為權力研究的重點。他認為知識和權力密不可分，兩者並非對立。犯罪學和精神醫學這類學科各自尋找犯罪行為與心理疾病的客觀知識，也製造出一種權力關係，影響我們理解與對待犯罪與精神疾病的方式。精神醫學論述在理智和瘋狂之間畫出一條自己的邊界，把隔離、處遇和治療精神疾病的專門醫療機構正當化。　150
同樣地，犯罪論述不斷變化，不只是描述和解釋犯罪行為，也有助於帶來界定和處理罪犯的新方式（Foucault 1975）。

## 批判之處

　　論述的概念無疑發人深省，也在社會學裡普遍受到正視。但傅柯的中心思想是，論述是無形的（disembodied），也沒有連結到特定的社會基礎——如社會**階級**，和其他權力研究不同。許多權力研究都把權力視為可以取得並用於增加個人或團體優勢，例如父權是男性握有權力並行使在女性身上，或統治階級對從屬階級的權力。權力默默地讓社會關係「順暢運行」的觀點，似乎忽視權力帶來明顯不平等的真正後果。進一步的批評認為，論述聚焦於語言、言說和文本，往往賦予它們太多重要性。對於一些批評者來說，這產生了一種「裝飾性的社會學」，它讓社會關係耽溺在文化範圍，迴避了改變權力平衡這個困難且真正的社會學議題（Rojek and Turner 2000）。形塑社會生活的不僅是論述，更重要的是真實的社會關係和物質文化。

## 延伸相關

　　論述架構是社會生活的關鍵，這個核心觀點依然是一個很有用的想法，引導各種不同主題的研究，證明論述對現實世界與物質產生效應。例如，艾

伯爾等人（Eberl et al. 2018）研究歐洲各地媒體報導中有關移民的支配性論述。他們的研究發現，儘管各國的報導有所差異，但這種報導反覆出現某些模式。移民在報導中的代表性不足，即使出現了，也經常被描述為行為偏差或罪犯；而報導的重點在於衝突，也往往帶有負面的語氣。這種模式助長對移民群體的刻板印象，強化對移民者和移民行為的負面態度，並可能影響投票行為。

　　同樣地，勒莎（Lessa 2006）評估一間由英國政府資助、為十幾歲的單親父母親提供服務的機構，透過論述分析理解青少年、父母和照顧者的說法。相較於支配性社會論述把單親母親描述為不負責任、沒用的福利「乞丐」，這個機構產生另一種論述，把未成年的媽媽描述為具有獲得社會支持正當權利的「年輕家長」。這種替代性論述成功匯集資源並轉變了觀念，這表示目前的支配性論述有可能遭到顛覆。最後，儘管戰爭的語言和修辭已經隨時間稍稍改變，但馬欽（Machin 2009）認為，戰爭的視覺表徵也是一種敘事或論述，而它已經明顯改變。他利用多模式分析（multi-modal analysis），結合文本、圖像、肢體語言等，研究了二〇〇五至二〇〇六年伊拉克戰爭的新聞圖像，他認為進行中的戰爭往往被描繪成專業的「維和」任務，士兵小心翼翼地保護脆弱的平民，而「敵人」的傷亡卻被排除在視線外。戰爭照片並非記錄特定的事件，而是越來越多用於精心配置的版面，呈現如「痛苦」、「敵人」或「平民」等普遍化的主題。馬欽尤其認為商業圖片庫提供的廉價照片越來越被頻繁使用，而且是以一種一般化、符號性的方式呈現。因此，攝影可以被視為當代戰爭新論述架構中的一項重要元素。

## 概念 45　認同
## Identity

### 現行定義

個人或群體性格的獨特面向，與他們的自我意識有關。

### 概念的起源

認同是後天形成而不是與生俱來的。庫利（Cooley 1902）和米德（Mead 1934）兩人在二十世紀初的研究對於自我和認同理論的發展非常重要。庫利的「鏡中（自我）」理論（looking glass）認為，他人的評價會影響並潛在地改變一個人對自己的看法。然而，米德的理論是社會學第一個有系統的自我形成與自我發展理論，他認為自我並不是我們身體內在固有的一部分，也不只是隨人類大腦的發展而出現，而是在與他人社會**互動**中所形成。米德的觀點表明個人自我的研究不能與**社會**研究切割，也需要社會學的觀點。自我意識的浮現是形成個人認同必要的前奏。過去三十多年來，認同研究已經成長數倍，因為以前穩固的集體認同來源在面對**消費主義**和高漲的個人主義時已經逐漸減弱，這使得認同的形塑有更多彈性。

152

### 意義和詮釋

本質上，一個人的認同是他們對自己作為一個個體的理解。但認同有明顯的社會性，因為我們的認同與他人的認同相關，而他人認同也與我們的認同密不可分。人類的認同既是個人的，從另一方面來看也是社會的，因為它們是在社會互動和日常面對面接觸的持續過程中所形成（Scott 2015: 4）。詹金斯（Jenkins 2014）認為認同有三個核心部分：個體或個人的要素、集

體或社會要素以及認同的體現。最後一個部分很重要，因為認同總是深植在個人的身體之中。認同是由好幾個來源共同組成，是多層次的。

初級和次級認同之間所產生的根本差異，對應到初級和次級的**社會化**過程。初級認同是在生命初期形成，如**性別**認同或**族群**，而次級認同則是建立在初級認同上，並納入社會角色、職業和**地位**。注意到這點，就能清楚看到認同是複雜且流動的，隨著人們獲得新角色或拋棄舊的角色而改變。這也意味認同幾乎不固定，而是處於不斷變動的過程之中。重點是認同標示出相似性與差異性。我們的個人認同經常覺得自己獨一無二、與眾不同。例如，名字就說明個體的差異。現在許多父母積極為子女尋覓一個獨特的名字，標明他們的特殊性，而不是選擇「**家庭**」的名字或常見的名字。相反地，集體認同顯示出與他人的相似性。認同自己以及被他人認定為工人**階級**、環保主義者或專業社會學家，可以是驕傲和團體凝聚力的來源，或者甚至是一種恥辱。

無論我們對自己的認同有什麼看法，個人和社會認同都緊密相連在身體化自我（embodied self）之中。高夫曼（Goffman [1963] 1990）對「**污名**」的研究是社會認同和身體化之間緊密連結的一個好例子。例如，他證明障礙者由於清晰可見的身體缺陷而更容易遭到污名化（明顯**遭貶抑**的污名，discredit*ed* stigma），也使得個人認同更難以「管理」，而身體沒有缺陷的人較容易隱藏可能遭貶抑的特質（潛在**遭貶抑**的污名，discredit*ing* stigma）。高夫曼以戲劇來比喻，他認為可以將人們的互動想成是演員在舞台與戲劇中扮演的角色來分析。這並不是說要從字面上理解，而是提供了一種觀看的方法，社會行動者事實上扮演著許多角色，人們對角色的期待多少會形塑人的行動方式。印象管理的技巧用在幫助個人管理別人對他們的看法和行為。

社會透過許多不同的管道對性別認同產生影響。例如，親子互動的研究顯示，即使父母認為自己對男孩和女孩反應都一樣，但他們對待男孩和女孩

153

的方式也有明顯的差異。小孩子用過的玩具、繪本和電視節目往往強調男女屬性的差異；儘管情況正在改變，但男性角色往往是扮演更積極、愛冒險的角色，而女性則被描繪成被動、符合期待和居家的樣子。女性主義研究者已經證明針對年輕觀眾行銷的文化和媒體產品，體現了看待性別的傳統態度，也蘊含社會對於男孩與女孩各種目標與抱負的期待。

## 批判之處

最近有些理論挑戰了將「認同」視為相對性固定，或者是由社會化媒介指派到人們身上的概念。這些理論延續傅柯的觀點，認為性別、**性**以及這些概念附帶的幾個詞彙，構成了一種特定的性**論述**，而不是指客觀上真實存在的東西。例如，傅柯認為現在與男同性戀者有關的男同性戀認同，在十九世紀以前並不屬於性的支配性論述。因此，對於人們來說，這種認同形式在成為醫學或精神醫學論述之前（或是被創造出來之前）並不存在。因此，認同可說是多元且相當不穩定的，而且在一生中會發生劇烈變化。

## 延伸相關

認同概念越來越重要，並且擴散到各個專業領域。例如，現在的**社會運動**研究探討如何建立集體認同，階級研究關注社會階級群體的認同變化，醫療社會學家也已經證明個人的認同是如何因慢性病的出現與進展而中斷。認同的概念在社會學中已經充分確立，也用來研究許多新主題，例如工作環境的變化。對大多數人來說，他們在工作中的認同跟在私人、家庭環境中的認同存在明顯的分野。然而，有些工作場所已經變得「人性化」（尤其是辦公室、電話客服中心和其他以服務為導向的工作場所），引進一系列可能模糊私人和工作認同的「有趣」活動。鮑德里和哈利爾（Baldry and Hallier 2010）所做的文獻分析指出，儘管這種嘗試有吸引人之處，但可能適得其

154

反。工人們可能會痛恨管理層刻意侵犯他們的私人認同，還試圖改變他們的價值觀。因此，工作場所的樂趣非但不能「促進」生產力，反而可能提高**疏離感**。

認同概念也是最近研究右派政治民粹主義支持來源的核心。例如，賈迪納（Jardina 2019）研究美國前總統川普的死忠支持者，發現有很大一部份是由於「白人認同政治」的崛起，促進了一種白人種族團結的形式。這大致可以從反對移民與政府人力外包，支持保護主義的貿易政策，以及針對白人社區的福利支出看到。從一九七〇年到二〇〇〇年之間，許多研究的結論都是白人的種族意識不明顯或沒有政治影響。但在最近幾十年裡，這種情況發生了變化，因為隨著國家的族群越來越多元化，相對地，白人人口的規模不斷減少。白人的種族態度不純粹源於偏見，而是與種族內部的認同及保護族群集體利益的渴望有關。賈迪納（ibid.: 7）的研究還有一個結論，「白人現在是美國政治中突出與核心的構成要素。」

## 意識型態
## Ideology

### 現行定義

**社會**中的「常識」觀念和普遍的信念，通常間接為統治者的利益服務，並使他們的地位正當化。

### 概念起源

155　　十八世紀末，法國首次使用意識型態這個概念，描述一種假定存在的、有關觀念和知識的**科學**，即觀念一科學（idea-ology）。在這個意義上，

意識型態是一門類似心理學或生態學的學科。意識型態的概念現在被認為是「中性的」（neutral），但這並非暗示各種觀點（ideas）帶有偏見或誤導，只是說社會上有各種觀點可以研究和比較。在一九三〇年代和四〇年代，曼海姆（Karl Mannheim）試圖在他的知識社會學中恢復使用「意識型態」這個詞，把特定的思想模式及其社會基礎連結起來。比方說，曼海姆認為在不同的社會**階級**脈絡下產生的知識都只是片面的知識，知識社會學的目標應是結合不同的詮釋，以更理解整個社會。事實證明，「意識型態為中性」的想法並不特別受歡迎。

社會學的概念對意識型態的批判性更強。馬克思認為意識型態是資本主義階級統治再生產的重要手段。他主張有權力的團體能夠控制社會上流傳的支配性思想，將自己的特權地位正當化。因此，每個時代的支配性觀點都是支持統治階級的觀點。意識型態阻撓平等，後來的馬克思主義者花了很多時間進行理論化，說明意識型態如何打擊工人受剝削的意識。他們認為社會分析家應該揭露意識型態的扭曲，以便讓無權勢者真的了解自己的生活，再採取行動改善自己的生活處境。時至今日，意識型態的概念已經不像一九七〇和一九八〇年代那樣風行，很可能是社會學對**權力**概念的興趣，受到傅柯論述概念的影響，重心已經從觀點和信念轉移到語言使用、言說和文獻的來源。然而，這兩個概念未必是對立的。

## 意義和詮釋

形容一個觀點或說法帶有「意識型態」是暗示它們在某些重要方面有錯誤、誤導或只是對現實的片面描述，而這觀點或說法可以且應該被糾正。因此，意識型態的概念意味人有可能掌握社會的事實或真相。意識型態的研究一直由馬克思主義傳統所主導，認為意識型態與階級統治密不可分。下述對自然秩序的宗教信念，如「富人城堡莊園住，窮人倚門外，上帝創造高低，

安排財富多少」，可說是意識型態的一個重要來源。馬克思主義理論認為這種思想充滿意識型態的意圖，旨在說服被剝奪和被剝削的人相信不平等是一種自然秩序，他們在社會中的卑微地位來自上帝的安排。

156 　　在二十世紀，新馬克思主義法蘭克福學派的批判理論研究電影、電視、流行音樂、廣播、報紙和雜誌等「**文化工業**」，並指出在大眾社會中，文化生產已經和其他所有產業一樣，都變成以利潤為導向，生產出沒什麼實際價值（value）的標準化產品。文化差異已遭抹去，而文化產品則盡可能以多數大眾為對象。對法蘭克福學派來說，文化差異消失意味大眾文化欠缺挑戰性或教育性，而只有撫慰性且毫無生命力，不鼓勵批評而鼓勵被動。意識型態批判概念的實用面向是，它把思想和文化產品與權力和權力關係連結起來。意識型態是關於象徵權力的行使——思想如何被用來隱藏、證明或正當化優勢群體的利益。

　　格拉斯哥媒體集團（Glasgow Media Group）針對新聞事實報導做了許多研究，指出在新聞蒐集和報導過程中，意識型態表面上呈現中立。該集團透過內容分析所進行的一連串實證研究顯示，電視新聞報導如何有系統地製造偏見。例如在處理企業的勞資爭議時，新聞報導往往偏向政府和管理階層的觀點，而忽略罷工工人的看法。新聞裡頭資方做出「讓步」，而工人和工會則提出「要求」，有關企業勞資關係的報導也帶有選擇性及偏見。新聞記者通常出身中產階級，他們的觀點往往呼應社會優勢群體的立場，難免會把罷工者視為危險和不負責任的人。這項研究的主要結論是新聞報導絕對是選擇性，不可能是中立或「客觀」。新聞報導更像是一種文化產品，反映所處社會中的不平等，因此也是意識型態的另一個來源。

## 批判之處

　　隨著當代傳播媒體的擴張，觸及的全球人口比例越來越高，意識型態生

產的範圍也不斷擴大。雖然隨著網站、聊天室和部落格等更具互動性的媒體崛起，情況可能正在發生變化，但這一切都使內容生產者和受眾之間的關係和**互動**更加直接。部落格、推特等正靠自己的能力成為訊息的來源，並在最近的衝突中發揮作用，成為衝突地區的人民在收看主流新聞管道和報導之外的另一種選擇。

　　有些新聞製作人指控格拉斯哥媒體集團的研究人員表現的是自己的偏見，這偏見是來自罷工的工人而不是政府和管理階層。比方說，他們指出《壞消息》（*Bad News*）有一章是探討「工會和媒體」，卻沒有專章討論「資方和媒體」，這顯示他們自己「意識型態」上的偏見。哈里森（Harrison 1985）取得一九七六年最原始的研究涵蓋的那段期間英國獨立電視新聞（ITN）的新聞稿，指出研究分析的那五個月並非典型的情況。由於這段時間的企業勞資行動造成異常的停工日數，而新聞不可能報導這一切。他還認為格拉斯哥媒體集團聲稱新聞報導過於集中在罷工的影響其實有誤，因為受到罷工影響的人數多於參加罷工的人數。簡而言之，新聞報導並無意識型態上的偏見。

## 延伸相關

　　意識型態的概念在歷史上一直與馬克思主義有關，其命運也與馬克思主義密不可分。隨著蘇聯共產主義的崩潰和一九八〇年代以來新自由主義**資本主義**的壓倒性勝利，我們可能會認為意識型態的概念會失去立場。事實上，如果我們將提到「**論述**」的文章數及使用「意識型態」的文章數相比，就可以看到傅柯的影響已經使社會學家的興趣轉向論述和論述實踐。然而，自一九七〇年代以來，一直不斷有人嘗試消除意識型態的概念，而到目前為止，各種「意識型態終結」的論斷都還言之過早。

　　近來，基進伊斯蘭主義、環境主義和生態主義及右派民粹主義等各種形

式的意識型態重新崛起。或許，最新的意識型態最有可能是盧卡迪（Lucardie 2020）所說的「動物主義」（animalism），其核心是動物權利的哲學和人類以外動物的利益。近年來，動物倡議的政黨陸續成立，像是德國人類、環境和動物黨（German Humans, Environment and Animals Party, PMUT）和荷蘭的動物黨（Dutch Party for Animals, PvdD），這兩個政黨都在二〇一四年的歐洲議會中贏得席次。澳大利亞和葡萄牙的類似政黨也在該國的全國和地方選舉贏得席次，似乎有一個日益壯大、動物倡議的政黨和政治「家族」出現。盧卡迪的論文研究七個政黨的宣言，探討動物倡議是否為單一議題的社會運動，或者存在一個獨特且一致的意識型態。他警告說有一種「動物主義」正在出現，它和民粹主義一樣，是一種「薄弱的意識型態」（thin ideology），聚焦在人與其他動物之間的關係。具體來說，動物主義的核心是同情心、相互依存、平權以及所有生物都具有內在價值的想法。只要新的政治意識型態繼續出現，意識型態對社會學家來說就是實用的概念。

## 概念 47 互動 Interaction

### 現行定義

158　　兩人以上在正式或非正式場合任何類型的社會接觸。

### 概念起源

　　日常的例行接觸，如談話、開會和其他生活中看似瑣碎的面向，似乎並不是科學研究的「適切」主題。然而，一九二〇年代以來在社會學迅速發展

的符號互動主義傳統顯示，研究這些日常事件，在觀察社會生活的特徵和結構時，會更有洞察力。一般來說，社會互動包括有焦點（focused）和無焦點（unfocused）的互動。有焦點的互動通常稱為「會面」，涵蓋我們跟朋友及**家庭**成員大部分會面。無焦點互動是指我們與其他人一起出現時常見的互動，但不是一對一的接觸。例如，購物涉及肢體語言、臉部表情、姿態等各種無焦點的互動，這一切使我們能夠在許多人在場的情況下到處走動，並完成我們的日常任務。

　　社會行動傳統中的其他觀點，包括現象學和俗民方法論（ethno-methodology），也集中在社會互動。現象學家研究人們如何設法學到他們對世界習以為常的假設，而俗民方法論則探索人們在日常生活中用來理解和組織世界的方法。

## 意義和詮釋

　　社會互動有些是透過非語言的交流進行，如肢體動作和臉部表情。當我們比較人類與其他物種的臉，會發現人類的臉確實非常靈活，也能夠加以操縱。埃里亞斯（Elias 1987）認為，研究人臉可以看出人類和所有其他物種一樣，是如何在很長一段時間內自然演化；此外，在社會發展的過程中，此一生物學基礎上還有文化特徵的包裝。人類的臉毫無遮掩，而且異常靈活，能夠扭曲成各種表情。因此，埃里亞斯認為臉部的發展和有效的溝通系統的「生存價值」（survival value）進化息息相關，而人類僅僅在臉部這塊「訊號板」（signaling board）傳達喜怒哀樂。因此，我們用他人的面部表情、肢體動作加上口中傳達的訊息，來察看他們講話的真誠度，以及是否可以信任。

　　社會學的互動論傳統中，有大量研究集中在對話或「談話」上。長期以來，語言學一直在研究語言的使用，但社會學家對語言的關注主要是「語

159

境」，即人在不同的社會情境中如何交流。其中一個獨特觀點——俗民方法論聚焦於語境中語言的使用，之所以稱為俗民，是因為其重心在日常生活社會脈絡下所使用的方法。尤其是人們如何理解他們生活的世界和他人的行為。一般來說，唯有知道對話所在的社會脈絡，我們才能理解對話的內容，光從字面是看不出來的。即便日常對話中最無關緊要的形式也預設這些對話者運用了複雜與共享的知識。一般對話所使用的詞不一定有準確的含意，我們藉由那些背後未明說的預設來「確定」我們想表達的意思。

　　由於互動受到更大的社會脈絡所形塑，因此男性和女性對語言和非語言溝通的看法和表達方式有所差異。當社會上的男性整體而言在公開與私人生活領域都支配女性時，男性可能比女性更能自由地與陌生人的眼神交會。一個男人盯著一個女人看可能被視為「自然」或「天真」之舉，如果女人感到不自在，她可以移開目光來逃避男人的眼神。但是，假如一個女性盯著一個男人看，往往被認為有暗示或性挑逗之嫌。而在非言語的溝通，男性坐姿往往比女性更輕鬆，他們會雙腳張開往後躺；而女性往往更加拘謹，坐姿端正、雙手放在膝蓋上，雙腿交叉。有些研究顯示，女性比男性更常尋求與中斷眼神交會。這些看似小規模、微觀層面的互動，提供了相當微妙的線索，說明在更大的**社會**範圍內男性對女性的**權力**。

## 批判之處

　　社會學家幾乎在每項研究計畫中都會研究某些互動的類型，無論是微觀層面的交換，還是在全球政治國際領域國與國之間的互動。然而，互動論的觀點常常被認為忽略了決定互動類型與品質的社會結構，只集中在面對面的互動。事實上，一些微觀層面的理論專家根本就否認有社會結構這種東西存在，並認為社會學家的焦點應該放在不斷重新創造社會秩序的社會關係及互動；某些人誤以為這種常規化的社會秩序是類似社會結構的東西。其他討論

社會結構的社會學家相信，儘管我們可能看不到結構，但結構的影響卻是真實存在且觀察得到。畢竟，我們可能看不到萬有引力，但科學家顯然藉著測量萬有引力如何影響其他可觀察的現象而推測它的存在。

## 延伸相關

　　互動的概念是如此基本，以致於少了它就難以「做社會學」。這個概念也被證明非常具靈活性和適應性，也已被應用在人類存在的許多不同領域。這可見於最新一輪著重理解網路空間社會互動的研究，從許多方面來看，以技術為媒介的環境都與每天面對面互動的世界非常不同。研究這種截然不同的互動可能需要新的概念以擴展我們對社會互動的理解。

　　理解網路環境的社會互動是一個成長中的研究領域，普魯格（Ploug 2009）認為，在網路空間內外的互動和道德行為有一些關鍵差異。例如，在網路空間中，人們往往認為網路環境多少有點「不真實」，或者說不如他們居住的實體世界真實。普魯格認為這影響了他們在網路世界採取的道德態度。比起「真實世界」的證據，網路環境也缺乏一定的說服力，研究指出比起面對面的互動，網路上的互動有更多爭論與表達不滿的事件。在網路上表達分歧的方式也更強烈，往往帶有攻擊性和暴力。這些都顯示我們有必要準確地理解網路環境如何以及為什麼會帶來不同的道德標準，還有這可能會產生什麼後果。

　　霍爾（Hall 2016）處理了一個更根本的問題，就是使用社交媒體可以稱為社會互動嗎？社會互動是否真的轉移陣地到虛擬的環境？霍爾透過混合研究法，包括事件和經驗抽樣，對社交媒體活動進行三項研究。或許，令人驚訝的是，研究發現人們很少把使用社交媒體視為社會互動。例如，經過為期五天的經驗抽樣發現，只有二％的社會互動發生在社交媒體上，而與朋友互動的事件抽樣發現，九六‧五％的互動發生在社交媒體之外。社交媒體上

發生的社會互動，往往是和關係親密者的一對一交流。這項研究質疑面對面的互動漸漸不如社交媒體與線上溝通的常見說法，未來也需要對此有更多的研究。

## 概念 48 媒體 Media

### 現行定義

161　　一切能觸及大量受眾的傳播形式，包括廣播、電視、社交媒體、電影等等。

### 概念起源

　　在人類大部分的歷史裡，主要的溝通方式是說話，面對面的溝通是常態。在口語**文化**中，資訊、觀念和知識都是藉著口耳世代相傳。一旦說話可以記錄下來並加以保存，書寫文化就開始出現，最初是在大約三千年前的中國。十五世紀中期，現代大眾媒體的重要先驅是古騰堡（Gutenberg）活字印刷，它使文本得以複製。隨著廣播和電視的發明，資訊傳輸能夠更即時，廣播和電視後來證明都大受歡迎。電視尤其吸引了社會學家的興趣，不論是電視的內容還是它觸及全球人口的能力。在二十世紀晚期，新的數位技術，例如手機、電玩、數位電視和網際網路，再度徹底改變大眾媒體，帶來互動媒體的可能性，不過，社會學尚未充分理解及評估其帶來的影響。

### 意義和詮釋

　　早期關於大眾媒體的社會學研究往往採取廣義的功能論，關注媒體的綜

合性功能。例如，媒體製造關於**社會**和更廣闊世界持續不斷的資訊流動，這創造了一種共享的經驗，使我們覺得自己是相同世界的一部分。大眾媒體還解釋了世界大事，並且幫我們理解世界，對於兒童的**社會化**發揮重要作用。此外，媒體的內容具有娛樂性，讓人從平凡無奇的工作世界中釋放出來。但以上說法的主要問題在於它似乎只提到大眾媒體的正面意義，而忽略了受眾本身的主動詮釋。更嚴肅地說，功能論的說法未能考慮到主要的利益**衝突**，以及為了維持既有不平等的**意識型態**生產。

162

相較之下，政治經濟學的觀點則證明重要的傳播工具逐漸為私人利益把持。舉例來說，在二十世紀，少數「媒體大亨」（press barons）掌控了戰前的多數新聞界，他們有辦法設定新聞議程與新聞的詮釋。在全球時代，媒體的所有權跨越了國界，媒體大亨現在掌握跨國媒體公司，使他們獲得國際認可和影響力。媒體和其他產業一樣，媒體所有權帶來的經濟利益會排除沒有經濟**權力**者的發聲，而那些所謂真正留下來的聲音，是來自那些最不可能批評財富與權力主流分配方式的人。

自二十世紀末以來，符號互動理論的研究越來越風行。湯普森（Thompson 1995）分析媒體和工業社會發展之間的關係，區分了**面對面**的**互動**、涉及媒體技術的**媒介互動**（mediated interaction）、還有跨越時間和空間但不直接連結個人的**媒介準互動**（mediated quasi-interaction）。前兩種類型屬於「對話式」（dialogical）互動——聊天或打電話，人與人之間直接溝通，但第三種屬於「獨白式」互動——例如電視節目，是一種單向的溝通。大眾媒體改變公共和私人之間的平衡，相較於過去，它把更多資訊帶入公共領域，並創造許多辯論的途徑。

布希亞（Jean Baudrillard）認為大眾媒體的出現，尤其是像電視等電子媒體，已經改變了我們生活的本質。電視不只是「再現」這個世界，也逐步定義我們所處世界的真實樣貌。因此，現實與表象之間的界線已經

消失，我們再也無法區分媒體表象與真實。布希亞認為兩者都是超現實（hyperreal）世界的一部分。超現實世界指的是真實性與現實的最終保證就是在電視與媒體上所見的——那就是「比真實還要真實」。這部分解釋了現代名人文化的發展，所謂真正為人接受的成功與重要地位象徵，就是出現在電視或虛有其表的雜誌上。

## 批判之處

調查研究一再顯示大眾媒體對女孩和婦女的描述，使用了傳統**性別**角色的刻板印象。女性傳統上被當成家庭主婦與家管等家庭內的角色，是男性性慾望的對象，在職場上也只是家庭角色的延伸，如護理師、照顧者與秘書。這種表象在各種新聞報導、戲劇和娛樂節目裡都相當一致。媒體對少數族群和身障者的描述，也被視為是在強化而非挑戰既有的刻板印象。黑人和亞洲人一直到最近在主流電視節目中都還明顯地缺席。即使他們出現了，例如在新聞報導和紀錄片之中，也往往是有問題的社會群體。身障者在電視劇和娛樂節目中幾乎都不會出現，即使出現了，也有過高的比例是罪犯、精神不穩定的角色，又或者是「壞蛋、瘋子與可憐人」。社會學家認為媒體的表象不是歧視的**原因**，但刻板印象的表象會強化社會群體固有的負面想法。

批判媒體理論有不少都把民眾視為媒體訊息的被動接受者，而不是能夠參與甚至反抗媒體的人。但許多**社會運動**組織，如綠色和平組織，確實試著與大眾媒體競爭，創造現實的另一種版本，藉此激勵那些未致力參與的環境行動者。最近的受眾研究也更加平衡，研究者發現民眾是主動的消費者，具有相當的能力去詮釋與批判媒體內容。

## 延伸相關

社會學研究媒體形式的理論告訴我們，永遠不能假定媒體在政治上中立

或有利於社會。同時，也不能把世界的弊端都歸咎於大眾媒體，我們應該假定民眾不是無法覺察媒體偏見的「文化白癡」（cultural dopes）。社會學家媒體研究的下一個焦點是數位媒體，這很可能意味著設計出能進一步理解數位媒體的新理論。針對電視與廣播發展出來的理論，似乎不太可能用來處理網際網路與社交媒體。

隨著越來越多人透過網路掌握新聞、時事和政治資訊，人們開始關心網路新聞來源的品質和可靠性，與過濾大量資訊找到可靠新聞來源的能力。杜波伊絲等人（Dubois et al. 2020）最近對法國社交媒體平臺上的新聞搜索進行調查，觀察意見領袖和意見尋求者的策略，了解這些群體如何進行事實查證、是否做了查證，以及如何避免陷入虛假的訊息與偏頗的報導。這項研究的出發點是看到民眾對於社交媒體作為新聞來源的信任程度，因為擔心假消息與只呈現單方面說法的政治「回音室效應」（echo chambers）而不斷下滑，這可能會傷害民主辯論和選舉過程的結果。這項研究關心四個主要群體。**意見領袖**是身邊不看新聞的人所信任的訊息來源；**尋找領袖的人**不像意見領袖，他們會從身邊同儕尋找可以分享的額外訊息；**尋找（跟隨）意見的人**，他們從同儕那邊尋找資訊但不會和其他人分享；**迴避者**則吸收非常瑣碎的新聞並且主動迴避特定的政治主題。

杜波依絲的團隊分析二〇一七年針對兩千名法國網路用戶的調查資料。他們發現意見領袖是媒體生態體系中可靠的訊息來源與重要的人物。意見領袖和尋求領袖的人比尋求意見的人和迴避者更常查核事實，也比較不會人云亦云。他們也比較可能會信任新聞媒體，而迴避者對於媒體的信任程度最低。尋找領袖的人對政治資訊進行最紮實的查核，雖然意見領袖與尋找領袖的人都會確認，以便處理可能極為混亂的社交媒體新聞與政治資訊。因為迴避者不大查核事實，他們最有可能身陷虛假訊息與政治回音室效應的風險，對新聞媒體也不大信任。調查顯示，社交媒體平臺的焦點在於根據按讚、分

164

享與點擊散播聳動而非可靠的訊息來進行個人化與優化。作者建議社交媒體應發展出指標（metrics），以鼓勵能提升社會媒體素養的資訊尋求行為。

## 公共領域
## Public Sphere

### 現行定義

現代社會公共辯論和討論的場合，由各種正式與非正式的空間組成。

### 概念起源

現代民主制度和大眾媒體一起發展，尤其是報紙、小冊子和其他出版品。確實，大眾媒體促成並鼓勵了一種民主**文化**。公共領域最早出現在十七世紀與十八世紀之間，從倫敦、巴黎以及其他歐洲城市的沙龍和咖啡館開始發展，人們在那裡面會討論當天的大事。儘管只有少數人參與這種文化，但它們對**民主**的早期發展至關重要，因為沙龍引入透過公共討論解決政治問題的理念。

時至今日，大眾媒體給人負面印象，因為它讓民主過程顯得微不足道，並且創造了一種普遍敵視政治事務的氛圍。如此徹底的轉變到底如何發生？又能否扭轉？關於公共領域討論的關鍵人物是德國哲學家與社會學家哈伯瑪斯（Jürgen Habermas），他根據自己對語言和民主化過程的研究，從法蘭克福學派中發展出不同方向的主題。哈伯瑪斯分析大眾媒體從十八世紀初至今的出現和發展，追溯「公共領域」的創造和之後的衰落。

## 意義和詮釋

對哈伯瑪斯（[1962] 1989）來說，公共領域是一個公開辯論的場合，在此大家關心的議題可以獲得討論，然後形成意見，而這對有效的民主參與及民主過程絕對不可或缺。公共領域（至少在原則上）是平等的個人聚集在廣場上參與公開的辯論。然而，早期公共領域發展所提出的承諾並沒有完全實現。現代社會的民主辯論目前正遭文化產業的發展所扼殺，大眾媒體和大眾娛樂的傳播造成公共領域的萎縮。政治是國會和大眾媒體之間精心策劃，而且似乎是由商業利益主導。「輿論」並非經由公開、理性的討論形成，而是透過操縱和控制——廣告就是其中一個例子。另一方面，全球媒體的擴散也對威權政府造成壓力，促使它放鬆國家控制的宣傳管道，而許多「封閉」的社會，如中國，也發現媒體可以成為一股支持民主的強大力量。

然而，隨著媒體越來越商業化，全球媒體以哈伯瑪斯所說的方式侵占了公共領域。商業化的媒體受制於廣告營收的**力量**，不得不支持能保證高收視率與高銷售量的內容。因此，娛樂必然戰勝爭議和辯論，削弱公民對公共事務的參與，並使得公共領域逐漸萎縮。過去做出這麼多承諾的媒體，現在卻成了問題的一部分。但哈伯瑪斯依舊樂觀，他認為仍有可能想像出一個超越個別**民族國家**的政治**共同體**，在其中可以公開辯論議題，輿論可以影響政府。

桑耐特（Richard Sennett [1977] 2003）也認為私人領域和公共領域已經截然二分，不僅是物理空間上的分離——住宅區、工作場所和休閒設施（包括購物廣場）各自發展，也包括哲學意義上的分離——例如我們思索自己獨特私人生活的方式。然而，桑耐特認為私人領域正在引導（canalize）或接管公共領域，如此一來，現在對政治人物的評判比較偏重他們的個人特徵，如誠實和真誠，而不是他們履行公共角色的能力。現代視覺媒體的出

166

現，尤其是電視，導致政治人物高度表現自我，以滿足大眾對政治人物性格的期待。桑耐特認為這破壞了有效率的政治生活，也代表著全心奉獻的公務人員沒落。

## 批判之處

哈伯瑪斯的觀點受到很大的批判。他推崇沙龍文化是一個文明、理性辯論的場合，但卻嚴格限定在較高的社會階級，這對工人階級來說遙不可及。這是一種菁英主義式的消遣，和大眾民主參與的需求幾乎毫無交集。公共領域的構成也排除某些社會群體，其中包括婦女、少數族群和無財產者。儘管公共領域本質上受限，但公共領域的概念使中產階級的男性能夠理解到自己和自己的角色，並將公共領域當成普世概念呈現給他人。

女性主義學者認為，哈伯瑪斯不夠關注公共領域的性別本質。由於把公共領域與家庭、私人領域分開，許多對女性很重要的問題就直接被排除在外。弗雷澤（Nancy Fraser 1992）認為，如果「公共」領域等於向所有人開放，那麼公共領域從來就不是真正的「公共」領域。有一些「公眾」──如婦女──的參與受到刻意阻撓，顯示衝突的社會關係支撐著共同公共領域的理想化概念。公共領域的概念是一種**意識型態**，有助於正當化社會不平等。哈伯瑪斯認為當代大眾媒體破壞公共領域的觀點也被認為是誤導，現在的媒體確實因為公布各式各樣的公共事務以及鼓勵**社會**更充分的的討論而促成更多的公開辯論。網際網路上無數的論壇、部落格、社交媒體和聊天室正是這方面最新的例子，它表明公共領域事實上可能正在擴大，而不是萎縮。

## 延伸相關

哈伯瑪斯的觀點已經挑起了許多的辯論和爭議。目前，這個觀點受到批評之後已經失去部分立足之地，有的批評從持平的角度為媒體辯護，他們說

媒體是一股社會的正面力量；有些批評出自後現代主義思想家，他們看到哈伯瑪斯對其口中的一般「大眾」充滿了恐懼與不信任。這種批評有一定的道理。然而，哈伯瑪斯大力提醒我們，理性的現代主義者的推斷仍然可以提供社會理論不少養分。

中國經常被認為完全沒有公共領域，因此，無法在公共領域中發布有爭議的問題並做出決定。但是，國家統合主義（state corporatist）的觀點認為中國政府願意允許一些社會團體與組織的存在，只要他們得到許可，並接受政府的管制。媒體上有關在怒江蓋水力發電廠的公開爭議，導致中國政府暫停此計畫，楊國斌和卡爾洪（Yang and Calhoun 2007）特別從中國出現「綠色」公共領域的角度討論這一事件。中國發展中的公共領域包括三個主要元素：「綠色話語」（greenspeak）或環境**論述**、生產和全力投入綠色話語的團體（主要是環保的非政府組織），以及散播綠色話語的媒體。作者反對正統國家統合主義的立場，認為在目前的中國，仍不夠重視公民社會內有創意的組織行動。

大眾媒體經常遭到點名，批評者認為媒體對政治和文化生活的瑣碎化扮演關鍵角色。梅鐸克（Murdock 2010）的論文探討了這一點，他考察名人文化成長這個社會學家最近感興趣的主題，透過英國《太陽報》（*The Sun*）和《每日鏡報》（*Daily Mirror*）兩份八卦報刊，分析自一九六〇年代初出現的新聞攝影（photojournalism）中「可視文化」（visible culture）的轉變。由於投票行為越來越不穩定，政治人物被迫更關注自己和他們政黨的品牌**認同**，也意味他們越來越關注自己在大眾市場報刊的照片中所呈現出來的外貌和形象。

167

| 主題八 |

# 健康、疾病與身體

## 生物醫學
## Biomedicine

### 現行定義

168　　　一種西方醫學實踐的模式，根據可辨識的身體症狀，客觀地定義疾病，以科學方法得來的醫療方式恢復身體健康。

### 概念的起源

　　早在工業時代以及開始用科學認識疾病之前，人們靠的是**家庭**和**社群**裡具有特殊地位的各種醫者世代相傳的傳統療法。其中一些古老的治療方式一直延續至今，儘管在已開發國家，它們被歸入「補充療法」或「另類醫學」的範疇。它們之所以「另類」，是因為兩百多年來，西方的醫學觀念，即健康的生物醫學模式一直占主導地位。生物醫學及其基礎──現代科學方法一併竄起，兩者構成世界上大多數國家健康醫療體系的基礎。隨著**科學**應用到疾病之上，疾病就被客觀地定義為體內可辨識和客觀的「病徵」，而不是病人所經歷的症狀。由訓練有素的「專家」提供的正式醫療服務，成為治療身體和精神疾病所採用的方式。醫學也變成所謂「偏差」行為及狀況的導正工具，從犯罪到同性戀或精神疾病都包括在內。

## 意義和詮釋

　　生物醫學的健康模型有幾個核心要素。疾病就是人類身體內部故障，它使人體偏離「正常」狀態或「健康」。為了使身體恢復健康，必須隔離、治療和消除疾病的原因。生物醫學將精神和身體分開處理，因此當病人前來看診時，醫務人員基本上把他們視為是「生病的身體」，而不是一個完整的個體。重點在於治療他們的疾病，檢查與治療是在脫離個人因素的情況下運行。

169

　　醫生採用「醫學凝視」（medical gaze），以一種超然的方式來看待和治療病人。治療要以中立、不帶價值判斷的方式進行，蒐集和整理資訊，以臨床術語記錄在病人的正式病歷中。受過正規訓練的醫生被認為是治療疾病的唯一專家，而醫學界也遵守公認的道德準則。自學成才的醫生或「非科學」的治療方式沒有生存空間。醫院代表了治療重症最佳的環境，因為這些治療往往依賴技術、藥物或手術的組合。

## 批判之處

　　在過去的三十多年裡，對生物醫學模式已有越來越多的批評，而這個領域的許多社會學文獻也都帶有批判語氣。有些學者宣稱科學醫學的效果被高估了。特別是一些醫學史專家認為，儘管現代醫學已經建立名聲，但人類整體健康的改善與疾病的生物醫學模式之間關係並不大（McKeown 1976）。自十九世紀初以來公共衛生急遽改善，實際上可以歸因於社會和環境的改變，如公共衛生系統、更有效的食品生產方法和營養更好，以及促進有效衛生習慣的公共衛生運動。麥基奧（McKeown）認為社會和環境普遍進步對於降低死亡率和發病率的貢獻勝過科學醫療的介入。公認的藥物、疫苗和醫院治療的重大影響要到二十世紀中期才顯現出來。

　　伊利奇（Illich 1975）甚至提出，從治療引起的醫源病（iatrogenesis）以及「醫生造成」的疾病來看，現代醫學弊大於利。伊利奇認為有三類醫源病：臨床的、社會的和文化的。臨床的醫源病是指醫學治療導致病人病情惡化或製造新的狀況。社會的醫源病是指醫學不斷擴展到越來越多的領域，創造提供醫療服務的人為需求。伊利奇主張社會的醫源病導致文化的醫源病，人們面對日常生活挑戰的能力，因為醫學解釋和替代方法而逐漸下降。對於像伊利奇這樣的批評者來說，現代醫學的範圍應該大幅縮小。

　　另一個批判之處在於生物醫學常忽略受治療者的意見和經驗。因為醫學建立在客觀、科學的理解之上，無須聽取病人的個人詮釋。批評者認為唯有把病人當成一個能思考、能夠自己正確理解的人，才可能出現有效的治療。醫者與病人之間的分裂往往導致誤解和不信任，也是干擾診斷和治療的社會因素。

170

　　最後，科學醫學自認勝過任何另類的醫療形式。然而，另類療法有些很古老、有些是最近才設計出來，近幾十年來已經聲名鵲起。許多人現在可能採用針灸、順勢療法（homeopathy）、反射醫學（reflexology）、脊骨神經醫學等其他療法。另類療法的原因很複雜，但社會學家認為，一旦各種生物醫學治療都失敗，人們對科學醫學失去信心，或者當疾病屬於慢性病、不容易「治癒」時，人們就會轉向於另類醫學。其中最後一點非常重要。

　　醫療社會學家發現，人類在二十世紀面臨的疾病類型發生變化，從急性疾病轉向慢性疾病，通常是終身疾病，如糖尿病、高血壓和關節炎。隨著慢性疾病越來越普遍，醫學似乎不再如此強大，而生物醫學模式似乎也沒那麼合適。由於這些疾病需要控制而不是治癒，病人成為如何照顧好自己健康的專家，而這也往往改變醫病之間的關係，因為病人的意見和經驗變成整個治療體制的關鍵。病人已經成為一個積極、「完整的」人，他們的整體健康（不只是身體健康）很重要。

## 延伸相關

　　近幾十年來，生物醫學面臨猛烈的批評，且絲毫沒有減弱的跡象。然而，我們必須記住，它仍然是世界各地醫療系統的主導模式，針對小兒麻痺和結核病等致命疾病，預防性疫苗接種改變了嬰兒死亡率，也拯救許多生命。遇到健康危機時期，如 Covid-19 大流行或一九八〇年代 HIV ／愛滋病的出現和傳播，人們仍然期待醫療科學能提供指引和有效治療，這背後肯定有一項預設，那就是生物醫學是一種比較優越的形式。

　　另類醫療的興起不斷挑戰主流的衛生保健──我們應該排除另類療法還是納入呢？米茲拉奇（Mizrachi et al. 2005）的研究探討兩個系統之間的關係，他們考察以色列醫院生物醫學家和另類療法（主要是針灸師）之間的合作。另類治療師已成功地「攻城掠地」，但顯然無法改變兩個系統之間那條界線。生物醫學專家採取一種「調整界線」（boundary at work）或「邊做邊看」（on the job）的策略，而非以自上而下的正式政策來遏制潛在的競爭對手，同時避免兩者之間的劍拔弩張。生物醫學專家透過各種微妙的方法，控制另類療法的治療者，但也必須給他們一定程度的正當性。

　　生物醫學透過自己的研究與發展維持自身在醫療領域的卓越地位，追求新的知識和治療方法通常會突破社會所能接受的限制。例如，最近基因科學的發展引起人們對其未來可能走向的關注。埃姆（Åm 2019）對挪威的遺傳科學家進行一次半結構性訪談，探索他們如何處理研究引發的倫理問題。埃姆將引發社會關注的事件稱為「錯位的時刻」（moments of dislocation），因為這些參與者意識到自己既定的做法造成紛爭，進而挑戰了「常規」。她的研究發現科學家即使了解倫理爭議，也能夠討論這些事與其工作的關係，但他們採用倫理原則時特別注重正式性和儀式性，也讓他們能夠不涉入更廣泛的社會和政治關懷。如此一來，科學家就可以控制自己內

171

心的不適感，並能有效化解困難的議題。因此，埃姆違反常識地宣稱，引進倫理往往會延續而非改變生物醫學的現狀。

概念<br>51 ## 醫療化<br>## Medicalization

### 現行定義

　　一種將生活方式的問題，如體重、吸煙或性行為，逐漸轉變為醫療問題，並接受醫療專業人員治療的過程。

### 概念起源

　　醫療化這個概念於一九六〇、七〇年代間提出，可說是感受到醫學界不斷擴大（有些人認為醫療已經變得太過強大）的危險而發起猛烈批判的一部分。批評者如伊利奇、佐拉（Irving Zola）、拉寧（R. D. Laing）、薩斯（Thomas Szasz）和傅柯等認為，醫學是一種**社會控制**的形式，病人落入醫療專業人士的監視之下。例如，薩斯批評精神醫學的專業知識不斷擴張，還說許多被貼上「精神疾病」標籤的情況，只是單純的「生活問題」。有些行為頂多是適應艱困環境的問題，卻被醫療化，讓有權力扣留病人的專家可以進行控制與監視。自一九七〇年代以來，醫療化的概念已經進入健康和疾病社會學研究的主流。

172

### 意義和詮釋

　　對於批評生物醫學模式的社會學家來說，整個醫學界擁有一種權力地位，他們認為此種權力並不適當甚至非常危險。有一部分的社會權力來自醫

學界有能力準確定義何謂疾病和健康。如此一來，「醫學的真相」就是醫生說了算，政府和一般大眾會認真看待醫生的觀點。然而，對現代醫學更嚴厲的批評在於隨著時間的推移，醫學不斷擴展到越來越多的生活領域，有些領域之前只不過是私人領域或日常生活方式的一部分。這個長期的過程被稱為醫療化（Conrad 2007）。

女性主義社會學家已指出，女性生活中有許多面向如何被現代醫學醫療化和挪用，比方說懷孕及分娩。在已開發國家，分娩通常是由男性醫生指導，在醫院進行。懷孕這種普通與自然的現象，漸漸被當成類似於「疾病」，充滿**風險**和危險，因此，必須使用最新的技術（如超音波和其他檢查）隨時監測。儘管這看起來是「好事」，因為醫學有助於降低兒童的死亡率，保證大多數嬰兒和母親可以平安度過分娩過程，但女性主義者認為這只是故事的一部分。女性失去對分娩的控制，這是她們生命中的關鍵環節，她們的意見和知識在新的專家眼中都無關緊要。

另一個類似的問題是看似「正常」情況的醫療化，如小孩子的過動、不快樂或輕度憂鬱（一般是用百憂解之類的藥物協助治療）以及被重新定義為慢性疲勞症候群（chronic fatigue syndrome）的持續疲勞。關於這些醫療化事件的問題是，一旦以醫學術語進行診斷，「治療」往往會有一個對應的藥品與藥物，並帶來其他副作用。

伊利奇（Illich [1976] 2010）強力主張現代醫學的擴張是弊大於利，原因是「醫源病」或醫生造成的疾病。根據伊利奇的觀點，醫源病的其中一種類型稱為社會醫源病，或稱為醫療化，是創造人們對醫療服務的人為需求。隨著醫療化的發展，人們越來越不能處理自己的健康問題，而更依賴醫療專業人士。這種依賴會造成人們對醫療服務更多的需求，以及醫療服務的擴張，這種上升的惡性循環是以犧牲其他服務為代價來提高醫療預算。對於伊利奇來說，挑戰社會上醫療人員的權力是改變的關鍵。

173

## 批判之處

　　批評者認為上述論點過度渲染。醫學擴展到新領域確實有些問題，但醫療化也帶來不少好處。分娩轉移到醫院可能使一些地方上的「內行人」靠邊站，但最大的好處是讓絕大多數的嬰兒都能平安出生，即使是特別早產的嬰兒也有可能存活下來。歷史上在現代醫學發展前分娩的記載，現在讀起來有如恐怖故事，嬰兒和（或）母親在分娩過程中死亡很常見。當然，沒有人會否認在醫院分娩雖然有種種缺點，但真正說來是一種進步。同樣地，醫療化可以使有某些狀況的人被認真對待並且尋求幫助。承受慢性疲勞症候群之苦的人在別人眼中經常是裝病逃避責任，有肌痛性腦脊髓炎（ME）的人努力讓別人相信他們症狀的真實性，而注意力不足過動症（ADHD）的兒童在這些狀況被確認是真的醫學問題之前，只被視為是一般的調皮搗蛋。醫學化可能並不像一些社會理論家所想的那樣具有破壞性或危險性。

## 延伸相關

　　對醫療化的批判一直是許多社會學研究中的重要的論點，最近對生物醫學主導地位提出的挑戰也顯示此論點找到了一些支持者。但是，我們確實必須緩和對醫療化的批評，承認現代醫療系統有能力改變，例如將一些侵入性較低的補充療法引入主流醫學。在二十一世紀，對於**生物醫學**與醫療來說曾經是非常極端，事實上相當古怪、邊緣的方法，已經迅速變成許多健康和疾病描述的一部分。

　　同樣地，有些對「情緒低落」或「悲傷」等日常現象的描述也顯示，這些現象通常被歸入「臨床憂鬱症」這個生物醫學標籤之下，因此能得到有效的治療。然而，布羅爾與貝塞林（Bröer and Besseling 2017）研究荷蘭三百一十六個自發地表達情緒低落的事件發現，臨床憂鬱症並不如想像中的

多。當情緒低落的原因來自關係衝突時，更可能診斷為臨床憂鬱症，而且臨床憂鬱症標籤在社會依然有廣泛的迴響。但是，這裡主要的發現是人們能夠將情緒低落現象去醫療化（de-medicalized），並接受悲傷被「非醫療化」（un-medicalized）。

　　睡眠與醫學有什麼關係？有項研究分析新聞報導呈現的失眠與打呼等健康問題，發現睡眠可能是另一個有可能醫學化的生活面向（Williams et al. 2008）。作者指出媒體在報導睡眠問題時，對失眠和打鼾這兩個類似且相關議題的處理方向非常不同。報導裡，失眠是一種症狀而非疾病，且與個人習慣有關。如此一來，儘管對失眠帶著同情心，但報紙建議改變行為，把吃藥和治療視為「最後手段」。相較之下，打鼾則被視為類似吸二手煙——會影響到其他人——而且本身就是一個明顯的健康問題，可能導致嚴重的疾病，如睡眠呼吸中止症（apnoea）。由此看來，不僅僅是醫療專業人員，記者也在促成醫療化的社會過程中扮演關鍵角色。

174

## 概念 52　病人角色 Sick Role

### 現行定義

　　帕森斯（Talcott Parsons）提出的一個概念，用於解釋社會對疾病與病人行為的期待，偏離這些期待會帶來懲罰和社會**污名**。

### 概念起源

　　人們生病時會尋求醫生的意見，然後由醫生進行檢查、提供診斷，並建議讓人們恢復健康的相關療程。這顯然是一個簡單無須解釋的過程，但在美

國社會學家帕森斯眼中卻並非如此。帕森斯（Parsons 1952）的觀察指出，雖然健康和疾病看起來是社會學守備範圍外的簡單問題，但事實上有充分的理由相信，我們應該以標準的社會學概念，將它們當作社會現象處理。帕森斯認為當人們生病時，他們會以社會認可的方式行事，一旦偏離這些方式，大家很可能就完全不接受他們已經「生病」。他也認為社會上有一些重要守門員，負責判斷我們是否生病又是否恢復健康。一九七〇年代和八〇年代之間，「病人角色」這個概念隨著社會學的功能論一起失寵，但一直有人試著恢復這個概念，以進行跨社會的疾病比較研究。

## 意義和詮釋

175　　　　對社會學家而言，一個人生病不僅是自己的事，他們還必須了解**社會**對病人的期待。帕森斯認為，為了使疾病對社會制度運轉的衝擊降至最小，病人角色，即社會強加在個人身上的「生病」方式有存在的必要。當我們生病，往往不可能繼續上班、做日常家務或在**家庭**生活中發揮正常的功能。因此，我們的疾病會影響到同事、家人和朋友，而我們無法充分參與社會所產生的波動，把我們生病所造成的負擔實實在在地傳到其他人身上。因此，病人角色是建立我們對病人的期望以及他們應該如何表現的方式。對帕森斯來說，人必須學會**如何**生病。也就是說他們必須了解生病時旁人對病人的期待，並且在他們萬一生病時把知識化為行動。

　　　　生病的責任不在個人，因此不能責怪個人。科學醫學了解大多數疾病不是個別病人的錯，疾病的發生與個人行為或行動無關。第二，病人角色使人們有資格獲得一些權利和特權，包括放下工作和家庭責任，平常不被接受的行為也會被容忍。第三，病人必須去看醫生並同意成為一名「病人」，努力重拾健康。這一點至關重要。病人角色嚴格來說是一種暫時性與「有條件」的角色，取決於病人是否積極努力恢復健康。為了取得病人角色，一個人必

須接受醫療專業人士的判斷，由他們證明病人的主張合理。人們期待病人在他或她自行康復的過程中會配合遵守「醫囑」，萬一不願配合，病人的特殊**地位**可能會遭到取消。

佛瑞森（Freidson 1970）提出了一組實用的三分法，分辨出有條件（conditional）、無條件（unconditional）和不正當（illegitimate）等三種病人角色。有條件且正當的病人角色是指暫時生病，但期待能很快康復的病人。相較之下，無條件但正當的病人角色指的是需要管理，但不大可能完全治好的慢性病人。因此人們預期這種病人角色是長期的，如果這個人無法痊癒，也不會強行給予污名或懲罰。不正當的病人角色則是指自作自受的病人，他們至少要對身上的疾病負起部分責任。酗酒、肥胖或吸煙帶來的疾病就是活生生的例子，這些人可能會受到質疑或污名化。弗瑞森的分類有助於我們理解人生病時受到不同對待的原因。

## 批判之處

帕森斯有關病人角色的命題深具影響力，它把個人的疾病與社會的制度結構聯繫起來。但是，隨著帕森斯的功能論失寵，病人角色的觀點也逐漸失去立足點。這個觀點缺少的要素是「生病時」（being ill）的真實經驗。人們如何體驗急性或慢性疾病，生病如何影響他們的自我認同？這個簡單的問題為醫療社會學帶來許許多多新的經驗研究，這些研究很少注意帕森斯的觀點。帕森斯觀點中的共識特質（consensual character）也被認為無法準確描述病人和醫生之間的接觸。自帕森斯以來，經驗研究已經詳細描述無數病人挑戰醫生能力與診斷等**衝突**個案。因為自二十世紀末以來，人們對「專家」的態度不再如此恭敬，這類挑戰毫無疑問變得更加普遍。越來越多人採用另類和補充療法也就表明，許多人準備超越主流的生物醫學模式。

病人角色本身也遠比帕森斯模式所說的更加複雜和含糊。出現症狀的人

可能諱疾忌醫，有時甚至拖延多年，在不接受診斷或者不願意扮演病人角色的情況下生活，但他們顯然還在生病。此外，病人角色模式並未考慮到誤診以及醫療過失和疏忽。也許更嚴重的是，隨著疾病負擔（disease burden）從急性病轉向慢性病，如糖尿病和關節炎，對於患有此類疾病的人來說，沒有一套普遍的角色期待，而且疾病對他們的影響很大也很多變。因此，現在病人角色這個概念的用處可能不如過去。

## 延伸相關

　　在現今醫療消費者的時代，帕森斯的病人角色概念通常被認為不實用，因為這些醫療消費者比一九五〇年代唯命是從的接受者更有知識與反思能力。然而，特納（Turner 2009）認為，大多數社會**確實**發展出病人角色，但這些角色各不相同。比方說，許多西方社會都存在著一種個人化的病人角色（individualized sick role），這表示如果沒有威脅生命的情況，住院時間通常很短，探病時間有限，探視人數受到嚴格控制。然而在日本，公共病人角色（communal sick role）是一種常態。病人完成治療後往往會在醫院多住一段時間，平均住院時間比西方社會要長很多。探病也比較不正式，家人和朋友經常在醫院共餐，待的時間更長。特納認為我們仍然可以從這種病人角色的比較社會學中了解到許多健康的社會基礎。

　　病人角色的概念也有助於我們看清楚員工生病期間的職場關係。潔依（Jaye et al. 2020）用質化研究法探索紐西蘭一所大學對「病假」的運用和管理。休假權利的管理產生了一個標準化的論述，有助於構建所謂的「好員工」，例如，藉由適時請病假和記錄，影響員工的認同。此外。一旦創造出一種理想的順從、尊重且有生產力的工人時，也就自然形成它的反面——難搞的工人。如果體恤下屬的上司被認為給員工太多彈性，也有可能被貼上「異常」的標籤。這項研究表明，對病人角色的期待深入社會並產生廣大的影響。

## 概念 53 障礙的社會模式 Social Model of Disability

### 現行定義

　　一種研究取徑，從**社會**及組織內部而非從個人身上找出與障礙相關的弱勢「成因」。

### 概念起源

　　一直到最近，西方社會依然以個人主義的障礙模式為主。這種模式認為個人的限制或「障礙」是身障者在社會上找工作、遷徙以及享有完整公民權利時遇到問題的主要原因。根據障礙的個人模式，身體的「異常」（abnormality）被視為某種程度的「失能」或功能上有限制的原因。醫學專家在個人模式中扮演要角，因為他們的工作是為身障者提供治療和復原的診斷。因此，個人模式經常被說成是「醫學模式」（medical model）。這種障礙模式從一九七〇年代開始受到來自積極參與新興身障者運動人士的挑戰。

　　在一九六〇年代末的美國和英國，逐漸發展出另一種觀點，這種觀點拒絕主流的個人模式，並把障礙看成一個政治問題而非醫學問題。一種新的障礙「社會模式」浮現，區分了身體損傷（個人的問題，例如失去一隻手腳）與障礙（因**組織**無法為身體損傷的人提供服務而造成的弱勢）。自此，社會模式一直是許多研究和發展的主題，並且深深影響了推動組織為身障者提供「合理服務」的平權立法。然而，最近幾年，有針對社會模式提出需要修正的批評，認為應該要考慮身障者真實的經驗。

178

## 意義和詮釋

英國身障者反隔離聯盟（Union of Physically Impaired against Segregation, UPIAS）在一九七六年的宣言中提出一種基進的障礙定義，以區分身體損傷與障礙為基礎。身障者反隔離聯盟同意將生理「損傷」定義為個人的生物醫學特性，並擴展納入非生理、感官和智力的損傷。然而，障礙則不再理解為個人問題，而是有身體損傷的人為了充分參與社會所面臨的社會障礙。因此，障礙是對完整**公民權**的否定，也是一種歧視的形式。

奧利佛（Oliver 1983）是第一個明確指出障礙的個人模式和社會模式之間差異的理論家，而社會模式也很快成為障礙行動主義和學術研究的焦點。社會模式針對不利於身障者的社會、文化或歷史等障礙的成因提出前後一致的解釋。從歷史上看，許多障礙的出現是為了阻撓身障者充分參與社會，特別是在工業革命時期，當資本主義的工廠開始以個人雇傭勞動為基礎，身障者就被有效地排除在勞動力市場之外。許多身障者無法繼續或保有工作，而國家的回應是嚴格的嚇阻及制度化。事實上，即使到了今日，身障者進入勞動力市場依然非常少數。

社會模式對於我們現在思考身障問題的方式產生巨大影響。雖然這個模式源於英國，但社會模式已經影響了全世界。社會模式重點在剷除身障者充分參與社會的障礙，也讓身障者能夠專注於政治策略。這也使得一些人認為，當大家接受社會模式時，身障者已經形成一場「新**社會運動**」。社會模式認為障礙是被壓迫的結果，以取代個人模式（認為個人「病弱」〔invalidity〕是身障的原因），因此許多身障者將社會模式視為是一種「解放」。

## 批判之處

自一九八○年代晚期以來，對社會模式有幾條批判路線。有些人認為社會模式並未注意損傷造成的痛苦或不舒服的經驗，而這是許多身障者的生活重心。莎士比亞與華生（Shakespeare and Watson 2002）說：「我們不僅僅是身障者，也是有損傷的人，假裝沒有損傷就是忽略我們生命中很重要的一部分。」反之，社會模式的支持者認為，社會模式並未否認身體損傷的日常經驗，而只是試著把注意力集中在充分參與社會所遇到的社會阻礙。然而，奧利佛（Oliver 2013: 1025）認為，由於社會模式能夠好好地重新引導關於身障的辯論，因此它的目的是成為改變生活的實用工具，而不是永無止境的概念與理論討論焦點。他提議或許「現在是重新振興社會模式或用其他取而代之的時候了」。

有些醫療社會學家也反對社會模式，他們認為社會模式的基礎是基於損傷和障礙之間的區分，但這是一種錯誤的觀點。這些批評者聲稱，社會模式將生物醫學所界定的損傷與社會所界定的障礙區分開來。醫療社會學家則認為障礙和損傷都是社會結構化的結果，兩者息息相關。比方說，問題的成因不容易界定。一棟建築物無法設計恰當的無障礙通道，這對坐輪椅的人看來很清楚是社會建構了一個令人陷入障礙的阻礙，但是還有更多的例子顯示我們不可能移除所有障礙的來源。舉例來說，有些人認為由於長期疼痛不止或智力明顯的限制所帶來的損傷，使得個人無法完全參與社會，而這無法靠著社會變遷就能排除。因此，凡是要充分考慮障礙的情況，就必須把損傷引發的障礙也納入考慮，而不僅僅只是由社會造成的障礙。

## 延伸相關

社會模式不論對障礙的學術研究還是身障者的政治參與，都是一種相當

179

基進的走向。此外，儘管有上述批評，目前似乎沒有任何另一種觀點出現足以挑戰它。障礙的概念本身也會被社會模式所改變，而障礙社會學也要引進社會模式之後才有可能。最重要的是，社會模式已經顯示障礙這個問題不能只交給醫療專業人員；也需要整個**社會**科學共同研究。

　　郭寶蓉等人（Guo et al. 2005）採用社會模式的方法來研究中國使用網際網路的社會阻礙。這份研究採用調查的方法，總共在二十五個省抽樣訪問了一百二十二個人。調查發現只有少數身障者是網路的使用者，但對於這些人來說，網際網路確實提高他們社會互動的頻率和品質，並有助於減少社會阻礙。他們在網路上互動的人數遠遠超過他們在「實體世界」可能互動的人。然而，他們的研究發現，中國的身障者出現明顯的數位落差，大多數人目前無法使用網際網路。社會模式建議透過社會生活的重新組織以及社會政策的重塑來解決這個問題。

　　最後，列維特（Levitt 2017）面對奧利佛的挑戰，嘗試並且重振我們這個新時代的社會模式，雖然他並不同意我們應該停止針對模式的辯論。列維特首先觀察到模式是時間與和空間的產物，但今天英國人對身障的態度已經發生了重大變化。障礙模式也應該多考量模式背後的社會脈絡。列維特提出五個問題推進這場辯論。首先，社會對身障的負面影響有哪些方面值得關注？第二，什麼是使用社會模式最有希望的方式（除了奧利佛實際使用的方式）以及如何落實？第三，社會模式應該傳播的對象是誰？第四，社會模式是比其他模式優越、還是相互矛盾，又或者是互補呢？第五，現在社會模式的主要目標是什麼？如何達成這些目標？列維特（Levitt ibid.: 590）在結論中大聲提醒，為什麼社會模式值得保留：「身為一名身障者，我從社會模式對英國帶來的改變獲益良多，我也相信這個模式可以繼續為身障者的福祉還有對身障的理解，做出很大的貢獻。」

180

## 概念 54　社會自我
## Social Self

### 現行定義

　　自我意識的形成是隨著個別的人類有機體回應其他人對其形形色色的反應而產生。

### 概念起源

　　人們常說人類是唯一知道自己存在以及將會死亡的生物。在社會學上，這意味著人類個體有自我意識。米德（George Herbert Mead 1934）關於自我如何被創造出來的觀點，形成最有影響力、真正的社會學自我形成（self-formation）理論之一。米德堅信如果我們要理解自我是如何出現和發展，社會學的觀點絕對不可或缺，他的觀點形成社會學中符號互動論傳統的主要基礎。他認為，雖然自我一旦被創造出來，就等於具有「思考事物」的能力，但它是一個身體化的自我（embodied self），住在一個真實的人類個體之中，不同於類似「靈魂」或「精神」的概念，沒有個體就無法想像自我。

### 意義和詮釋

　　米德的理論目標是理解嬰兒如何透過模仿與遊戲，開始感受到自己是社會性的存在。我們可以觀察到幼兒模仿父母和其他兒童的行為，例如扮家家酒、在花盆裡挖東西或用玩具吸塵器吸地毯，因為他們看到大人做類似的事情。這是自我形成過程的開始。當他們大約在四、五歲左右開始玩遊戲時，就開始進入下一個階段。參與遊戲意味著兒童必須開始扮演社會角色的各個

181

面向，而不是單純地模仿他們所見所聞。米德稱這是「取代他人角色」，這需要兒童從其他人的立場來看待他們的遊戲；正是在這個時候，社會自我開始浮現。在取代他人角色並有效地「從外面」看自己時，他們也開始掌握自己與他人之間的不同。

米德的理論是基於兩部分自我的想法：一個「主我」（I）和一個「客我」（me）。「主我」代表人類的有機體，屬於自我的非社會化要素。「客我」是藉由社會互動發展而成，如上文所述，是從模仿和遊戲開始。社會性的「客我」是從八或九歲左右開始形成，這時的遊戲進入更有組織的階段，有許多參與者。為了學習有組織的遊戲，兒童不僅要理解遊戲的規則，還要知道他們在遊戲中的位置，以及遊戲中的其他角色。兒童開始從外部看待自己，而不是採取單一角色，而是採取「廣義的他人」（generalized other）的角色。因此，人有可能藉著個別有機體的「主我」和社會性產生的「客我」之間的「內在對話」來發展自我意識。我們通常將這種內部對話稱為「思考」，彷彿一種「自言自語」的方式。發展自我意識是建構相當複雜的個人和社會認同的基石。

## 批判之處

182　　針對米德論點的批評指出自我形成的過程看起來問題相對少。但其他人認為這個過程充滿**衝突**和情緒起伏，可能留下一輩子的傷痕。**社會化**過程的初期，也就是兒童獲得性別認同的時候更是如此。佛洛伊德（Sigmund Freud）和之後的佛洛伊德學派認為，潛意識的想法和情感在自我形成和性別**認同**上發揮的作用，遠比米德理論所考慮的更為重要。男孩和女孩與父母斷絕親密關係的過程，對於許多人來說都是創傷。即使這個過程相對順利，它也會導致男孩在成長過程中難以建立私交。自我形成相當困難，涉及壓抑未能察覺的慾望，米德論文並沒有提到這一點。還有人認為米德很少提到父

母**權力**關係不平衡對兒童社會化的影響，這可能導致自我的功能不彰，而且會受到內在緊張和矛盾所擾。

## 延伸相關

米德的理論對社會學的發展非常重要。這是第一個真正的社會學自我形成理論，這套理論堅持如果我們要好好理解自己，必須從人類**互動**的社會過程開始。他以這種方式表明，自我不是先天的生物學要素，也不是簡單地隨著人類大腦的發展而出現。米德要說的是對個體自我的研究不能脫離**社會**的研究，而是需要一個社會學觀點。

我們可能認為自己是獨特的個體，但在親密關係中這種感知會帶來什麼，親密關係的崩解會如何影響自我？有一篇探討這個主題的論文，研究浪漫關係瓦解及其對人的自我概念或「客我」感受的影響（Slotter et al. 2009）。人在忠誠的浪漫關係中，個體自我交織在一起，比較不那麼明確，這在一些日常用的字詞，諸如「我們」（we）、「我們的」（our）和「我們」（us）都可以得到證明。這種關係的結束往往帶來痛苦和悲傷，但它也可能導致自我的內涵和結構隨著個人重新組織和重新形塑生活而改變。這項研究表明，許多人在主觀上認為分手後對自我感到困惑，感覺自我變小了。正如米德和埃里亞斯所說，我們經歷的個體性（individuality）實際上掩蓋了一個事實，即自我必然是一個在社會互動和關係形成的社會性自我。

社會學家們針對近幾十年來社會基進的變遷進行辯論，這裡僅舉幾個例子，像是**全球化**、資訊技術的傳播、大規模**移民**、旅行和時空的壓縮，以及性別關係的重組和性別流動性的增加。我們預期這些變化會衝擊人類自我意識的產生，亞當斯（Adams 2007）的研究結合思考宏觀社會變遷和自我認同形式轉變的理論。例如，有些理論家認為，隨著**階級**認同減弱，人的個體自我實際上被切斷，變得更容易受到不確定性和**脫序**所影響。然而，其他人

183

認為這種轉變提供了一種機會給更具反身性的社會自我形式，能夠利用新獲得的自由。此外，盧普頓（Lupton 2020）認為，數位革命導致個人資料與蒐集資料的巨幅擴張，大大影響自我形成與發展的過程。今天，數位技術和資料應該被視為體現自我和生產自我過程中一個重要面向。簡言之，正如她所說的，「人和他們的資料造就彼此」（ibid: 121）。

# ｜主題九｜
# 犯罪與社會控制

## 脫序
## Anomie

## 現行定義

由於缺乏有效的社會規範而產生的一種嚴重焦慮和恐懼感，通常發生於 184
社會快速變遷的時期。

## 概念的起源

**現代性**年代的社會變遷如此迅速，以致於常常引起重大的社會問題，因為傳統的生活方式、道德、宗教信仰和日常生活常規被打亂，有時甚至缺乏新的規範來取而代之。涂爾幹將這些令人不安的狀況與脫序連結在一起，當人們對於要「如何繼續下去」不再有把握，因而感到漫無目的、恐懼和絕望。舉例來說，組織性**宗教**所提供的傳統道德規則和標準，已因早期工業資本主義的發展而削弱。少了道德規則和行為規範來引導日常生活和常規，許多人感到深深的焦慮、無所適從和不確定性。這正是涂爾幹描述的脫序狀況。畢格尼（Bygnes 2017）用這個概念來解釋二〇〇八年金融危機後高技術人才離開西班牙的動機。畢格尼眼中的脫序，亦即在狀況急轉直下的西班牙發生的經濟和社會混亂，逼使許多人搬到受金融風暴影響較輕的挪威。這

些人有比較高的學歷和高技術水準，有效地保護他們免受失業的衝擊。

　　美國社會學家默頓（Robert Merton）也使用這個普遍的概念，但改變了此概念的含義，用以從事犯罪和**偏差**的實證研究。對默頓而言，當人們面臨**社會**的文化目標和個人達成這些目標的能力之間的落差，感受到社會緊張和壓力，就會出現脫序現象。後來，梅斯納和羅森菲爾德（Messner and Rosenfeld 2001）提出了一個修正版的脫序理論 —— 體制性脫序（institutional anomie）—— 指的是太偏重市場倫理的情況，往往會推翻和破壞社會規範，不再能規範行為。

## 意義和詮釋

185　　當個人犯罪和行為有偏差時，我們似乎有理由認定他們是完全清楚自己所作所為的理性人。但是社會學家發現，犯罪和行為偏差的模式，會因為**性別**、**階級**和族群團體的不同而有所差異，這也就挑起一些關於因果作用的新問題。舉例來說，為什麼有些社會階級群體犯罪者比其他社會階級群體還多？在比較富裕的社會中，即使比較窮的群體也比他們的上一代乃至上上一代擁有更多的物質財富及更好的生活方式，但犯罪率仍然比較高。默頓修正了涂爾幹的脫序概念來解釋這個問題，他認為答案的一部分就是美國社會結構本身。

　　默頓（Merton 1938）從許多已開發國家的官方統計資料中觀察到的公認事實著手：「獲取性」犯罪（acquisitive crimes）（為了立即獲得經濟利益而犯罪）有很高的比例是由「下層工人階級」所為，這是當時描述那些非技術的體力勞動背景者的常用語。默頓指出美國社會有著普遍接受的文化價值，提倡追求物質成功是一種正當的目標，鼓勵把自律和努力工作當成實現目標的手段。不論出身背景為何，只要努力就可以成功，不管他們出身為何，這種想法逐漸成為大家所知的「美國夢」（American dream）。這

個想法顯然深深吸引許多到美國定居的移民群體。默頓解釋，對於下層工作階級來說，「美國夢」已經成為一種**意識型態**，掩蓋了並不是所有人都有合法的成功機會這項事實。有些人雖已賣命工作，卻得不到豐衣足食的物質生活，他們發現自己會因為看起來沒能力而受譴責。更糟糕的是，他們得知自己錯在工作不夠努力。這帶來了巨大的壓力，讓他們試圖藉其他不正當的手段出人頭地，結果是這些群體中從事獲取性犯罪的比例較高，因為他們承受根深柢固的文化價值和自己的社會地位之間有落差的社會壓力。

　　簡言之，默頓認為，美國是一個高度不平等和高度分化的社會，它所鼓吹的目標只有一部分人在現實生活中有希望實現。許多工人階級，特別是年輕男性，已經接受了文化目標，並且在追尋一切物質成功的象徵，如科技產品、名車和華服，但卻轉向獲取性犯罪，如夜間入室盜竊、店裡順手牽羊、偷東西和銷贓來獲得物質成就。默頓說這些人的腦子整天想著「創新」可以達到目標的手段，這有助於解釋為什麼年輕的工人階級男性在官方犯罪和監獄統計資料中所占的比例特別高。這不是個人的人格缺陷，而是長期以來深層的社會不平等造成的壓力，將有些人推向某種類型的犯罪。

## 批判之處

　　批評者指出默頓聚焦在個人反應的同時，沒有意識到次文化在支撐偏差行為的重要性。如果所有的下層工人階級都處於社會壓力或脫序的狀態，為什麼不是每個人都轉向獲取性犯罪？幫派和偏差次文化的形成可以解釋這一點，因為這個階級中大多數人並不會犯罪，但那些會犯罪的人往往成群結隊聚在一起，合理化他們的行為。默頓依賴官方統計資料也有問題，因為後來證明這些資料有缺陷也不可靠，有些社會學者認為根本就不應該用作資訊來源。如果默頓的論文高估下層工人階級的犯罪數量，那麼反過來說就低估了中產階級的犯罪人數。後來對白領犯罪和公司犯罪的研究顯示出令人驚訝的

186

犯罪數量，包括詐騙、貪污、違反健康和安全規則等等。默頓的架構中並未考慮到這些在物質上已經成功的社會群體從事的獲取性犯罪。

## 延伸相關

　　默頓修正涂爾幹脫序概念的創舉非常重要，因為它重新創造這個概念，用於其他調查領域的實證研究。默頓的問題意識「經濟成長與財富增加時期犯罪率上升的原因為何？」處理了美國社會一個重要的疑問。他的答案包括那些自感遜色的群體高張的**相對剝奪感**，還有沈重的社會壓力。這個結論引起人們對美國社會階級分化的持續關注，儘管這個國家的自我形象是一個相對「無階級」（clsssless）的開放社會。

　　默頓原本討論的是一九四〇年代和一九五〇年代，但在二十一世紀論點是否成立？鮑莫和古斯塔夫森（Baumer and Gustafson 2007）分析了美國的官方資料集，包括〈統一犯罪報告〉（Uniform Crime Reports）和〈綜合社會調查〉（General Social Survey），發現在那些「熱衷追求金錢成就」加上「不認為要追求合法財富」的地區，工具性犯罪率仍然較高。這是現代脫序理論的核心命題，該研究也提供了一些統計學的證據支持默頓的緊張理論（strain theory）。在另一篇有趣的文章中，鄭懿君（Teh 2009）也引用默頓的理論，再加上梅斯納和羅森菲爾德（Messner an Rosenfeld）的論點，研究了馬來西亞在經濟強勁發展時期犯罪率上升的現象。默頓的理論在此似乎同樣有意義，馬來西亞這個例子甚至不在理論發源的已開發國家，顯示一套普遍的犯罪社會學理論是可能做到的。

## 偏差
## Deviance

### 現行定義

採取不符**社會**廣泛接受的規範或價值的行動。

### 概念起源

十九世紀對犯罪行為的生物學和心理學研究認為，偏差行為是個人有　187
「問題」的徵兆。他們認為如果科學的犯罪學能夠確定偏差和犯罪行為的原
因，就有可能介入和預防這些行為。由此看來，生物學和心理學的犯罪理論
在本質上都屬於實證主義，希望將自然科學方法應用於研究社會。

社會學對偏差的研究始於十九世紀末的涂爾幹。他認為偏差在很多方面
都是「正常的」，而且對於維護社會秩序可以發揮一些效能，儘管他也意
識到過多的偏差可能會導致失能。從一九五〇年代起，這個概念被用來研究
年輕人的次文化及他們與主流社會之間的關係，到了一九六〇年代，發展出
基進的互動論的偏差理論。這個理論說偏差就是被社會上有權力的守門人貼
上偏差標籤的任何行為。**標籤化**（Labelling）觀點使偏差社會學盡可能脫
離早期實證主義的概念，認為偏差是由貼標籤的社會過程所造成，某些行為
透過這個過程被定義為偏差。

### 意義和詮釋

偏差是指「偏離」或背離可以接受的規則與規範，又或者是偏離一個
社會預設的「正常」。我們大多數人在某些時候會違反公認的行為規則，雖　188
然一般來說，我們遵循社會規範是童年**社會化**的結果。偏差和犯罪並非同義

詞，儘管在很多情況下它們確實重疊。但偏差要比犯罪廣泛得多，犯罪僅指違法不守規矩的行為。偏差的概念既可以適用於個人行為，也適用於群體活動。對偏差的研究也將我們的注意力導向**權力**的問題，當我們研究偏差時必須牢記：破壞的是**誰的**規則。社會學對偏差的研究，沒有任何一種理論占主導地位，有幾個理論觀點一直很重要且實用。

涂爾幹認為犯罪和偏差是社會事實，並認為兩者都不可避免，而且某些方面來說，這是所有社會的「正常」特徵。以已開發國家來說，個人主義和個人選擇的程度相對較高，少見有必須嚴格遵守以及僵硬的規則，也少見對行為的約束，同時對輕度的偏差行為容忍度較高。涂爾幹還認為偏差行為有兩個重要的功能。首先，它有可能是創新，為社會帶來新的價值和觀念，並挑戰歷史悠久的傳統。如此一來，偏差可能有助於推動重大的社會變遷。第二，當偏差行為引起反感，實際上是發揮了有用的功能，也就是提醒大家現有的規則和規範為何。從社會學的角度來看，對偏差的反應有助於鞏固社會維持某些行為可不可以接受的界線。另一方面，如果偏差的程度過高就會干擾社會的順利運作，在這種情況下就需要法律和命令強行介入。

最廣泛應用的偏差理論可能是貼標籤觀點，它解釋偏差不是個人或群體的一組特徵，而是偏差者和非偏差者之間的**互動**過程。因此，我們必須考察為什麼有些人被貼上了「偏差」的標籤。貼標籤不僅影響到其他人對某個人的看法，也影響到個人的自我意識。勒默特（Lemert 1972）提出了一個模型來理解偏差如何與一個人的**認同**共存或成為**認同**的核心。他聲稱偏差行為事實上非常普遍，人們通常不會因此受到懲罰。例如，許多交通違規行為很少曝光，工作場所不起眼的偷竊行為往往遭到「忽略」。勒默特將這些最初的越軌行為稱為*初級偏差行為*（primary deviance）。在大多數情況下，這些行為依然屬於個人自我認同的細枝末節，而且把行為「正常化」。但在某些情況下並未發生正常化，這個人被貼上犯罪或違法的標籤。勒默特認為人

們可能會接受他們被人貼上的標籤，使之成為其自我認同的一部分，並按照標籤行事。當他們接受標籤並導致了更多的犯罪和偏差行為時，我們可說這是一種**次級偏差行為**（secondary deviance）。標籤化可以是一個非常有影響力的過程，對某些人來說，「罪犯」的標籤可能比其所認同的一切其他面向更重要，實際上成為一種會導致犯罪生涯的「主要**身分**」。

## 批判之處

功能論的偏差理論明顯有利於將偏差和犯罪連結到日常生活的順從行為，顯示缺乏機會可能是會不會犯罪的決定因素。儘管如此，我們必須記住，所有社會**階級**群體中的絕大多數人都不會成為職業罪犯，而且大多數的人都不會經常犯罪。標籤化理論有時被批評為側重社會中的少數群體、外來者和極端的面向，以及「將偏差人性化」（humanizing the deviant），而不是試圖理解為什麼大多數的人**不會**違反規則或法律。有些人還建議與其讓政府在偏差程度高到無法接受時再介入降低，不如採取更有用的方法，重新定義什麼是偏差和犯罪，以便將之前無法接受的行為納入社會主流。最重要的是，一旦重新定義什麼是偏差，涂爾幹樂觀地認為我們可以知道偏差可以接受以及不可以接受的程度，本身就是一件不可能的事。

標籤化觀點的建構論立場也受到批評。除了戰爭時期外，有些行為不僅是被有權力的守門者定義為偏差，而且所有社會中都一律持續禁止。例如，不論當權者怎麼看謀殺、強姦和搶劫，這些行為通常被認為社會不容。貼標籤對決策者也沒有用。如果所有偏差都是相對、而非絕對的，我們該如何決定哪些行為要控制或禁止，又要允許哪些行為？如果決定的判準取決於所造成的傷害，那麼與標籤化理論相反，偏差確實是一種行為特質，而不僅僅存在於社會定義和標籤化過程。

189

## 延伸相關

偏差的概念在社會學中有著悠久的歷史，也一直針對違規和控制偏差提供有趣和有洞見的研究。事實上，犯罪社會學和犯罪學的研究少不了偏差這個概念。因為偏差迫使我們思考許多社會行動者的角色，包括偏差者和罪犯、輿論製造者和道德提倡者（moral entrepreneurs）、警察、法院和政治家，它是一個重要的概念，連結「壞」行為與發生行為的社會脈絡。研究正面的偏差——也就是偏離社會規範有正面的結果或意圖——也是社會學研究眾多論文的主題（Herington and van de Fliert 2017）。

190

因此，偏差研究往往鑽研到檯面下的世界，高施密特（Goldschmidt 2008）承襲了這個傳統。他的小規模研究調查了十名警察在值勤時的偏差行為，例如非法攔截和搜查、栽贓、寫假報告和做偽證。研究檢視這些行為背後的理由，主要是警察認為自己的偏差行為是「為了崇高的目的」，即抓捕罪犯和保護**社群**，不過他們也認為受害者會贊同他們的方法。無論如何，他們也很內行地從自己的行動中獲得好處，並發展出調和道德上內疚的技巧。

布里斯托爾等人（Bristol et al. 2018）研究護理師在引入電子健康記錄系統（electronic health records system, EHR）後的正面偏差行動。當護理師面對全新的 HER 引起的系統性障礙採取了「變通辦法」（work-arounds），這可以視為正面偏差，她的目的是確保病人的安全並完成他們的護理工作。然而，大部分的社會學研究都集中在社會定義的負面行為和違法行為，但無論是正面還是負面的，研究偏差總是迫使我們仔細思考社會當前「正常」的標準。

## 概念 57 標籤化 Labelling

### 現行定義

個人和社會群體被其他有**權力**及影響力的人認定有某些特徵，並且對其貼上標籤的過程。

### 概念起源

標籤化的概念於一九五〇年代和一九六〇年代由隸屬符號互動論傳統的社會學家所提出。標籤化的觀點在犯罪和**偏差**研究中特別有影響力，其在研究中使人們關注偏差是在社會**互動**的過程中定義和創造的方式。勒默特區分了初級偏差和次級偏差，而標籤化理論往往集中在次級偏差。例如，貝克（Howard Becker 1963）認為，最好將偏差視為一個過程，過程中將有些行為定義和分類為偏差，並據此應對。貝克的焦點主要在於標籤化的過程影響了「偏差者」自己的**認同**，他們實際上已經被劃為「局外人」（outsiders），遭到主流**社會**污名化和邊緣化。

### 意義和詮釋

針對犯罪和偏差行為的研究基本上是要歸功於互動論，特別是標籤理論或標籤化觀點。標籤化的出發點認為偏差行為是一個社會過程，牽涉那些能夠強加標籤者和被貼標籤者之間的互動。例如，警察、法官、法院和**大眾媒體**有能力定義什麼是偏差行為，而其他人則受制於這種定義。對有些人來說，標籤化的過程反映了社會的權力分配，因為訂定規則的群體往往是白人、年齡較大者、中產階級和男性。然而，我們必須注意的是別輕視標籤

191

化，因為它不只是本身社會學版本的「欲加之罪，何患無辭」。成功的標籤化並不是許多人參與長期社會過程的最終產物，有時候標籤也有可能被成功抵制。

　　貝克的研究顯示，偏差本身是透過標籤化的過程而不是透過偏差的動機或行為而產生。貝克認為「偏差不是個人犯行的行動特質，而是其他人對『罪犯』採取的規則和制裁的結果。偏差者是被成功貼上標籤的人……偏差的行為是被貼上這樣標籤的行為。」這個定義激發了許多研究，儘管也受到了批評。貝克大力批判犯罪學的研究方法，其認定「正常人」和「偏差者」之間涇渭分明。貝克認為人的行為並不是決定其變成「偏差者」的因素。反之，有一些與行為本身無關的過程，對於決定一個人是否被貼上偏差的標籤更有影響力。一個人的穿著、說話方式或原國籍可能是決定標籤是否上身的關鍵因素。

　　標籤理論點出刑事司法體系一個特別諷刺之處，警察、法院和監獄等負責減少犯罪的機構，往往是創造和維持偏差者和罪犯認同的關鍵角色。對於標籤化理論者來說，這很清楚呈現「**社會控制**的弔詭」（paradox of social control）導致偏差的擴大。威爾金斯（Wilkins 1964）對於偏差者的認同如何被「管理」並融入到日常生活中感興趣。偏差的擴大（deviancy amplification）是將行為貼上偏差標籤的意外後果，控制者實際上激發更多相同的偏差行為。背負標籤的人透過一而再、再而三的次級偏差行為，將標籤納入他或她的認同之中。標籤化的觀點很重要，因為它提醒我們不能假定任何行為或個人在本質上是犯罪或有偏差。這就是缺乏正當性的本質論者（essentialist）。相反地，我們需要將偏差和犯罪視為社會建構的結果，一直在變。

192

## 批判之處

　　標籤化認為初級偏差比較普遍，所以相對不重要。然而，由於標籤理論把焦點放在次級偏差，因而忽略造成人們犯下初級偏差行為的過程，也無法對此提出解釋。但是，任何完整的理論當然都需要同時處理初級和次級偏差的問題。標籤化是否真的造成偏差的增加也還不清楚。青少年犯罪往往在定罪之後會惡化，但是其他因素，例如與其他罪犯進一步互動或找到新的犯罪機會，也都會有影響。標籤化也提出結構性權力關係的問題，但並未加以解釋。一些有權有勢的群體是如何獲得他們的地位？這個問題的答案需要社會學式的社會理論，如馬克思主義或其他**衝突**理論，而標籤化並未提出一般化的社會理論。

## 延伸相關

　　每一個社會都必須容納行動不符合主流規範的個人和團體。古板的人一開始往往對那些在政治、**科學**、藝術或其他領域創立新局的人抱有懷疑或敵意。因此，標籤理論和偏差社會學咸認實際上可以平衡犯罪學只關注犯罪及減少犯罪。而且，儘管標籤化並未解決其研究提出的一切問題，但已經更進一步地檢視偏差問題和創造偏差認同，這使得後進社會學家能夠依循新的研究主題路線。

　　標籤化觀點在研究受歧視群體時仍然有用。蒙克里夫（Moncrieffe 2009）用標籤化探討海地的「街童」和「寄養童奴」（restavecs）的地位。「寄養童奴」是給被送到城市家庭生活和工作的農村家庭孩童貼上的標籤，蒙克里夫認為這些小孩大多數都受到虐待，有充分的證據提出他們被打、不眠不休工作並且遭到強暴。然而，政府官員對寄養童奴有不同的看法，有些人認為這個制度是海地聲譽的「痛處」，另外一些人則認為它發揮有用的

經濟功能。另一方面，「街童」的標籤帶來了更多的負面反應，因為他們是

193 「海地境內被罵得最凶的一群人」。這些標籤往往會在所有團體和**組織**複製，
甚至是傳教士等以減輕**貧窮**為目標的群體和組織。蒙克里夫說明典型的標籤
化過程是如何與污名化緊密相連。

　　偏差的概念與遵循社會規則相對立。但是，偏差概念是否可以應用到
尚未建立起正常化規則的情況？由於網路空間是相對「不受法律控制」的世
界，人們可能會認為偏差和正常的定義可能會比較隨意，但依然常常把「線
下」的慣例和規範帶到「線上」的環境中。鄧納諾和泰勒（Denegri-Knott
and Taylor 2005）在一篇有趣的論文中調查虛擬環境中線上分享 MP3 音
樂檔和「挑釁」（使用煽動性語言）的情況，探索在這個社會規範還在不斷
演化的環境中所觀察到的一些行為，是否「偏差」還是一個恰當的概念。

## 概念 58 道德恐慌 Moral Panic

### 現行定義

　　社會將一群人或一種行為視為更普遍的社會與道德敗壞的症狀，而過度
反應。

### 概念起源

　　科恩（Stanley Cohen）一九七二年出版的《民間惡魔與道德恐慌》
（*Folk Devils and Moral Panics*）中，針對偏差擴大的過程做了一份深
具影響力的研究。這本經典作品研究英國青年**文化**浮現和控制有關的**標籤
化**過程。科恩觀察了一九六四年海邊小鎮克萊克頓（Clacton）所謂摩登派

（Mods）和搖滾樂迷（Rockers）之間的小型衝突，但他自己眼睛所見與隔天的新聞報導天差地別。他看到事件被誇大，還有緊接著對其他人的標籤化，這就是道德恐慌的實例。如此一來「年輕人」成為社會更大問題的代罪羔羊，而且就像其他標籤化研究一樣，媒體的關注導致偏差一而再、再而三擴大。後來的研究使用道德恐慌這個概念來探討社會越來越關切惡犬、吸毒者、粗野的「野丫頭」（rowdy ladettes）、移民等更多議題。有些理論家認為，道德恐慌變得如此普遍且廣為流傳，成為一種社會控制的機制，現在已經是**社會**中社會再生產的一個面向。或許，零散的（discrete）道德恐慌時代已經過去了。

## 意義和詮釋

　　一九六四年在英國海濱度假勝地舉行了一場集會，會後報紙上出現令人毛骨悚然的標題，宣稱「摩托車族恐怖的一天」、「野人入侵海濱」和「年輕人攻城掠地」。科恩受到新聞媒體反應所吸引，開始從目擊者的敘述、法庭紀錄和其他文獻資料，重建當天的實況。他發現新聞報導非常離譜。事實上沒有嚴重的暴力事件發生，沒有人送醫，破壞行為也沒有比以前的週末時段還要嚴重。然而，這種反應為今後的報導定下基調。科恩認為媒體以這種危言聳聽的方式形容年輕人的活動，助長了一種恐懼的氛圍以及社會道德規則受威脅的恐慌。如此一來，它們不只是做了報導，還不經意幫忙建構了一種年輕人認同的新形式。在一九六四年之前，「摩登派」和「搖滾樂迷」都還不是獨立的年輕人文化，媒體的報導催化他們該互看不順眼的情況。後來幾年，對於這類集會的描述都逐漸落入反對青年文化的主流架構，他們對彼此以及對主流社會有暴力傾向。

　　對於科恩來說，這種將一個群體貼上局外人（或是「民間惡魔」〔folk devils〕）標籤的社會過程，使許多民眾更關注整體社會的走向。民眾恐懼

社會對不守紀律的年輕人越來越寬容，隨著一九五八年國民兵（National Service）畫下句點、**家庭**破裂以及物質主義世代比上一輩有更多零用錢，全都歸咎到年輕人次文化這個代罪羔羊。許多道德恐慌隨著法令頒布而結束，針對刑事損害的新法律也緩解了對一九六〇年代年輕人失控的擔憂。然而，從此之後幾乎每一種年輕人文化都伴隨著類似的恐慌，從龐克到銳舞派對（rave culture）皆然。

　　道德恐慌遵循一種標準的模式。當一些東西或一群人被認為威脅到共同的道德價值時，道德恐慌就開始了。然後，**大眾媒體**會誇大和簡化威脅，讓民眾察覺這個問題並更為關心。接下來，有人呼籲要「有所作為」，也不斷給政府施壓要其採取行動，通常是訂定新法令。有時候，恐慌會一直持續到媒體關注週期的結束。自科恩以來，關於道德恐慌的研究越來越多，歷史學家們發現十九世紀甚至更早就有類似的事件發生。

　　皮爾森（Geoffrey Pearson）發現一個一八六〇年代的具體案例，當時倫敦有一種暴力搶劫已經失控。關於「搶劫」的新聞報導著重在持刀結夥搶劫富人，報導說這是一種極度「不英式」的犯罪，可能與當時的義大利移民有關。皮爾森認為恐慌是社會擔心政府對犯罪行為「心慈手軟」所致，因為流放、鞭刑和其他身體刑罰都廢除了。隨著恐慌出現，政府重新引入鞭刑抑制恐慌。道德恐慌是社會學互動論的一個很好的例子，它將道德提倡者、輿論製造者、警察、司法機關、立法者、一般大眾，當然，還有**互動**過程中的「偏差者」聯繫在一起。

## 批判之處

　　批評者認為這個理論的主要問題是如何分辨誇大的道德恐慌與嚴重的社會問題。例如，二十一世紀社會對於以伊斯蘭教名義進行恐怖攻擊的反應是道德恐慌的一環，或者這是一個嚴肅的問題，因此媒體的大幅報導和制訂

新法律都是適當的？不必要的恐慌和正當的反應的界線為何，又由誰來決定呢？更進一步的批評是，近年來道德恐慌已經出現類似青少年犯罪、吸毒以及「假」難民等問題上。這使得一些社會學家認為，道德恐慌不再是零散發生，也不再侷限於短暫的密集活動，而已經成為現代社會日常生活的長期特徵，也就是說，已經正常化。如果是這樣的話，那麼就更難將**偏差**的概念與正常分開來。

## 延伸相關

科恩早期的研究特別重要，因為它成功結合偏差的標籤化理論、社會控制及創造偏差認同的觀點。如此一來，它為偏差社會學建立了非常豐富的研究議程架構，並一直延續至今。例如，蘭姆斯登（Lumsden 2009）調查了蘇格蘭亞伯丁（Aberdeen, Scotland）所謂的「布利撞擊」（Bouley Bashers）或男孩賽車手的汽車愛好者次文化，這是當地道德恐慌的焦點。有人認為當代的「民間惡魔」更能夠反抗被標籤化，因為他們現在自己開了部落格，並出現在社交媒體，使得他們能夠對抗主流的負面標籤。然而，這個案例確實遵循典型的道德恐慌過程。男孩賽車手被媒體、其他團體和政府（針對反社會行為的立法）邊緣化、標籤化和污名化。因此，儘管男孩賽車手試圖重新定義這種情況，但最終這個標籤還是揮之不去。

隨著網路新聞的出現，以及接二連三的「假新聞」傳播，道德恐慌理論和假新聞相關論述可能有關。假新聞是否促成道德恐慌，或者對網路假新聞的廣泛關注是否發展成了一種道德恐慌？卡爾森（Carlson 2018）以二〇一六年美國總統大選期間相關的新聞來源與報導探討這個問題，最終勝選的川普將假新聞變成一個關鍵議題，並廣泛使用社交媒體與選民直接溝通。卡爾森認為假新聞的問題是「資訊道德恐慌」（informational moral panic）中一個象徵性的面向，因為記者們把它看作是一個標誌，代表更廣

196

泛地思考新聞蒐集、製造和傳播的重大轉變。尤其是，他們的批評指出有些新聞來源是偏差行為，而有些則是合法行為。然而，這個例子中的道德恐慌集中在對社交媒體的影響日益增長和傳統新聞機構衰落的焦慮上。

## 概念 59　社會控制 Social Control

### 現行定義

　　一切正式、非正式的機制以及內在、外在的控制，其運作是為了帶來順從。

### 概念起源

　　控制理論通常可以追溯到十七世紀的哲學家霍布斯（Thomas Hobbes），他認為在自利的**社會**中，必須有一個強大的**力量**（國家）以防止「所有人互相為敵」（war of all against all）。國家和個人彼此締結契約，公民用效忠國家換取國家對個人的保護。隨著社會控制的研究加入社會**科學**，已經發展出更複雜的社會學觀點。

　　十九世紀末，羅斯（Edward Ross）指出社會控制牽涉要求人們遵守社會規則的一切壓力，然而，這是一種非常籠統的方法。帕森斯（Parsons 1937）根據**社會化**提出另一個說法，認為服從不僅僅來自於恐懼和外力，也涉及人將社會化過程中吸收的規範和價值內化。赫胥（Hirschi 1969）的答案更為具體，他認為青少年犯罪是因為個人與社會的聯繫被削弱或打破。這理論關注的重點是人們對**家庭**、同儕團體和社會機構的依附。不過，對馬克思主義理論家來說，國家是製造社會控制的關鍵行動者，而在資本主義社

會實際上是對工人階級的控制。

## 意義和詮釋

社會控制是**偏差**的反面。研究偏差和犯罪的社會學家探討的是人們為什麼會違反社會規範和法律，社會控制理論則提出相反的問題：人為什麼會順從？思考各種社會控制理論的方法之一，是把它們分為「製造順從」和「抑制偏差」（Hudson 1997）。製造順從的理論往往關心社會角色的學習和社會規範的內化，抑制偏差的理論則關心偏差行為和抑制措施之間的關聯。毫無疑問，更好的理論能夠結合這兩種方法。

帕森斯試圖處理他所說的「社會秩序問題」，即社會如何使一代又一代人的有足夠的服從性。他認為人們的順從似乎不是被迫，也不是噤若寒蟬，大多數人都是主動服從。這是因為社會規範不僅存在於「外在」的法律指南和禮儀書籍中，也存在於我們自己的內心。社會化確保人的自我意識會與遵守規則連結在一起，有助於塑造我們想當個「好人」的自我形象。具體來說，我們是自己的審查員，「訓育」（policing）自己的行為。例如，梅薩（Matza 1964）對青少年犯罪的研究發現，違法者的價值觀也與主流社會相同，因此不得不設計出一套「中性化技術」（techniques of neutralization）——自述自己為何違法——以便在犯罪的同時維持住自我形象。

赫胥的社會控制理論認為依附和社會連帶是服從規範的基礎。依附與社會連帶是透過對朋友、家人和同儕的依附，信守傳統的生活方式，參與正常、合法的活動，以及尊重法律和**權威**人士等信念而產生。這些依附和連帶對個人產生影響，讓他們參與主流活動，並遠離偏差行為。因此，偏差的原因不僅僅在於個人的病態或自私的個人主義，還在於缺乏對社會及其核心機構和制度的依附，這使偏差者無所適從，容易受到偏差的誘惑。偏差沒有理由，只要有機會就會發生。

其中一個例子是犯罪的性別化模式，這也許是官方犯罪統計中最引人注目的面向。為什麼男性的犯罪率這麼高？女性犯罪的數量為何遠低於男性？根據赫胥的理論，答案在於父母和社會**組織**對女孩和男孩的控制方式不同。男孩從小就被鼓勵走進公共世界，還要敢**冒險**，這有助於他們成長，使他們能夠適應社會期待他們實現的成年陽剛角色。男孩花在家庭外面的時間越長，能參與偏差活動的機會就越多。反之，年輕女孩被留在父母家裡的時間更長，不鼓勵甚至阻止她們與外面的世界接觸，尤其是在天黑之後，這就減少她們打破社會規範的機會。

## 批判之處

帕森斯關於社會控制的社會學方法將注意力從外在控制轉移到內在的自我控制，這讓我們對社會控制的理解增加一個面向。然而，批評者認為，社會控制理論在製造順從方面過度依賴社會化的觀點——社會化可能擔不起這麼大的功能。這是因為許多人認為社會化和自我形成的過程本質上是衝突而非順暢，其中包含了許多情緒上的緊張關係。這意味我們不能保證同一套社會規範和價值觀都會被所有人內化。順從的產生原因，必定多於帕森斯所考慮的範圍。

後來的社會控制理論包括**標籤化**觀點，它認為社會控制和偏差緊密相連，但兩者之間的關係相當諷刺。因為社會控制機構越是試圖防止偏差，就越有可能產生偏差。自一九六〇年代以來，互動論者針對偏差的一系列研究顯示，社會控制造成更多行為被貼上偏差的標籤，使「偏差活動」隨之擴大。

## 延伸相關

社會控制的概念和社會秩序的生產一直是社會學理論的主題。處理社會秩序的問題使社會學家考慮到結構與能動性、微觀和宏觀層次的現象，以及

社會化和順從的相關問題。但這些問題都不應該脫離犯罪和偏差的研究，因為它們本質上是一體兩面。既然如此，只要有犯罪和偏差的研究，人們就會熱衷於這些研究對我們理解社會控制的意義。

科勒—豪斯曼（Kohler-Hausmann 2018）最近一項研究探討紐約市刑事法庭和懲罰的關係。儘管美國的刑事政策從一九七〇年代開始走向大規模監禁，但若只把焦點放在刑事犯罪和坐牢人數的急遽增長，就只能片面理解美國刑事司法和社會控制，扭曲和低估美國刑事司法的範圍。科勒—豪斯曼關心的是各種輕微的違規，在預防犯罪的「破窗理論」論點提出之後，這些違規行為已經成為普遍現象。這類日常違規通常不會讓人被判徒刑，例如在公共場所小便或違規停車，但仍然會使人捲入司法之中。在法院體系內，許許多多情節輕微的案件私底下被稱為「輕罪區」（misdemeanorland）──指處理此類案件的實體空間和法律空間。從社會學的角度來看，這些不當行為大多未挑戰基本的道德準則（涂爾幹），對他們的懲罰（如罰款）也不可能「調和階級衝突」（馬克思）。反之，這項研究顯示，社會控制是透過個人與刑事司法體系中科層體制的糾葛，以及對其中機構的義務而存在。

赫胥的控制理論認為，強烈的依附關係能使人免於墮落，但布思等人（Booth et al. 2008）針對學校的社會控制、性別和犯罪率的調查之中，重新審視這個命題，並聚焦在**性別**差異。不同於早期的研究認為小孩對父母的依附對女孩有更大的影響，這項研究發現對父母的依附不大影響男孩或女孩的冒險行為或嚴重的犯罪行為。相較之下，參與利社會（pro-social）活動，如運動、上教會和學校活動則有多重的影響。上教會和非體育的學校活動減少男孩的嚴重犯罪行為，但對女孩沒有影響；參與體育活動減少女孩的犯罪行為，卻沒有減少男孩的犯罪行為。這代表有些傳統觀念，像是認為運動讓男孩遠離犯罪，而教會或非體育活動讓女孩遠離犯罪，這種觀點可能是無效的。作者的結論是各種社會鍵之間存在重要的差異，因此有必要對偏差行為

進行特定的性別分析而不只是做一般性分析。

 ## *污名*
## Stigma

### 現行定義

　　身體或社會特徵被認定為有辱人格或不受社會認可，並且引來咒罵、社會疏遠或歧視。

### 概念起源

200　　社會學研究污名和污名化過程，主要在一九六〇年代以來符號互動論的傳統中進行。有些早期的研究，如高夫曼（Goffman [1963] 1990），以理論解釋污名化的過程如何產生歧視，同時也研究被污名化的人如何回應。對高夫曼而言，污名的類型不同會造成重要的差異，這會影響人們管理自我**認同**和保護自我意識的程度。污名觀點的另一個來源是身障者運動。亨特（Paul Hunt）的《污名：障礙的體驗》（*Stigma: The Experience of Disability,* 1966）是早期對個人角度的身障者模式的重要挑戰。亨特認為與其說身障者的問題是由自己的殘疾所引起，不如說是身障者和健全者之間的**互動**導致身障者的污名化。最近，這個概念被成功地用於探討罹患 HIV ／愛滋病患者和其他與健康相關的情況。

### 意義和詮釋

　　關於污名的產生，高夫曼的研究是最成功也最有系統的說明。他的研究充分說明社會認同和社會體現之間的密切關聯，因為他指出，一旦一個人身

體的某些部分被其他人歸類為污名來源時，問題就來了。例如，他說明身障者如何因為外顯的身體缺陷而遭到污名化。然而，並非所有的污名來源都是身體，也有可能來自一個人的經歷、人格「缺陷」或個人關係。

污名有多種形式。身體上的污名，例如明顯的損傷，往往很難或不太可能隱藏起來不被他人看見，高夫曼認為這可能使身分的管理更加困難。這種情況可以稱為「明顯遭貶抑的」（discredit*ed*）的污名——在互動中必定會被確認。個人經歷上的污名，例如前科，可能比較容易隱瞞而不為人所知，這種情況可以稱為「潛在遭貶抑的」（discredit*ing*）污名——如果被更多人知道的話會導致污名化。管理這種類型的污名可能比較容易，但仍需持續加以控制。人格上的污名，例如與吸毒者來往可能是一種潛在遭貶抑的污名，但如果這個人被看到和一群壞朋友在一起，就可能變成明顯遭貶抑的污名。值得注意的是，高夫曼並不是建議人應該隱藏污名；他只是想弄清楚在現實世界中，污名化的過程如何運作，以及人們是如何使用策略來避免被污名化。

高夫曼認為，污名是一種貶抑的社會關係，在這種關係中，一個人失去被其他人完全接受的資格。污名化往往出現在醫療脈絡下，因為人們生病，他們的身分也會發生改變——有時是暫時的，但在某些例如慢性病的情況，則是永久揮之不去。高夫曼認為污名化過程本質上就是一種**社會控制**。污名化群體是整個**社會**控制其行為的一種方式。在某些情況下，污名永遠不會消除，當事人也永遠不會被社會完全接受。早期對於許多愛滋病患者是如此，而現在某些國家依然持續。

長期以來，同性戀在世界上許多國家一直被污名化，自一九六〇年代以來，對男同性戀者與女同性戀的仇恨被描述為**恐同症**（*homophobia*），可能是用言語傷人和辱罵，也可能採取公然的暴力。二〇一六年，有一名持槍歹徒在美國佛羅里達州奧蘭多（Orlando）的一家夜店開槍射擊同性戀，造

201

成四十九人死亡、五十三人受傷，這是美國史上最嚴重的大規模槍擊事件之一。長期以來，霸凌同性戀的主要場景之一是學校，諸如「呸」（poof，指男同性戀）、「娘娘腔」（sissy）、「怪人」（queer）等許多詞彙，從過去到現在一直是操場上常聽到的話。由於童年是**社會自我**形成的關鍵，學校中對同性戀的霸凌被看成是社會複製「異性戀」的關鍵面向。內特爾頓（Nettleton 2021）指出，由於愛滋病最初是在美國的男同性戀者之間發現，所以最初稱為 GRID（Gay Related Immune Deficiency，男同性戀有關的免疫缺陷），這是暗示男同性戀「快車道般」（fast-lane）刺激的生活方式**導致**這種疾病，媒體經常稱之為「同性戀瘟疫」（gay plague）。雖然這是錯的，但從流行病學角度將男同性戀者歸為「高風險群體」的一部分，往往會強化這些群體與「異性戀普通人」之間的分歧。

## 批判之處

關於污名研究的問題之一就是對政治和結構議題的關注相對缺乏（Tyler and Slater 2018）。例如，誰製造污名，其目的為何？污名是否與社會不平等的再生產有關？一旦污名化上身，是否有可能抵抗？近年來，隨著社會生活中污名功能的研究試著對污名化的過程做出更全面的描述，人們對這些問題的興趣越來越大。

以個人層次為例，人們可以直接拒絕一個污名化的標籤，儘管從個別來看不大可能成功。然而，集體的抵抗對於挑戰污名深具意義。身障者運動和男女同性戀運動往往透過抗議和直接行動，挑戰主流社會對「明顯遭貶抑的污名」和「潛在遭貶抑的污名」的詮釋。高能見度的象徵性抗議和正面挑戰歧視性語言和標籤化推動了改變和新的平權立法，而且有助於改變社會的態度。污名化過程也許比早期理論所認定的範圍更容易改變。

## 延伸相關

污名的概念仍然很實用。例如，對自殘行為的研究表明，那些傷害自己的人清楚意識到自己的行為可能會被污名化，所以選擇傷害在公共場合中最容易隱藏的身體部位，以避免自己從「潛在遭貶抑的污名」變成「明顯遭貶抑的污名」。同樣地，針對厭食症等飲食失調的研究表明，人們會竭盡所能隱藏自己的行為，以便管理他們的自我呈現，進而管理他們的身分，而不是將控制權交給其他人，並在此過程中承受強加上來的社會污名。

陳潔儀（Kit Yee Chan）和同事（Chan et al. 2009）對泰國性濫交的標籤和愛滋病的研究顯示，污名概念持續發揮作用。這項研究採用了混合方法，探討曼谷的護理師對值勤時必須承受意外暴露於愛滋病毒風險的看法。作者發現護理師對愛滋病毒的恐懼主要源自於他們和那些感染者的連結所造成的社會排斥，而不是感染在醫學上的後果。儘管護理師很清楚在工作中實際感染病毒的機率非常低，但他們仍然會恐懼，支持這份恐懼的是他們腦中感染愛滋病毒帶來的社會後果。這種社會恐懼會因他們近距離觀察到病人身上的污名而強化。

| 主題十 |

# 政治社會學

## 權威
## Authority

### 現行定義

203　　一個人或團體對另一個人或團體有正當的**權力**。

### 概念的起源

　　韋伯（Weber [1925] 1979）的政治社會學是大部分權力、政治和權威研究的起點。韋伯認為權力是人或團體能夠遂行己意的能力，甚至是對抗反對者的能力，但只有在人們能夠發布命令並合理期待這些命令能夠執行時，才可以說他們擁有權威地位。因此，權威的基礎是建立在受命者相信發出命令的人有正當性；也就是說，發號施令者的地位被認為是有權威的。權威可以運作在大人與小孩的關係之中；運作在家庭之中，由一家之主做決定；運作在**組織**之中，管理者被認為有權下達命令；運作在軍隊中，嚴格的等級體系和權威各就各位；運作在政治中，政府制訂法律並預期人民會遵守。

### 意義和詮釋

　　韋伯認為不同社會與不同時期會有不同的權威體系。他區分歷史上三種

類型的權威：傳統型、魅力型和法理型。然而，這三種類型都是**理念型**——設計來幫助研究人員貼近現實世界現象的啟發性工具。儘管韋伯的架構看起來是按時間順序，從傳統型到魅力型，再到法理型，但三種類型中的任何一種都可能成為支配的權威，更常見的情況是兩種或三種類型同時存在。

　　**傳統型權威**是透過尊重根深柢固的文化模式世代相傳而具有正當性的權力。在這種體系中，人們是基於統治者的傳統**地位**服從命令。傳統型權威的正當性來自於人們理解與接受這是過去辦事的方式。韋伯以中世紀歐洲貴族的世襲**家族**統治為例，說明世襲的家族仍持續在貴族和皇室中傳承。人們在傳統型權威效忠的對象是特定的個人，而不是他們所制定的規則。實際上，這意味著人們服從的是統治者而不是規則，並認為自己應該要忠於統治者。

　　**魅力型權威**往往會破壞傳統形式，可說是歷史創新和變革的源泉。魅力型權威的基礎是領導者憑藉著卓越的特質激發追隨者的追隨。但事實證明，魅力的概念很難確定，因為不清楚這種與眾不同的特質是否真的存在於領導者的人格之中，還只是其他人認為領導者具有這種特質而已。歷史上的例子包括耶穌基督、希特勒（Adolf Hitler）和聖雄甘地（Mahatma Ghandi），儘管英勇的士兵、個別「聖人」和政治領袖都被稱作「有魅力」，所有魅力型領袖都必須做的一件事，就是他們的卓越特質會偶爾遇上「考驗」，如果沒有通過考驗，魅力型領袖就可能受到挑戰。韋伯認為這使得魅力型權威在本質上不甚穩固，一旦領袖去世，信念和正當性的危機很可能會隨之而來，這項事實強化上述說法。當魅力型體系開始採取更常規化的形式，它們往往會轉為傳統型或法理型體系。

　　隨著**資本主義**的浮現，韋伯看到一種新形式的**法理型權威**取代了傳統型權威。這是一種透過法律制定的規則和條例，同時信奉法律與決策中的形式理性所賦予的正當權力。它存在於現代組織和科層機構，也存在於指揮**社會**政治生活的民主政府體系中。法理權威只有在「應有」程序下的決定和命令

才能運作，而不是根據傳統或個人心血來潮來施行。**科層組織**是法理權威的典型樣貌。

## 批判之處

針對韋伯類型學一直有一個批評，儘管他指出四種社會行動的類型，但卻只有三種權威體系。**價值理性權威**（value-rational authority）似乎「遺漏」了，其正當性依託在一套有絕對價值的規範之上。本質上來說，這是一種意識型態的權威形式，它的正當性來自於領導人追求的目標或目的。第四種邏輯上的權威類型建立在對意識型態目標的服從，而不是對個人的服從，命令的正當性取決於命令和最終目標之間的相關程度。這方面的例子包括強烈的「意識型態」系統，如宗教組織或早期的蘇維埃共產主義。

近年來，社會學者討論了名人文化的出現，這種**文化**依據個人在媒體上的表現而不是成就來頌揚個人。這種文化也對政治生活產生影響，現在主要政治人物的評價往往是他們在**大眾媒體**中呈現的個性。有些社會學家認為，這會破壞或中斷法理的民主進程，並且對民主價值構成威脅。例如，波茲曼（Postman 1986）警告政治有淪為演藝界附屬品之虞。

## 延伸相關

韋伯的三種類型可以混合共存，雖然其中一種可能占主導地位。例如，現代英國有法理權威體系，但上議院（House of Lords）在政府扮演一定角色，君主仍然享有憲法規定的地位。這種理念型的混合使韋伯架構具有彈性，而且對政治社會學家一直相當管用。然而，名人文化擴散到政治領域，使得人們質疑政治領袖的權威基礎。

現在政治人物關注自己的公眾形象，政黨對流行明星、演員和體育明星大獻殷勤已是司空見慣。同樣地，在美國，演員雷根和商人兼「實境秀」主

持人川普都曾當選總統。這種名人文化對政治生活的侵蝕，過去被認為是一種明顯有害的發展。然而，史特里特（Street 2004）認為，名人政治不僅僅可以至少追溯到十八世紀，而且名人政治人物的出現與代議制民主的權威並非不相容。事實上，名人政治和民主代議的原則並未抵觸，而是可以視為是民主代議制的延伸。「代表性」（representativeness）不是一個僅限於政黨宣言和政策建議的概念；還包括政治家本身的風格、美學和吸引力。這一切因素都有助於在政治家和他們所代表的人之間建立起認同。政治人物正是藉由問政風格和外表，傳達他們與選民的關係以及未來計畫，把複雜的政治論點簡化為公民可以認同的形式。

　　政治學家通常認為，小黨更常依賴魅力領袖的助力，縮減與大黨之間的資源差距。但是，有魅力的領袖的權威是否真的有幫助小黨贏得選票呢？范德布魯格和莫姆（Van der Brug and Mughan）（2007）從荷蘭選舉的經驗證據來探討這個問題。他們分析了三次選舉，考察右翼民粹主義政黨的表現得出結論，他們領袖的影響力基本上都沒有老牌大黨的領袖來得大。該研究推翻了以下觀點，即投票給右翼政黨的人主要是出於一種模糊的不滿情緒，而不是真正支持政黨領袖所提倡的政策。研究指出，右翼選民與所有其他選民的考量都一樣，他們的選擇同樣「理性」，也同樣受到魅力型權威所左右。

## 概念 62　公民身分 Citizenship

### 現行定義

　　賦予特定國家或政治**社群**中的個人一種**地位**，這個地位具有一定的權利　206

和責任。

## 概念的起源

　　公民身分的概念源於古希臘城邦，城邦會賦予生活在城市邊界內的一些人「公民」的地位。從這個意義上說，公民身分是社會地位的象徵。在現代時期之前的許多社會中，君主或皇帝統治著老百姓，這些人民沒有適當方法進入統治體系。事實上在許多識字率較低的社會中，大部分人對政府和政治的了解非常有限。普通人可以擁有個人權利或參與政治決策的想法相當奇怪，因為這種特權只限於**社會**中地位高的成員。今日，人民被認為是公民、也把自己看成公民，通常是國家社群的一分子，擁有與地位相對應的權利和責任。馬歇爾（Marshall [1950] 1973）認為公民身分與**工業化**同時出現，並追溯了英國（特別是英格蘭）公民身分的演變，從十八世紀的市民權到十九世紀的政治權，再到二十世紀的社會權。

## 意義和詮釋

　　現代公民身分是根據居住地而獲取**民族國家**成員的社會地位。因此，公民身分享有某些特權，然而，特權和期待公民接受的義務達成平衡。例如，公民有權利期望國家保護他們，但國家也期望公民可以合理行事，不要武裝對抗其他公民或政府。公民身分的概念被劃分為不同類型，每一種新的形式都奠基在前一種類型之上。

207　　　**公民身分**是隨著現代財產所有權一起出現的，因為這給人們帶來相互尊重財產權的義務，促成維護社會秩序的共同責任。政治權利僅限於有財產的人，大量人民被排除在正式政治之外。在第二階段的**政治公民權**包含投票權的範圍逐步擴大到工人階級群體和婦女，並引入了某些自由結社的權利，例如允許成立工會的權利，同時也出現了言論自由的想法。第三階段是**社會公**

**民權**，公民身分擴展到社會福利和分攤集體福利與其他津貼的責任。人們被期望為用於支持弱勢群體的社會基金做出貢獻，因此他們在需要的時候享有社會福利安全網的權利。

近年來，有些人認為我們正進入第四階段，也就是**環境公民權**。在這個階段，公民有新的權利期待一個乾淨、安全的**環境**，但也有不污染人類或自然環境的新義務。有一個更基進的「生態公民權」版本想像把公民身分人權裡有的保護，擴展到一些動物之上。生態公民權將涉及對非人類的動物、對人類的後代，以及對維護自然環境完整的新義務。對人類後代的新義務也意味著要致力於長期永續。從本質上講，生態或環境公民權提出了一個新的要求，要求人們考慮到人類的「生態足跡」——即人類活動對自然環境和自然進程的影響。

## 批判之處

馬歇爾的公民身分概念有其問題，因為它只建立在一個民族國家英國的經驗之上。法國、德國和其他國家並沒有按照他所描述的方式「發展」公民身分。有些人還認為他的方法只是一種**後見之明**（post hoc）的描述——即基於已發生事實，而不是提出真正的解釋。比方說，為什麼在一個特定的歷史時刻賦予工人階級和婦女政治權利？這真的只是自然「演化」的一部分嗎？例如，工會必須為擴大選舉權而努力奮鬥，但其他團體也一樣努力抗爭。同樣地，即使在英國，直到一九二八年男性和女性的投票年齡才一致，這時已經進入二十世紀，比馬歇爾架構所提出的時間晚了很多。簡而言之，我們不清楚為什麼公民權必然會導致政治權，而政治權又必然會導致社會權，這個過程需要恰當解釋。

美國和英國政府在一九八〇年代試圖削減政府支出和「政策更替」（roll back the state），這代表公民身分並非堅不可摧。二〇〇八年金融危機後，

208 政治緊縮也導致許多政府削減公共支出，並擴大有條件性原則（principle of conditionality）到更多的福利給付上，因此改變社會公民權的內涵。最近的**全球化**理論已經挑戰以民族國家為基礎的公民身分模式。例如，歐盟提供了一種區域性的公民身分，例如賦予旅行和工作的權利，民族國家必須尊重這些權利。歐洲公民也可以在歐洲區域層次上，挑戰民族國家層次的法律決定。世界主義的思想家認為公民身分有可能擴展到全球層次，個人擁有全球公民的地位，雖然目前我們離這一願景還很遙遠。

## 延伸相關

儘管民族國家的公民身分模式還存在一些問題和挑戰，但公民身分包含權利和義務的基本概念仍然完整。事實上，最近有些政治辯論牽涉重新思考如何使公民變得更加積極，成為重振政治和社群生活的一種工具。擴大公民權利和平衡權利與責任的壓力不斷轉移，繼續影響我們對於公民身分的實然與應然層面的理解。

雷得利和溫伯格（Redley and Weinberg 2007）處理的問題是自由民主的公民身分模式是否能包含有學習障礙的人？這種民主模式的先決條件是知識能力與獨立，那能否賦予有智力障礙的人政治權力呢？這項民族誌研究探索的是，我們可以從英國的一項倡議——學習障礙者議會（Parliament for People with Learning Disabilities）中學習到什麼？學習障礙者議會擁護明確的自由民主，偏向有學習障礙者的「自我倡議」（self-advocacy）。然而，研究發現擁護自由民主原則的自我倡議有幾個實際上的互動障礙。有些參與者就是不發聲，一些人說話「不恰當」（也就是討論沒進展），還有一些人受邀時不參與辯論。雖然作者支持自我倡議的基本原則，但他們認為如果要落實學習障礙者完整的公民身分，這一原則有賴於關懷、安全和福祉的支援。

　　隨著數位革命不斷重塑生活的許多面向，一些學者提出一個數位公民身分正在浮現。然而，其中一些學者關注的是數位技術增強積極的公民身分，以及如何使國家和個別公民之間的關係民主化。例如，公民新聞和部落格／影片部落格的現象，挑戰了新聞生產者和被動受眾之間的位階，而網路行動主義也正在改變人們的政治參與及投入。然而，還有對數位化極不樂觀的看法，側重於資料收集、人工智慧和越來越多的監控，欣茨等人（Hintz et al. 2019）為此提出社會「資料化」（datafication）的理論。在一個資料化的社會中，資料被商品化，天羅地網的監控成為企業和政府領域的日常，數位設備不再只是被人使用的新工具，而是成為我們所處環境的組織的一環。在這種情況下，政府必然會轉向利用這個資料豐富的社會世界，使權力從公民手中轉移到國家和企業行動者之手。作者接著提出爭取「資料正義」的方式，並努力促進加密通訊等增強隱私的技術。

209

## 概念 63　市民社會　Civil Society

### 現行定義

　　**社會**領域，包括獨立於政府的公民所形成的所有**網絡**、自願結社、企業、俱樂部、**組織**和家庭。

### 概念起源

　　市民社會的概念可以追溯到古代，當時它與禮貌和人與人之間相互尊重的概念相關。然而，現代市民社會的概念來自托克維爾（Alexis de Tocqueville）在十九世紀提出的「市民結社」（civic association）一說，

例如他在美國發現的大量集會所、慈善機構和宗教團體。托克維爾看到的結社數以千計，不僅發揮正面功能，也是維持國家民主文化的根本（Eberly 2000）。二十世紀大部分時間裡，社會學家和政治理論家對市民社會並沒有太多著墨，但從一九八〇年代以來，人們又重燃對市民社會的興趣。最近，焦點轉移到全球公民社會的世界性理論，這些理論首次提出一個全球**公民身分**願景。

## 意義和詮釋

市民社會與**公共領域**的概念很接近。然而，後者通常被視為針對社會及政治決策進行討論和辯論的公共空間。相較之下，市民社會包括自願團體、俱樂部和其他有組織的市民結社形式。然而，對於市民社會所包含的內容有許多不同的看法。有些人認為不包括企業，有些人認為要把家庭排除在外，還有人認為有三個不同的領域：國家、市場和市民社會。

關於市民社會本質的看法也有根本性的分歧。對一些人來說，它代表一個表達積極公民身分的空間，也是反對威權體制的民主堡壘。這種觀點掩蓋一個明確可能性，亦即組織和自願團體或多或少在相互競爭（為了爭奪資源和成員），而且他們之間的合作關係可能遠不如那些對市民社會的正面評價所想的那樣密切。在馬克思主義傳統中，市民社會更不是一個具自願性和創意性的進步場域。馬克思認為市民社會與其他文化的上層建築一樣，都意味著傳遞**資本主義**及其價值的意識型態和文化宰制。然而，後來的新馬克思主義者，特別是葛蘭西（Gramsci），承認這種意識型態宰制從來不是滴水不漏，市民社會至少提供了一個機會來建立反文化的挑戰（Edwards 2014）。

一九八〇年代末，市民社會概念的死灰復燃似乎是受到東歐事件和蘇維埃共產主義崩潰的刺激。強化市民社會似乎是抗衡國家權力的有效方式，近

210

年來，在北愛爾蘭、科索沃和阿富汗等地，市民社會也被援引為維和的有效
手段（Harris 2003: 2）。建立包容的自願性結社和網絡，有助於在政府的
行動之外建立強大的社會基礎。

這個概念最近被世界主義的思想家延伸，已經在社會**科學**中確立研究議
程。貝克（Beck 2006）認為，從歷史上來看，普世的公民身分和全球市民
社會的概念是保留給那些遊歷豐富、人脈廣泛的社會菁英，他們**自願**選擇把
自己看成「歐洲人」或「世界公民」。但是，由於**全球化**的進程，這種觀
點此時在現實中有更強的基礎，而且可能越來越有成效。隨著全球通訊和互
動日益普遍，一個全球性的市民社會可能正在演化。例如，反對地雷、跨國
公司逃稅和基本教義派恐怖分子的社運人士，能夠把全球網路中的同情者連
結起來，幫助構成一個全球性的市民社會（Kaldor 2003）。

## 批判之處

有些研究假定強大的市民社會必然強化**民主**，兩者相輔相成。然而，情
況並不一定如此。許多自願性組織和俱樂部根本就不民主，也沒有理由認為
它們應該民主。宣揚市民社會是解決正式政治中民主缺陷的萬靈丹或平衡專
制領導的手段可能都有誤導之嫌。有些自願性團體享有高社會資本——如美
國的全國步槍協會（National Rifle Association）——而且有上達天聽的
管道，使他們無須透過選舉就比其他團體有更大的**權力**去影響政策。

有些學者不同意市民社會處於一種非常健康的狀態。普特南（Putnam
2000）研究美國市民結社發現，有很多證據表明市民連帶和自願組織的會
員實際上正在減少。他認為自一九六〇年代以來，家長教師協會、全國婦女
俱樂部聯合會（National Federation of Women's Clubs）、婦女選民聯
盟（League of Women Voters）和紅十字會（Red cross）的會員人數都
減少了大約五成。越來越少人提到他們與鄰居往來，甚至不信任他們。同樣

211

地，英國和澳洲也發現類似的結果，雖然下滑沒那麼大，但瑞典、荷蘭和日本的社會資本（社會網絡）維持穩定或上升（Halpern 2005）。因此，情況是好壞參半的，但對全球公民社會的想法來說，這並不是一個好兆頭。

　　世界主義理論認為似乎沒有得到太多證據支持全球市民社會的出現。到目前為止，世界主義的心態和作為似乎只屬於那些對此計畫有著道德承諾的行動主義者和學者，或者是那些能夠充分利用機會進行國際流動的全球有錢遊客。對大多數人來說，對於所屬國家或當地社區的承諾仍然是主要的認同來源。

## 延伸相關

　　相較於一些對全球市民社會的未來可能性比較樂觀的觀點，二〇〇八年的全球金融危機導致了一些不太樂觀的分析。其中一個例子是皮安塔（Pianta 2013）論文討論市民社會內部對於前景的具體回應。皮安塔點出歐盟的「民主赤字」，認為歐元區危機提高了人們對此的認知，因為決策過程並沒有讓公民適度參與，還將決策結果強加在他們身上。另一方面，整個歐洲市民社會的行動者對此有強烈的反應，這說明公民團體的潛在力量。然而，到目前為止，這些團體的作法並不一致，對於促進民主參與的最佳方法仍有分歧。

　　阿拉托和科恩（Arato and Cohen）（2019）研究了兩人眼中民粹主義政治與宗教團體和市民社會之間的矛盾關係。民粹主義運動和宗教團體看來在市民社會中蓬勃發展，強力主張「政治」的範疇比正式的政黨政治更廣泛，並延伸到抗議和運動、自組織（self-organization）的形式和線上交流行動。民粹主義者尤其專注於點出民主政治機構內部的腐敗，以及這些機構不願意接納外部的文化和社會菁英。然而，阿拉托和科恩認為民粹主義和政治宗教實際上反對市民社會和民主制度的基本原則，比如「言論自由、媒

體自由、結社自由、集會自由、行動自由、個人良知、個人隱私和身體自主權」（ibid: 100）。舉例來說，民粹主義者聲稱自己是（無差別的）人民唯一的真實聲音；他們的反建制論述將批判性和必要的公共批評，改頭換面為一種尖銳、全面的破壞力，而領導者的個人風格（personalization）最終會破壞民主規範。作者在美國的基層動員和地方動員對抗時任總統川普的民粹主義中，看到了一些正面抵抗的跡象。事實上，如果市民社會未能重振，也就不會有能抵擋民粹主義運動的「民主的民主化」（democratization of democracy）。

## 衝突
## Conflict

### 現行定義

社會群體之間為爭奪至高無上的地位而進行的鬥爭，衝突包括緊張、分裂和利益競爭。

### 概念起源

衝突與人類**社會**一樣古老，儘管今天我們可能認為無法接受衝突且必須防範，但從更廣的歷史角度來看，衝突和征服塑造了人類世界，並導致人類擴散到全球各地。西方的殖民擴張是基於對殖民地人口和自然資源赤裸裸的剝削，但是，透過在更大的地域範圍創造新的衝突關係，殖民主義也促進全球更多相互聯繫。對齊美爾來說，衝突是人類連結的一種形式，人類藉此彼此接觸，並透過衝突達到團結。這是一個重要的起點，因為它幫助我們避免把衝突想成是關係和**互動**的終結。齊美爾的觀點認為衝突迫使各方相互認

213

知，就算關係是對立的。

　　一般認為，社會學對衝突的研究形成一種「衝突傳統」，雖然除了普遍關注大規模社會群體之間的利益衝突之外，這項傳統似乎沒什麼共同的理論基礎。大多數研究都採用了馬克思主義或韋伯主義的方法來處理衝突，其中大部分探討的是社會內部的衝突，像是集中在社會**階級**、**性別**和**族群**的明顯不平等。衝突社會學在一九六〇年代開始流行，有部分是在回應占主導地位的結構功能論典範，還有部分是回應當時社會內部和社會之間越來越多的衝突。功能論似乎比較能解釋共識和服從，而不是解釋衝突，許多社會學家因此放棄取徑帕森斯和涂爾幹，轉向馬克思和韋伯尋求靈感。今日，衝突理論已經很成熟，社會學也更有能力理解和解釋諸如社會運動、恐怖主義和戰爭等現象。

## 意義和詮釋

　　衝突是一個非常籠統的用語，既包括兩個人之間的爭端，也包括許多國家之間的國際戰爭，以及在這兩極之間的所有事件。實際上，社會學專注於社會內部結構性的社會衝突，而不是**民族國家**之間的戰爭，後者一直到最近才漸漸被忽視。有共同利益和身分的獨特社會群體的形成源於這些群體追求不利於他人的利益，舉凡追求**權力**和財富，企圖獲得**地位**，以及社會的不平等。因此，衝突理論認為衝突的可能性始終存在。

　　衝突觀點是社會學研究的主要傳統之一，其中包括許多理論的方法。馬克思主義、女性主義和許多韋伯的觀點等等，全都使用不同版本的衝突理論。衝突理論探討社會中各種社會結構的重要性，這些結構產生長期的緊張和對立，偶爾還會引發暴力。有些理論，如馬克思主義，把結構化的階級衝突看作整個社會的核心，視其為推動社會變革的動力。在此應重申齊美爾的觀點，那就是儘管社會階級處於衝突之中，但也鑲嵌在相互依賴的關係之

中。在**資本主義**下，工人依賴資本家提供他們生存所需的工作和收入，但資本家也需要工人提供產品和服務來獲取利潤。

衝突理論不都依循馬克思主義。許多衝突研究更受韋伯觀點影響，認為更廣泛的衝突不只是源自於階級。衝突也可能來自政治差異、地位競爭、性別分化或種族仇恨，這些可能都不牽涉階級或完全與階級無關。父權制的權力運作對男性有利、對女性不利、無論他們處於階級結構中的位置高低，雖然階級地位很可能會造成工人階級女性面臨更多問題。同樣地，一九九四年胡圖人（Hutus）在盧安達對圖西人（Tutsis）的種族屠殺暴力事件，以及一九九五年塞爾維亞武裝部隊在斯雷布雷尼察（Srebrenica）對波士尼亞人的種族屠殺暴力事件，以及德國納粹在第二次世界大戰（一九三九年至一九四五年）期間對歐洲猶太人進行大規模屠殺，都被認為是導因於傳統的族群競爭和種族仇恨而非階級衝突。當然，這並不是說階級不重要，只是說階級、性別、**種族**、族群等，只能在現實世界的研究中評估其真正的重要性。

## 批判之處

衝突理論有時候會忽略衝突和競爭之間的差別。社會群體可能在獲取資源方面存在競爭關係，但競爭未必引發衝突行動。除非競爭關係帶來的行動是想要徹底壓制清楚的敵人，否則競爭就不會進一步白熱化。同樣地，把階級關係描述為階級衝突是否正確？也許可以證明社會階級之間利益不同，但除非這些利益使得人們想要徹底壓制階級「敵人」，否則以衝突的觀點來分析階級是否有任何的真實基礎？

過去幾十年來，有一股趨勢是分析和平的過程而非簡單的衝突。社會學家已經開始投入研究爭端的解決、和解的過程和維持和平的努力，日益增加的研究很可能將衝突理論帶往不同的方向。

## 延伸相關

　　社會學的衝突理論和衝突研究前所未有的多。過去三十年來，針對「文明的」衝突、反資本主義抗爭、「新恐怖主義」、「新戰爭」、種族屠殺、仇恨犯罪等等許多研究不斷擴大，驅使社會學家使用他們的概念和理論工具分析這些新的嚴重衝突事件。隨著全球化進程的加快以及冷戰的結束，新的衝突也一直浮現。

　　貝爾科維奇、克列梅紐克和札特曼（Bercovitch, Kremenyuk and Zartman 2009）主編的書對衝突與衝突解決方式的學術研究做了一番實用的回顧。作者提醒我們，歷史證據表明衝突是「正常、無處不在和不可避免的……有人類就會有衝突」（2009: 3）。務實看待此事實相當重要。然而，我們應該有可能管理並且／或者控制衝突的暴力表現，這已經成為最近學術研究的熱點。由於人類衝突有多重層面，包括政治議題、個人動機和不斷變化的國際環境，因此需要多學科一起致力於分析衝突解決的方式，也不足為奇，這本書中也有許多例子。

　　儘管如此，布魯爾（Brewer 2010）從社會學的角度，針對過去受到忽略的和平進程以及其可行性提出了理論觀點。布魯爾指出暴力衝突平息後有三種和平進程的類型：征服、劃分地界（cartography）和妥協。大致來說，征服存在於民族國家之間的戰爭或內戰與殖民戰爭之後；劃分地界的情況主要是透過地理上的分離來實現和平；而妥協包含了原本的交戰部隊必須透過談判來結束暴力，並達成一個合理的解決方案。然而，哪一種進程可行，主要取決於國籍、價值觀和規範相同的程度，也取決於交戰者保留或失去其歷史和文化資本的程度。布魯爾的研究架構目的在於讓人們更了解具體衝突後的現實和落實情況。

# 概念 65 民主 Democracy

## 現行定義

提供公民直接或透過選舉代議士參與政治決策的政治制度。

## 概念的起源

民主的概念來自希臘文 *demokratia*，結合 *demos*（「人民」）和 *kratos*（「統治」或「權力」）。這個概念的本質相當明顯；它表明社會應該由「人民」自己來統治，而不是由皇帝、君主或非選舉產生的獨裁者來統治。然而，儘管古希臘實行的是一種大眾直接參與的類型，但大政方針是由一個擁有其他人所沒有的特殊權利、規模小很多的「公民」群體所制訂。在不同的時期和不同社會中，民主統治也採取不同的形式，這主要是因為「人民」的含義會隨著時空而改變。「人民」概念逐步改變，從成年男子到擁有財產的人，再到成年男性和女性。代議民主——即人民選出代表代他們行事——已成為實現「人民統治」的標準方法。隨著一九九〇年代東歐共產主義的終結，「自由」民主的代議制形式已被視為全世界的主導模式。

## 意義和詮釋

民主一般被認為是最能確保政治平等、保障自主與自由、捍衛共同利益、滿足公民需求、促進道德自我發展、並能有效考慮眾人利益的政治制度（Held 2006）。代議制民主是一種政治制度，其中影響**社群**的決策並不是由成員直接作出，而是由他們選出來的代表為之。在一個代議制民主國家的政府中，人民選舉代表進入國會、議會或類似的國家機構。代議制民主也存

在於其他行政層次，例如省、聯邦的州、市、郡（縣）、行政區和其他地區。選民可以在兩個或更多政黨之間選擇，還有成年人普遍擁有投票權的國家，通常被稱為「自由」民主國家，包括英國、美國、日本和澳洲。

自一九八○年代初以來，有些拉美國家如智利、玻利維亞和阿根廷，歷經從威權軍事統治走向民主的轉型。同樣地，一九八九年共產集團瓦解之後，許多東歐國家，例如俄羅斯、波蘭和捷克斯洛伐克已經變成民主國家。在非洲，有一些以前非民主的國家，像是貝南（Benin）、迦納（Ghana）、莫三比克（Mozambique）和南非，都已經開始接受民主制度。現在的民主不再集中於西方國家，而是受到世界上許多地區的認可，至少是政策上的，成為一種渴望的政府形式。

民主制度盛行的其中一個原因可能是其他政治制度已經完全失敗。在這方面，民主也許已經證明它比其他制度更能滿足廣大人民的需要。然而，雖然有些人提出這樣的論點，但全球化的進展似乎對於民主在世界傳播發揮了重要作用。國與國之間的接觸日益增加，為許多國家的民主運動注入活力，而全球媒體以及資訊和通訊技術的進步，也讓非民主國家的人民接觸到了民主理想，提高政治菁英的內部壓力。

217　　　更重要的是，全球媒體和即時通訊大力傳播民主革命和動員的消息。一九八九年波蘭革命的消息迅速傳到匈牙利，也讓當地支持民主的社運人士有了一套實用、在地的抗議模式，二〇一一年被稱為「阿拉伯之春」（Arab Spring）的運動中，突尼西亞（Tunisia）、埃及、利比亞（Libya）和葉門（Yemen）的示威和抗議浪潮迫使領導人下臺，同時也導致極具破壞性的敘利亞內戰。聯合國和歐盟等國際**組織**在全球政治中扮演的角色越來越重要，並對非民主國家施加了外部壓力迫使改變。

## 批判之處

代議制民主並不是占絕對的主導地位。即使在今天，參與式民主依然在民主國家有一定分量。例如，美國新英格蘭地區的小社區仍然舉行年度「市民大會」（town meeting），同時許多國家的公民投票可能越來越受歡迎。公投只要回答一兩個問題就可以對特定議題做出直接諮詢。有些歐洲國家經常透過全國公投傳達重要的政策決定，例如政府是否應該簽署新的歐洲憲法。公投也用來決定有分裂爭議的民族主義地區，如加拿大以法語為主的魁北克省（Qubec），以及英國二〇一六年的脫歐公投，讓民眾可以對於是否留在歐盟表示意見。

我們不應該將邁向民主的整體趨勢視為理所當然。波蘭、捷克和匈牙利的自由民主似乎已經站穩腳步。但在其他國家，如前蘇聯的中亞共和國、南斯拉夫，甚至俄羅斯本身，民主仍然相當脆弱。另一個不能假定民主已經「大獲全勝」的理由是，幾乎每一個公認的民主國家都面臨內部問題。克里克（Crick 2002）指出，英國和美國現在的政治已經變得越來越「民粹」，因為政客凡事都訴諸公眾輿論，而不是專注於在政策方向的連貫。以英國為例，自一九九〇年代初以來，選民投票率也大幅下降，特別是二〇二〇年英國脫歐之前的歐洲議會選舉。人們認為政治菁英並沒有適當地表達人民的利益（二〇〇九年議員盜用公款醜聞中尤其明顯），導致人們對政治家和正式的民主政治失去信任。也有證據表明，人們可能會轉向沒那麼正式的「從政」（doing politics），例如組織**社會運動**或自願團體推動特定議題。

## 延伸相關

福山（Fukuyama [1992] 2006）曾經認為，早期的意識型態鬥爭已經終結，我們正站在「歷史的終點」。他指的是沒有人再捍衛君主主義、法西

218 斯主義和共產主義；**資本主義**已經贏得與社會主義的歷史鬥爭，而自由民主
是獨一無二的贏家。最近的政情提供了一些支持此一論點的證據。然而，抱
持世界主義的思想家認為，以國家為單位的民主政體無法再處理全球社會、
經濟和政治進程的需求，而在民主社會中民粹主義政治運動的崛起和蔓延，
讓許多社會學家和政治學家深感不安，本書引用的幾部著作就足以證明。

　　許多倡議者視世界主義民主為後國家政治（post-national politics）
的雄心壯志。然而，卡爾霍恩（Calhoun 2007）認為這個計畫不僅是尚未
成熟，而且也可能非常危險。它之所以不成熟是因為自一九九〇年代初期以
來，一系列的暴力**衝突**、種族屠殺事件（包括歐洲內部）、恐怖主義與其效
應，以及國際經濟衰退都證明世界主義仍然是一個虛幻的夢想。世界主義民
主也是一個從誕生就伴隨著**現代性**的夢想，它很可能與民族主義聯繫在一
起，而非與民族主義直接對立。不僅如此，民族主義是許多人民和許多解放
運動認同的關鍵來源，而這絕不是與生俱來的危險性。事實上，國族認同仍
然是爭取民主、社會融合和**公民身分**的重要力量，而且很容易被世界主義思
想家低估。卡爾霍恩的文章是目前對世界主義民主更具活力和建設性的批評
之一。

　　最近幾年出現的一個主題是「民主危機」。但這樣的危機會帶來什麼，
看起來是什麼樣子？普沃斯基（Przeworski 2019）列舉許多某些人視為導
致民主國家走向危機的可能威脅：反建制的民粹主義、傳統政黨的支持度下
滑、對既有民主制度的選舉參與度下降、對政治人物的信任度持續降低、對
諸如媒體、教會和公司等社會制度失去信心，以及不同政治主張的人不再以
文明的方式相互包容。然而，普沃斯基呼籲進行理性討論，這些因素的組合
是否真的意味著民主面臨危機。他用最簡潔的文字定義民主，民主是一種政
治制度，在此人民可以選舉自己的政府，並有很大機會換掉自己不喜歡的政
府。他建議對一切危言聳聽和世界末日式「這是……終結」的理論，都抱持

懷疑的態度，因為這些理論通常誇大其詞，他也建議我們研究前先建立虛無假說，即「事情來來去去，現在毫無特別之處」（ibid: 2）。普沃斯基並沒有為「民主危機」之說提供一個簡單的答案，但確實重新定位了我們如何開始思考這個主題，以及那一類經驗證據會支持或反駁它。

# 概念 66 民族國家
## Nation State

## 現行定義

　　一個大型的**共同體**（民族）和領土、政治形式（國家）的結合，創造了一個文化政治實體，現在是世界上最廣泛的「倖存單元」（survival unit）。

219

## 概念起源

　　民族國家似乎是現代世界中常態、甚至是自然的政治文化實體。但是，像所有的社會現象一樣，民族國家一樣可以溯源。大多數學者都同意，現代民族國家是相對近代的概念，可以追溯到十七世紀末和十八世紀。十五世紀和十八世紀之間，歐洲是由絕對王權和憲政君主所統治，它們吸收了許多較小的政治單元，產生了數量較少但更強大的國家，這些國家在競爭性的權力鬥爭中共存。這種主權國家體系產生了西伐利亞的國際法概念（1648），把國家的權利建立在自治權之上，認為國家之間的爭端可以透過武力合法解決。

　　西伐利亞主權體系為傳統的國家轉型到現代民族國家奠定了基礎，並引來了一六四○年到一六八八年的英國革命和一七八九年的法國大革命，象

徵封建社會關係的結束。然而，基於**工業化**的要求，創造對效率政府和行政系統的需求，而且由於當地的村莊或城鎮不再是**社會**的基礎，而是一個更大的單位，大眾**教育**以及建立在「官方語言」之上按部就班的教育體系，成為大規模的社會能夠組織和保持統一的主要手段。公認民族國家成為統治者，因為它們壟斷稅收與武力等合法工具，獲得他們巨大的軍事**力量**和眾人的效忠。

## 意義和詮釋

包括民族、民族國家、民族主義和民族**認同**的整個概念群，是社會學最有爭議和最難確定的概念。然而，看起來也可能很簡單。例如，一個民族是一個大型共同體，而國家是保證該共同體安全的政治形式。然而，民族並不一定是擁有共同語言、歷史和傳統的同質性文化。例如，英國就是由英格蘭、蘇格蘭、威爾斯和北愛爾蘭組成的民族國家，擁有多種語言和不同的歷史傳統。它也是一個擁有更多文化和傳統的多元文化社會，因此，英國公民是一個擁有多種語言和眾多**宗教**的極為多元的群體。

安德森（Anderson 2006）認為民族並不是具體的「事物」，而是「想像的共同體」，不同的群體透過認知或想像，覺得自己所屬的文化實體結合在一塊。不過，不能因為它們來自「想像」就意味著它們並不真實。當許多人依據其認知的民族共同體而行動，就能帶來一種共享的且將大家聯繫在一起的民族認同。

民族主義在某些面向相當現代，但也借鑑淵源流長的情感和象徵主義的形式。史密斯（Smith 1986）認為在一個民族和歷史上的民族共同體之間往往一脈相承，他稱之為「族群」（ethnies）。長期以來，西歐國家和地區可看出一個族群逐漸支配其他族群。以法國為例，直到十九世紀都有數種語言的共同體相互競爭。然而，一旦國家將法語作為官方語言和學校唯一的

教學和使用語言時，競爭的族群很快就失去了地位。同樣的過程也發生在英國，英語成為大英聯合王國各民族的主導語言。在這個過程中，其他的語言並沒有完全消失。例如，在英國部分地區仍然會使用威爾斯語、蘇格蘭蓋爾語（Gaelic）和愛爾蘭蓋爾語，而巴斯克語（Basque）在西班牙和法國部分地區（巴斯克地區）仍在使用。這些語言的存續是講這些語言的族群能傳承下去的重要面向。

## 批判之處

社會學家更樂於討論國家而不是民族，因為民族的概念實在太難介定了。但是，民族國家概念的界限也一樣模糊不清，因為有好幾種「沒有國家的民族」存在。一個民族國家可以接受少數民族之中的文化差異，並給予他們一定程度的自主發展，就像整個英國之中的蘇格蘭、威爾斯和北愛爾蘭。一九九九年，威爾斯和蘇格蘭分別成立了蘇格蘭議會和威爾斯議院，有更大的自治權。然而，蘇格蘭和威爾斯並不是獨立的民族國家。二〇一四年蘇格蘭獨立公投結果多數人反對獨立，贊成留在英國。魁北克國民議會（加拿大法語省份）和佛拉蒙議會（Flemish Parliament，比利時北部荷語區）是民族（非完全獨立的國家）中設立政治機構的例子。許多在國家之內的民族仍然未獲法律地位或得到承認，包括中國的圖博以及在亞美尼亞（Armenia）、土耳其、敘利亞、伊朗和伊拉克部分地區的庫德族（Kurds）。

開發中世界的民族建構和民族國家通常不會依循已開發國家的軌道，主要是因為許多發展中國家都曾受到西方國家殖民，直到二十世紀後半葉才獨立。許多開發中民族國家的國界都相當武斷，並沒有好好考慮歷史上形成的民族和文化國界。這些國家獨立後，因為族群和其他群體的混合，也使得推動一個獨特的民族認同變得更困難，而且充滿政治爭議。在那些未經歷西方

221

殖民的地區，如日本、中國和韓國等文化已經一致的國家，同樣的議題與問題並沒有那麼嚴重。

## 延伸相關

　　毫無疑問，現今改變國族認同的主要因素之一是**全球化**，帶來集權和分權之間的衝突壓力。一方面，商業**組織**和政治單位（如跨國公司和跨國組織）的權力變得更加集中，但另一方面又有分權的壓力。因此，全球化對國族認同造成了雙重威脅：集權帶來由上而下的壓力，而分權則是產生自下而上的壓力。有些學者甚至預測，隨著民族國家不再在國際政治扮演要角，全球化的力量創造了一個「無國界的世界」，相較於市場力量加強，國家的權力弱化。大前研一（Ohmae 2007）探討歐盟等區域性經濟體的崛起，以及國家對此的因應方式，指出儘管區域還不是一個徹底全球化的體系，但它可能表明民族國家不再能控制新興「區域國家」（regions states）的重要經濟功能。

　　另一種全球化、世界主義和民族國家相關的辯論主題是文化。例如，尼格斯（Negus 2019）探討全球流行音樂經濟和數位媒體中出現的相關問題。他認為流行音樂是受到試圖控制國界的民族國家、尋求跨越或超越國界的公司、以及挑戰國界的世界主義文化行動之間一連串的緊張關係所影響。早期人們對數位化和全球化可能形塑一個更和善的世界感到樂觀，認為在這個世界流行音樂裡，可以產生全球影響，文化多元主義可以蓬勃發展，但隨著巴爾幹地區的宗派衝突、亞洲的抗議活動遭到鎮壓以及對付全球恐怖主義的現實主義，這種樂觀情緒在一九九〇年代有所趨緩。尼格斯認為這個領域的學者應該更關注權力問題，即流行音樂創造的過程中，權力是如何以及在何處被運用、體會和爭奪。

## 概念 67 權力
# Power

## 現行定義

個人、團體和社群面對反對者的挑戰和抵抗時,能夠按自己的方式行事 222
或實現自己的目標。

## 概念起源

權力可能是政治社會學的核心概念,但它精確的含意和性質卻存在爭議,對於到底是什麼權力仍然沒有共識。社會學研究權力必須考慮到韋伯的觀點。對韋伯來說,權力可以定義為「一個人或一群人在指揮行動中實現自己意願的機會,即使面臨來自其他參與此行動者的抵抗」。許多社會學家追隨韋伯,區分有強制性的權力和具有**權威**且建立在正當性之上的權力。例如,由韋伯的角度看來,二〇〇三年入侵伊拉克是一種強制性權力,因為這次行動未有聯合國的明確授權,因此可以被理解為缺乏國際正當性。

自韋伯以來,對於權力概念最有系統的處理是盧克斯(Lukes [1974] 2021),他從韋伯的定義出發,並將其概念擴展到更多的例子。盧克斯認為韋伯的概念是單一面向,還有可能發展出雙向度或和三向度的權力概念。傅柯的作品也有很大影響力。傅柯並不認為權力是人們可以掌握、贈送或從他人手中奪取的東西,而認為權力是社會關係的產物,貫穿整個**社會**並與知識密切相關。權力透過**論述**發揮作用,而論述提供了我們理解這個世界的架構。

## 意義和詮釋

韋伯的觀點對政治社會學家來說仍然是一個珍貴的起點，而且似乎不言而喻。在**衝突的**情況下，決定誰擁有權力似乎是一件簡單的事情，因為擁有最多權力的人、團體或軍隊將戰勝另一方。遂行己意的能力判定你有多大權力。在決策過程中也可以行使權力，因為有些團體能夠確保做出的決定能夠符合特定人的利益、並對其他人不利。然而，這是一個相當狹隘的觀點。

盧克斯（[1974] 2021）認為權力雙向度的觀點更為深入。有些團體透過控制引起大眾注意的議程來行使權力。權力的行使是將一些問題完全排除在政治之外，有效阻止一些社會群體追求自己的利益。例如，政府行使權力的一種方式是限制媒體報導的內容，如此一來，就能阻止不滿情緒和有爭議的事情見報，並獲得更廣泛的支持。為了理解權力的運作，我們需要觀察的不僅僅是看得到的決定，還要觀察決策過程本身。

盧克斯還提出另一個三向度或「基進的」權力概念，這可以概括為對人們想望和欲望的操縱。欲望的形塑相當微妙。法蘭克福學派（Frankfurt School）認為，資本家藉由媒體、廣告和其他**社會化**工具塑造工人的欲望，從而對他們行使權力，使他們接受「消費者」的**身分**。這種誘惑性和意識型態的權力運作看不見，甚至無法衡量，但當人們行事違背自己利益時，仍然可以推斷出這種權力在運作。近年來，人們非常關注已開發經濟體的個人負債程度，但個人可能仍然無法抵抗花錢買更多東西的欲望。操縱人的欲望使人違背自己的利益，證明了消費者**資本主義**的力量。如此一來，盧卡斯的三向度權力的概念就比韋伯版本所考量的範圍更廣。

社會學也受到傅柯觀點的影響。傅柯認為，權力並非集中在像國家這樣的機構，也不是由一個社會團體或個人所掌握。舊的權力模式，包括盧克斯的模式，都有賴於有意圖的行動這一概念。相反地，傅柯認為，權力在所

有社會**互動**的各個層面和所有社會機構中運作，而且關乎每個人。權力遍布全社會，讓我們的互動得以順利進行，這是一種「微觀物理學」（microphysics）的權力觀，必須在這個層面進行分析。傅柯還認為權力和知識息息相關，彼此互相強化。例如，科學知識的主張也是一種權力，因為科學知識在各種社會脈絡下推行。

## 批判之處

盧克斯和傅柯的權力概念似乎已明確超越韋伯最初的概念，但有一些事件似乎更符合韋伯的模式。傅柯的觀點獲得人們青睞，他的權力觀打破簡單的權威性形式和強制性形式之分，以單一的權力概念取而代之，他認為權力存在於所有的社會關係中而不只由支配群體行使。批評者認為，雖然傅柯提供權力在日常互動中的運作更微妙的解釋，但這個概念低估了權力確實積累在某些制度之中的方式，例如軍隊或特定社會**階級**，這些制度能夠將自己的意志強加於他人，這更接近韋伯的強制性權力概念。

盧克斯對權力的基進觀點也會受到這樣的指控：社會學家永遠不可能真正知道其他人的利益所在。人該如何做決定？基進觀點是否妥善取決於如何回答這個問題，但事實證明這非常困難。即使我們詢問本人，但三向度的觀點代表他們可能會給一個「虛假」的答案，因為他們的想望和需求不再出於自身，而是被操縱了。第二個相關的問題是，三向度的觀點要求我們研究「不做決定」（non-decision）和意識型態對人們欲望產生的潛在影響。但我們要如何研究那些從未實際發生的事情呢？有些人認為，這個概念根本就不是真正的權力理論，而是承認社會結構對個人生活產生的影響。

## 延伸相關

無論如何定義，權力的概念都是政治社會學的基礎，研習者必須對權

力是什麼以及如何運作有自己的看法。盧克斯的書在二〇〇四年出版了第二版，其中有兩篇新的文章更新自己的觀點，駁斥傅柯更普遍的權力概念，並且為三向度的觀點辯護。傅柯對於社會中權力論述的觀點，最好是套到現實世界的情況來理解，就像韓德森（Henderson 1994）應用於重症照護情況下的護理人員行為。她認為重點是病人的生理狀況，而不是他們的情緒狀態，這種知識對護理師和病人的互動品質有明顯的影響。護理師由於有能力解釋這些資訊而獲得醫療權力，但護理師傳統「照護」角色的權力卻有所下降。這一分析可能對我們理解最近醫院和護理之家的健康醜聞有意義。

　　二〇一六年，我們這個時代最重要的社會學家之一柯司特（Manuel Castells）回顧自己在一九六五年至二〇一五年的五十年職業生涯中，權力的概念是如何發展。柯司特（Castells 2016: 1）告訴我們，引導他各種研究的主軸是尋找「權力的樊根理論」，他指出「我認為權力關係是所有社會領域的基礎關係。」然而，不同的社會有他們自己的權力和「反權力」形式，柯司特最近的研究主要關注當代網路社會的權力是藉著多重向度的網絡運作與行使。該文的論點發展了更完整的分析架構，柯司特認為這是社會學家理解當今社會的權力關係必要的分析架構。顯然，社會學需要一個權力的概念，儘管我們不太可能就權力是什麼以及它如何運作達成任何普遍的共識。但柯司特告訴我們，權力這個概念也許最好在特定的社會脈絡下定義，而不是用抽象的、統一的名詞加以定義。

225

## 概念 68 社會運動 Social Movement

### 現行定義

一種集體的嘗試，通常是藉由鬆散的人際網絡，在**市民社會**中透過運動和行動，而不是在既定的政治體系內，追求共同利益。

### 概念起源

二十世紀的大部分時間裡，社會學家們認為社會運動是相當不尋常，甚至是非理性的現象。社會運動被視為一種集體行為，和暴亂、群眾和革命一樣，似乎在主流社會學的實踐中處於邊緣地位。從一九二〇年代起，芝加哥學派把對這些集體行為事件的研究轉變成為一個專門的調查領域。布魯默（Blumer 1969）認為社會運動是社會變遷的媒介，而不僅僅是社會變遷的**產物**，他設計了一個社會騷動理論來解釋正式政黨政治之外的社會運動。史美舍的理論（Smelser 1962）在一九五〇年代是功能論的代表：他的「附加價值」（value-added）模型區分了社會運動的發展階段，每個階段都會「增值」。一九六〇年代和一九七〇年代，新一輪的社會運動看起來迥然不同，被理論化為「新社會運動」，以新的方式組織和行動，因此需要新的分析類型。社會運動研究在社會學中的發展軌跡，是從邊緣化的局外人到地位穩固的主流專業。

### 意義和詮釋

社會運動是改變**社會**的集體嘗試，包括勞工和工會運動、婦女運動、環境運動、反墮胎運動、男女同性戀運動等諸多例子。社會運動可說是最強

226

大的集體行動，組織良好、堅持不懈的運動可以獲得巨大的成果。例如，一九六〇年代的美國民權運動，成功推動重要的立法，把學校和公共場所的種族隔離列為非法。女權運動在經濟和政治的形式平等方面為婦女爭取重要成果；還有近年來，環境運動以打破窠臼的方式展開運動，提倡永續發展的形式，並改變公眾對**環境**的態度。

社會運動往往是包含幾個階段的「生命週期」（Goodwin and Jasper 2014）。首先是「社會騷動」，這時人們對某一問題感到焦躁不安，但活動缺乏重點也沒有組織。這會發展進入「民眾激動」的階段，這個階段更清楚界定和理解不滿的來源。第三階段建立正式的**組織**，整合新興的運動，使運動更有成效。最後，運動變得制度化，被接受為社會政治生活的一部分。當然，有些運動只是部分成功，有些則完全失敗。有些運動持續了相當長的時間，而其他運動只是耗盡了資金或熱情就此煙消雲散。

社會學家已經使用了一些理論來理解社會運動。史美舍（1962）的功能論認為是**結構性緊張**導致社會運動的產生。這項理論認為社會運動成功有六個要素。社會環境必須有利於運動的形成；社運人士必須感受到他們的期望和現實之間的結構性壓力，這導致了挫折感和想要改變的渴望；必須對成因有普遍的信念；必須有一個觸發事件，例如警察鎮壓抗議活動，或一個關鍵的象徵性事件使運動訊息深入人心。如果前面四個因素都具備，就有可能動員。抗議者和社運人士建立社會網絡，之後是當局的反應，這是最後的關鍵階段，也往往是運動蓄勢待發還是逐漸消弱的決定因素。

在史美舍之後，社會運動學者逐漸轉向理性選擇理論，特別是資源動員理論（resource mobilization theory, RMT），這個理論出現在一九六〇年代末和一九七〇年代，是在回應把運動視為「非理性」現象的理論。資源動員論認為社會運動參與者的行為是理性的，運動本身帶有目的而不是雜亂無章。它解釋了運動獲得必要**資源**以開展有效運動的能力。資源包括資金、

運動的專業知識、運動的成員和支持者或有影響力的社會網絡。因此，資源
動員論探討哪一種資源有用，社運人士如何獲得這些資源，以及這如何用這
些資源追求共同利益。

　　一九六〇年代末至一九八〇年代中期，世界各國出現一波社會運動，
包括學生運動、民權運動、身障者運動、婦女運動、反核和生態運動以及同
性戀權利運動。整體來說，這一波運動被理論化為「新社會運動」，他們把
諸如環境和障礙者等新議題帶入政治。新社會運動採用鬆散的組織形式、使
用新的行動方式，包括非暴力的直接行動，並涵蓋在福利國家的官僚機構、
創意和藝術領域以及**教育**領域工作的「新」中產階級。這種特徵使得新社會
運動理論成為符號訊息的載體，傳達現代社會中不為人知的議題（Melucci
1989），有助於振興許多國家消退中的民主**文化**。

## 批判之處

　　對於社會學的社會運動理論有許多批判之處。資源動員論一直被廣泛
應用，但很難解釋那些在資源非常有限的情況下取得成功的社會運動。美國
的「窮人運動」和英國的失業者運動，以及一九五〇年代美國的黑人民權運
動，都成功改變立法和民眾的態度，但這些運動的資源很少。他們缺乏其他
資源，似乎可以用純粹的熱情和行動來彌補。事實上，一旦他們變得更有組
織，就會失去初衷。

　　新社會運動理論也受到了一些尖銳的批評。所有上述所謂「新的」特
徵都可以在「舊」社會運動中被發現。後物質主義的價值在十九世紀的小型
公社中很明顯，而且有許多舊社會運動在成為正式組織之前都是以鬆散的網
絡開始。有些新社會運動組織也走上類似的路徑，變得比理論所說的更加官
僚。綠色和平組織是最明顯的例子：最初是由志同道合的個人組成的鬆散**網
絡**，參與了許多直接行動，經過時間發展，它成為一個非常龐大、類似商業

的**組織**，擁有大量成員和龐大的財政資源。

## 延伸相關

社會運動在社會的政治生活中越來越重要。**全球化**和數位化帶來了跨越國界有系統且立即的聯繫，藉此開啟真正的國際或全球社會運動的可能性。有人認為，我們正在走向一個「社會運動的社會」，無國界運動已經取代了過去以國家為單位的運動（Meyer and Tarrow 1997）。這些情況有利於社會運動，因為在社會經濟的快速變遷中，人們似乎覺得越來越失去控制力。成為社會運動的支持者或社運人士，給人一種能夠影響社會發展方向的感覺。

貝克威斯（Beckwith 2016）研究一九八四至一九八五年之間英國礦工罷工期間一個採礦社區的婦女行動主義，他提醒我們這些運動確實成功了，但卻往往未能達成原先的目標。成功和失敗都影響了參與者、運動的未來方向、反對力量和運動所在的環境。例如，失敗可能使對手更無顧忌，令社運人士灰心喪志並且損害運動的集體認同，但也有可能使社運人士加倍努力實現變革。研究社會運動的結果顯然是一件需要詳細實證研究的事。在這個個案中，貝克威斯認為，婦女的行動主義側重在保衛社區，而不僅僅是保衛礦工的工作，而且在罷工痛苦收場之後，即使未能阻止政府關閉礦場的計畫，但她們還是受到支持者的頌揚。即使運動受挫，這個例子也表明，「政治學習」的過程可以成為未來運動可利用的資源。以貝克威斯（ibid.: 63）的話來說，「當社會運動失敗時並非一無所有。」

# 參考書目與進一步閱讀

## 01 數位革命 Digital Revolution

Andreasson, K. (ed.) (2015) *Digital Divides: The New Challenges and Opportunities of e-Inclusion* (Boca Raton, FL: CRC Press).

Athique, A. (2013) *Digital Media and Society: An Introduction* (Cambridge: Polity).

Baym, N. K. (2015) *Personal Connections in the Digital Age* (2nd edn, Cambridge: Polity).

Castells, M. (2006) *The Network Society: From Knowledge to Policy* (Baltimore: Johns Hopkins University Press).

— (2015) *Networks of Outrage and Hope: Social Movements in the Internet Age* (2nd edn, Cambridge: Polity).

Negroponte, N. (1995) *Being Digital* (London: Hodder & Stoughton).

Selwyn, N. (2019) *What is Digital Sociology?* (Cambridge: Polity).

Srnicek, N. (2016) *Platform Capitalism* (Cambridge: Polity).

Zuboff, S. (2019) *The Age of Surveillance Capitalism* (London: Profile Books).

## 02 全球化 Globalization

Held, D., McGrew, A., Goldblatt, D., and Perraton, J. (1999) *Global Transformat-ions: Politics, Economics and Culture* (Cambridge: Polity).

Hirst, P., Thompson, G., and Bromley, S. (2009) *Globalization in Question* (3rd edn, Cambridge: Polity).

Kilminster, R. (1998) *The Sociological Revolution: From the Enlightenment to the Global Age* (London: Routledge).

Martell, L. (2017) *The Sociology of Globalization* (2nd edn, Cambridge: Polity).

Renard, M.-C. (1999) 'The Interstices of Globalization: The Example of Fair Coffee', *Sociologia Ruralis*, 39(4): 484–500.

Robertson, R. (1995) 'Glocalization: Time-Space and Homogeneity-Heterogeneity', in M. Featherstone, S. Lash and R. Robertson (eds), *Global Modernities* (London: Sage), pp. 25–44.

Roudometof, V. (2020) 'The New Conceptual Vocabulary of the Social Sciences: The "Globalization Debates" in Context', *Globalizations*, DOI:10.1080/14747731.2020.1842107.

Wallerstein, I. (1974, 1980, 1989) *The Modern World-System*, 3 vols (New York: Academic Press).

Waters, M. (2001) *Globalization* (2nd edn, London: Routledge).

## 03 現代性 Modernity

Bauman, Z. (1987) *Legislators and Interpreters: On Modernity, Postmodernity and Intellectuals* (Cambridge: Polity).

Beck, U. (2009) World at Risk (Cambridge: Polity).

Bhambra, G. (2007) Rethinking Modernity: Postcolonialism and the Sociological Imagination (Basingstoke: Palgrave Macmillan).

Eisenstadt, S. N. (2002) 'Multiple Modernities', in S. N. Eisenstadt (ed.), Multiple Modernities (New Brunswick, NJ: Transaction), pp. 1–30.

Giddens, A. (1990) The Consequences of Modernity (Cambridge: Polity).

Habermas, J. (1983) 'Modernity – an Incomplete Project', in H. Foster (ed.), The Anti-Aesthetic (Port Townsend, WA: Bay Press), pp. 3–15.

Rostow, W. W. (1961) The Stages of Economic Growth (Cambridge: Cambridge University Press).

Wagner, P. (2012) *Modernity: Understanding the Present* (Cambridge: Polity).

Williams, R. (1987) *Keywords: A Vocabulary of Culture and Society* (London: Fontana).

## 04 後殖民主義 Postcolonialism

Bhabha, H. K. (1994) The Location of Culture (London: Routledge).

Bhambra, G. K. (2014a) Connected Sociologies (London: Bloomsbury).

— (2014b) 'Postcolonial and Decolonial Dialogues', Postcolonial Studies, 17(2):115–21.

Connell, R. (2018) 'Decolonizing sociology', Contemporary Sociology: A Journal of Reviews, 47(4): 399–407.

Go, J. (2016) 'Globalizing Sociology, Turning South: Perspectival Realism and the Southern Standpoint', Sociologica, 2: 1–42.

McLennan, G. (2010) 'Eurocentrism, Sociology, Secularity', in E. G. Rodríguez, M. Boatcă and S. Costa (eds), Decolonizing European Sociology: Transdisciplinary Approaches (Farnham: Ashgate): 119–34.

Olukoshi, A., and Nyamnjoh, F. (2011) 'The Postcolonial Turn: An Introduction', in R. Devisch and F. Nyamnjoh (eds) The Postcolonial Turn: Re-Imagining Anthropology and Africa (Bamenda, Cameroon: Langaa Research and Publishing Common Initiative Group): 1–28.

Said, E. (1978) Orientalism: Western Conceptions of the Orient (London: Routledge & Kegan Paul).

Spivak, G. K. (1988) 'Can the Subaltern Speak?', in C. Nelson and L. Grossberg (eds) Marxism and the Interpretation of Culture (Chicago: University of Illinois Press): 271–316.

## 05 後現代性 Postmodernity

Baudrillard, J. (1983) *Simulations* (New York: Semiotext(e)).

__ (1995) *The Gulf War Did Not Take Place* (Bloomington: Indiana University Press).

Bauman, Z. (1992) *Intimations of Postmodernity* (London: Routledge).

__ (1997) *Postmodernity and its Discontents* (Cambridge: Polity).

Callinicos, A. (1990) *Against Postmodernism: A Marxist Critique* (Cambridge: Polity).

Garnar, A. W. (2020) *Pragmatism, Technology and the Persistence of the Postmodern* (Lanham, MD: Rowman & Littlefield).

Kumar, K. (2005) *From Post-Industrial to Post-Modern Society* (2nd edn, Oxford: Blackwell).

Lyotard, J.-F. (1984) *The Postmodern Condition* (Minneapolis: University of Minnesota Press).

McGuigan, J. (2006) *Modernity and Postmodern Culture* (2nd edn, Buckingham: Open University Press).

Nealon, J. T. (2012) *Post-Postmodernism: Or, the Cultural Logic of Just-in-Time Capitalism* (Stanford, CA: Stanford University Press).

## 06 理性化 Rationalization

Bauman, Z. (1989) *Modernity and the Holocaust* (Cambridge: Polity).

Gane, N. (2002) *Max Weber and Postmodern Theory: Rationalization versus Re-enchantment* (Basingstoke: Palgrave Macmillan).

Kalberg, S. (1985) 'Max Weber's Types of Rationality: Cornerstones for the Analysis of Rationalization Processes in History', *American Journal of Sociology*, 85(5): 1145–79.

Ritzer, G. ([1993] 2021) *The McDonaldization of Society: Into the Digital Age* (9th edn, New York: Sage).

Van Dijk, J. (2012) *The Network Society* (3rd edn, London: Sage).

## 07 社會 Society

Durkheim, É. ([1893] 1984) *The Division of Labour in Society* (London: acmillan).

Elias, N. ([1939] 2000) *The Civilizing Process: Sociogenetic and Psychogenetic Investigations* (Oxford: Blackwell).

Jenkins, R. (2002) *Foundations of Sociology: Towards a Better Understanding of the Human World* (Basingstoke: Palgrave Macmillan), esp. chapter 3.

Urry, J. (2000) *Sociology Beyond Societies: Mobilities for the Twenty-First Century* (London: Routledge).

__ (2007) *Mobilities* (Cambridge: Polity).

Walby, S. (2020) 'Developing the Concept of Society: Institutional Domains, Regimes of Inequalities and Complex Systems in a Global Era', *Current Sociology*, July: 1–18. https://doi.org/10.1177%2F0011392120932940

Williams, R. (1987) *Keywords: A Vocabulary of Culture and Society* (London: Fontana).

## 08 理念型 Ideal Type

Lister, C. R. (2015) *The Islamic State: A Brief Introduction* (Washington, DC: Brookings Institution Press).

Parkin, F. (2009) *Max Weber* (rev. edn, London: Routledge), esp. chapter 1.

Weber, M. ([1904] 1949) 'Objectivity in Social Science and Social Policy', in E. A.

Shils and H. A. Finch (eds), *The Methodology of the Social Sciences* (New York: Free Press), pp. 50–112.

Załęski, P. (2010) 'Ideal Types in Max Weber's Sociology of Religion: Some Theoretical Inspirations for a Study of the Religious Field', *Polish Sociological Review*, 171(3): 319–26.

## 09 質化／量化方法 Qualitative/Quantitative Methods

Bryman, A. (2015) *Social Research Methods* (5th edn, Oxford: Oxford University Press), esp. parts 2, 3 and 4.

Silva, E., Warde, A., and Wright, D. (2009) 'Using Mixed Methods for Analysing Culture: The Cultural Capital and Social Exclusion Project', *Cultural Sociology*, 3(2): 299–316.

Snelson, C. L. (2016) 'Qualitative and Mixed Methods Social Media Research: A Review of the Literature', *International Journal of Qualitative Research*, March: 1–15. DOI: 10.1177 / 1609406915624574.

Williams, M., Payne, G., Hodgkinson, L., and Poade, D. (2008) 'Does British Sociology Count?', *Sociology*, 42(5): 1003–21.

## 10 實在論 Realism

Bhaskar, R. A. ([1975] 2008) *A Realist Theory of Science* (London: Verso).

Carter, B. (2000) *Realism and Racism: Concepts of Race in Sociological Research* (London: Routledge).

Dickens, P. (2004) *Society and Nature: Changing our Environment, Changing Ourselves* (Cambridge: Polity), esp. pp. 1–24.

Gunnarsson, L., Martinez Dy, A., and van Ingen, M. (2016) 'Critical Realism, Gender and Feminism: Exchanges, Challenges, Synergies', *Journal of Critical Realism*, 15(5): 433–9.

Matthews, R. (2009) 'Beyond "So What?" Criminology', *Theoretical Criminology*, 13(3): 341–62. Sayer, A. (1999) *Realism and Social Science* (London: Sage).

## 11 反身性 Reflexivity

Beck, U. (1994) 'The Reinvention of Politics: Towards a Theory of Reflexive Modernization', in U. Beck, A. Giddens and S. Lash, *Reflexive Modernization: Politics, Tradition and Aesthetics in the Modern Social Order* (Cambridge: Polity), pp. 1–55.

Buttel, F. H. (2002) 'Classical Theory and Contemporary Environmental Sociology: Some Reflections on the Antecedents and Prospects for Reflexive Modernization Theories in the Study of Environment *and Society',* in G. Spaargaren, A. P. J. Mol and F. H. Buttel (eds), *Environment and Global Modernity* (London: Sage), pp. 17–40.

Cooley, C. H. (1902) *Human Nature and the Social Order* (New York: Scribner's).

Finlay, L., and Gough, B. (eds) (2003) *Reflexivity: A Practical Guide for Researchers in Health and Social Sciences* (Chichester: Wiley-Blackwell).

Giddens, A. (1984) *The Constitution of Society* (Cambridge: Polity).

Mead, G. H. (1934) *Mind, Self and Society*, ed. C. W. Morris (Chicago: University of Chicago Press).

Merton, R. H. ([1949] 1957) *Social Theory and Social Structure* (rev. edn, Glencoe, IL: Free Press).

Whiting, R., Symon, G., Roby, H., and Chamakiotis, P. (2018) 'Who's Behind the Lens? A Reflexive Analysis of Roles in Participatory Video Research', *Organizational Research Methods*, 21(2):316–40.

## 12 科學 Science

Benton, T., and Craib, I. (2010) *Philosophy of Social Science: The Philosophical Foundations of Social Thought* (2nd edn, Basingstoke: Palgrave Macmillan).

Chalmers, A. F. (1999) *What is this Thing Called Science?* (3rd edn, Maidenhead: Open University Press).

Feyerabend, P. (1975) *Against Method* (London: New Left Books).

Fuller, S. (1998) *Science* (Buckingham: Open University Press).

Kuhn, T. (1970) *The Structure of Scientific Revolutions* (Chicago: University of Chicago Press).

Schwemmer, C., and Wieczorek, O. (2020) 'The Methodological Divide of Sociology: Evidence from Two Decades of Journal Publications', *Sociology*, 54(1): 3–21.

## 13 社會建構論 Social Constructionism

Flores, R. D., and Schlachter, A. (2018) 'Who Are the "Illegals"? The Social Construction of Illegality in the United States', *American Sociological Review*, 83(5): 839–68.

Goode, E., and Ben-Yehuda, N. (2009) *Moral Panics: The Social Construction of Deviance* (2nd edn, Chichester: Wiley-Blackwell).

Hannigan, J. (2014) *Environmental Sociology* (3rd edn, London: Routledge), esp. chapter 5. Motyl, A. J. (2010) 'The Social Construction of Social Construction: Implications for Theories of Nationalism and Identity Formation', *Nationalities Papers*, 38(1): 59–71.

## 14 結構╱能動性 Structure/Agency

Archer, M. (2003) *Structure, Agency and the Internal Conversation* (Cambridge: Cambridge University Press).

Bourdieu, P. (1986) *Distinction: A Social Critique of the Judgement of Taste* (London: Routledge & Kegan Paul).

Dawe, A. (1971) 'The Two Sociologies', *British Journal of Sociology*, 21(2): 207–18.

Elias, N. ([1939] 2000) *The Civilizing Process: Sociogenetic and Psychogenetic Investigations* (Oxford: Blackwell).

Giddens, A. (1984) *The Constitution of Society* (Cambridge: Polity).

Liao, K., Wehrhahn, W., and Breitung, W. (2019) 'Urban Planners and the Production of Gated Communities in China: A Structure–Agency Approach', *Urban Studies*, 56(13): 2635–53.

Parker, J. (2005) *Structuration* (Buckingham: Open University Press).

Swingewood, A. (2000) *A Short History of Sociological Thought* (3rd edn, Basingstoke: Palgrave Macmillan), esp. chapter 9.

Van Krieken, R. (1998) *Norbert Elias* (London: Routledge), esp. chapter 3.

Wrong, D. (1961) 'The Over-Socialized Conception of Man in Modern Sociology', *American Sociological Review*, 26: 183–93.

## 15 異化 Alienation

Archibald, W. P. (2009) 'Marx, Globalization and Alienation: Received and Underappreciated Wisdoms', *Critical Sociology*, 35(2): 151–74.

Blauner, R. (1964) *Alienation and Freedom: The Factory Worker and his Industry* (Chicago: University of Chicago Press).

Marx, K. ([1844] 2007) *Economic and Philosophic Manuscripts of 1844*, ed. and trans. Martin Milligan (Mineola, NY: Dover).

Shantz, A., Alfes, K., and Truss, C. (2014) 'Alienation from Work: Marxist Ideologies and Twenty- First Century Practice', *International Journal of Human Resource Management*, 25(18), 2529–50.

Yuill, C. (2005) 'Marx: Capitalism, Alienation and Health', *Social Theory and Health*, 3: 126–43.

## 16 環境 Environment

Bell, M. M. (2011) *An Invitation to Environmental Sociology* (4th edn, Thousand Oaks, CA: Sage).

Dunlap, R. E. (2002) 'Paradigms, Theories and Environmental Sociology', in F. H. Buttel, P. Dickens and A. Gijswijt (eds), *Sociological Theory and the Environment: Classical Foundations, Contemporary Insights* (Lanham, MD: Rowman & Littlefield), pp. 329–50.

Grundmann, R., and Stehr, N. (2010) 'Climate Change: What Role for Sociology? A Response to Constance Lever-Tracy', *Current Sociology*, 58(6): 897–910.

Irwin, A. (2001) *Sociology and the Environment: A Critical Introduction to Society, Nature and Knowledge* (Cambridge: Polity).

Lever-Tracy, C. (2008) 'Global Warming and Sociology', *Current Sociology*, 56(3): 445–66.

Lockwood, M. (2018) 'Right-Wing Populism and the Climate Change Agenda: Exploring the Linkages', *Environmental Politics*, 27(4): 712–32.

Tranter, B. (2017) 'It's Only Natural: Conservatives and Climate Change in Australia', *Environmental Sociology*, 3(3): 274–85.

## 17 工業化 Industrialization

Clapp, B. W. (1994) *An Environmental History of Britain since the Industrial Revolution* (London: Longman).

Dauda, M. (2019) 'Ecological Modernization Theory and Sustainable Development Dilemmas: Who Benefits from Technological Innovation?', *African Review*, 46(1): 68–83.

Haraguchi, N., Martorano, B., and Sanfilippo, M. (2019) 'What Factors Drive Successful Industrialization? Evidence and Implications for Developing Countries', *Structural Change and Economic Dynamics*, 49: 266–76.

Kumar, K. (2005) *From Post-Industrial to Post-Modern Society: New Theories of the Contemporary World* (2nd edn, Oxford: Blackwell).

Tönnies, F. ([1887] 2001) *Community and Society* [*Gemeinschaft und Gesellschaft*] (Cambridge and New York: Cambridge University Press).

## 18 移民 Migration

Benson, M., and O'Reilly, K. (2009) 'Migration and the Search for a Better Way of Life: A Critical Exploration of Lifestyle Migration', *Sociological Review*, 57(4): 608–25.

Castles, S. (2007) 'Twenty-First Century Migration as a Challenge to Sociology', *Journal of Ethnic and Migration Studies*, 33(3): 351–71.

De Haas, H., Castles, S., and Miller, M. J. ([1993] 2019) *The Age of Migration: International Population Movements in the Modern World* (6th edn, London: Red Globe Press).

Masci, D. (2010) 'Human Trafficking and Slavery: Are the World's Nations Doing Enough to Stamp it Out?', in *Issues in Race, Ethnicity, Gender and Class: Selections from CQ Researcher* (Thousand Oaks, CA: Pine Forge Press), pp. 25–46.

Pisarevskaya, A., Levy, N., Scholten, P., and Jansen, J. (2020) 'Mapping Migration Studies: An Empirical Analysis of the Coming of Age of a Research Field', *Migration*

*Studies*, 8(3): 455–81.

Urry, J., and Sheller, M. (eds) (2004) *Tourism Mobilities: Places to Play, Places in Play* (London:Routledge).

## 19 風險 Risk

Arnoldi, J. (2009) *Risk* (Cambridge: Polity).

Beck, U. (1992) *Risk Society: Towards a New Modernity* (London: Sage). Beck, U. (1999) *World Risk Society* (Cambridge: Polity).

— (2002) *Ecological Politics in an Age of Risk* (Cambridge: Polity).

Giddens, A. (1991) *Modernity and Self-Identity: Self and Society in the Late Modern Age* (Cambridge: Polity).

Lupton, D. (2021) 'Contextualising Covid-19: Sociocultural Perspectives on Contagion', in D. Lupton and K. Willis (eds) *The Coronavirus Crisis: Social Perspectives* (London: Routledge).

Zinn, J. O. (ed.) (2008) *Social Theories of Risk and Uncertainty: An Introduction* (Malden, MA: Blackwell).

## 20 永續發展 Sustainable Development

Baker, S. (2015) *Sustainable Development* (2nd edn, London and New York: Routledge).

Luke, T. (2005) 'Neither Sustainable, Nor Development: Reconsidering Sustainability in Development', *Sustainable Development*, 13(4): 228–38.

Meadows, D. H., et al. (1972) *The Limits to Growth* (New York: Universe Books).

Mill, J. S. ([1848] 1999) *Principles of Political Economy with Some of their Applications to Social Philosophy* (Oxford: Oxford University Press).

Sharpley, R. (2020) 'Tourism, Sustainable Development and the Theoretical Divide: 20 Years On', *Journal of Sustainable Tourism*, 28(11): 1932–46.

UN (2019) *The Sustainable Development Goals Report 2019* (New York: United Nations).

UN Millennium Ecosystem Assessment Board (2005) *Living Beyond our Means: Natural Assets and Human Well-Being* (Washington, DC: Island Press); available at www.millenniumassess- ment.org/en/BoardStatement.aspx.

World Commission on Environment and Development (1987) *Our Common Future* (Oxford: Oxford University Press) [Bruntland report].

## 21 都市主義 Urbanism

Abrahamson, M. (2014) *Urban Sociology: A Global Introduction* (New York: Cambridge University Press).

Brenner, N., and Schmid, C. (2015) 'Towards a New Epistemology of the Urban?', *City*, 19(2–3): 151–82.

Gans, H. J. (1962) *The Urban Villagers: Group and Class in the Life of Italian-Americans* (2nd edn, New York: Free Press).

Schindler, S. (2017) 'Towards a Paradigm of Southern Urbanism', *City*, 21(1): 47–64.

Simmel, G. ([1903] 2005) 'The Metropolis and Mental Life', in J. Lin and C. Mele (eds), *The Urban Sociology Reader* (London: Routledge), pp. 23–31.

Tönnies, F. ([1887] 2001) *Community and Society [Gemeinschaft und Gesellschaft]* (Cambridge and New York: Cambridge University Press).

Wirth, L. (1938) 'Urbanism as a Way of Life', *American Journal of Sociology*, 44(1): 1–24.

Zukin, S. (2010) *Naked City: The Death and Life of Authentic Urban Places* (Oxford and New York: Oxford University Press).

## 22 科層體制 Bureaucracy

Bauman, Z. (1989) *Modernity and the Holocaust* (Cambridge: Polity).

Blau, P. M. (1963) *The Dynamics of Bureaucracy* (Chicago: University of Chicago Press).

Casey, C. (2004) 'Bureaucracy Re-enchanted? Spirit, Experts and Authority in Organizations', *Organization*, 11(1): 59–79.

Du Gay, P. (2000) *In Praise of Bureaucracy: Weber, Organization, Ethics* (London: Sage).

Turco, C. J. (2019) *The Conversational Firm: Rethinking Bureaucracy in the Age of Social Media* (New York: Columbia University Press).

## 23 資本主義 Capitalism

Campbell, J. L., and Pedersen, O. K. (2007) 'Institutional Competitiveness in the Global Economy: Denmark, the United States and the Varieties of Capitalism', *Regulation and Governance*, 1(3): 230–46.

Ingham, G. (2008) *Capitalism* (Cambridge: Polity).

Marx, K., and Engels, F. ([1848] 2005) *The Communist Manifesto* (London: Longman).

Zuboff, S. (2019) *The Age of Surveillance Capitalism: The Fight for a Human Future at the New Frontier of Power* (London: Profile Books).

## 24 消費主義 Consumerism

Aldridge, A. (2003) *Consumption* (Cambridge: Polity).

Campbell, C. (2005) *The Romantic Ethic and the Spirit of Modern Consumerism* (Oxford: Blackwell).

Hyland, T. (2017) 'McDonaldizing Spirituality: Mindfulness, Education, and Consumerism', *Journal of Transformative Education*, 15(4): 334–56.

Jones, I. R., Hyde, M., Higgs, P., and Victor, C. R. (2008) *Ageing in a Consumer*

*Society: From Passive to Active Consumption in Britain* (Bristol: Policy Press), esp. chapter 5.

Ritzer, G. ([1993] 2021) *The McDonaldization of Society: Into the Digital Age* (New York: Sage).

## 25 分工 Division of Labour

Blinder, S. (2006) 'Offshoring: The Next Industrial Revolution?', *Foreign Affairs*, March/April: 113–28.

Durkheim, É. ([1893] 1984) *The Division of Labour in Society* (London: Macmillan).

Morrison, K. (2006) *Marx, Durkheim, Weber: Formations of Modern Social Thought* (2nd edn, London: Sage), chapter 3.

Münch, R. (2016) *The Global Division of Labour: Development and Inequality in World Society* (Basingstoke: Palgrave Macmillan).

Smith, A. ([1776] 1991) *The Wealth of Nations* (London: Everyman's Library).

Wills, J., Datta, K., Evans, Y., Herbert, J., May, J., and McIlwaine, C. (2010) *Global Cities at Work: New Migrant Divisions of Labour* (London: Pluto Press).

## 26 教育 Education

Bartlett, S., and Burton, D. (2020) *Introduction to Education Studies* (5th edn, London: Sage), esp. chapter 10.

Bowles, S., and Gintis, H. (1976) *Schooling in Capitalist America: Educational Reform and Contradictions of Economic Life* (New York: Basic Books).

Illich, I. D. (1971) *Deschooling Society* (Harmondsworth: Penguin).

Kulz, C. (2017) *Factories for Learning: Producing Race and Class Inequality in the Neoliberal Academy* (Manchester: Manchester University Press).

Parker, L., and Gillborn, D. (eds) (2020) *Critical Race Theory in Education* (Abingdon: Routledge).

Skelton, C., Francis, B., and Read, B. (2010) '"Brains before 'Beauty'?" High Achieving Girls, School and Gender Identities', *Educational Studies*, 36(2): 185–94.

Willis, P. (1977) *Learning to Labour: How Working-Class Kids Get Working-Class Jobs* (London: Saxon House).

## 27 組織 Organization

Burns, T., and Stalker, G. M. (1966) *The Management of Innovation* (London: Tavistock).

Castells, M. (2009) *The Rise of the Network Society* (2nd edn, Oxford: Wiley Blackwell).

Etzioni, A. (1964) *Modern Organizations* (Englewood Cliffs, NJ: Prentice Hall).

Ferguson, K. E. (1984) *The Feminist Case against Bureaucracy* (Philadelphia: Temple

University Press).

Foucault, M. (1973) *The Birth of the Clinic: An Archaeology of Medical Perception* (London: Tavistock).

— (1978) *The History of Sexuality* (London: Penguin).

Freedman, C. (ed.) (2001) *Economic Reform in Japan: Can the Japanese Change?* (Cheltenham: Edward Elgar).

Godwyn, M., and Gittell, J. H. (eds) (2012) *Sociology of Organizations: Structures and Relationships* (Thousand Oaks, CA: Pine Forge Press).

Guillaume, C., and Pochic, S. (2011) 'The Gendered Nature of Union Careers: The Touchstone of Equality Policies? Comparing France and the UK', *European Societies*, 13(4): 607–31.

Meyer, J. W., and Rowan, B. (1977) 'Institutional Organizations: Formal Structure as Myth and Ceremony', *American Journal of Sociology*, 83: 340–63.

Michels, R. ([1911] 1967) *Political Parties* (New York: Free Press).

Ray, V. (2019) 'A Theory of Racialized Organizations', *American Sociological Review*, 84(1): 26–53.

Silverman, D. (1994) 'On Throwing Away Ladders: Re-writing the Theory of Organizations', in J. Hassard and M. Parker (eds), *Towards a New Theory of Organizations* (London: Routledge),pp. 1–23.

Sine, W. D., Mitsuhashi, H., and Kirsch, D. A. (2006) 'Revisiting Burns and Stalker: Formal Structure and New Venture Performance in Emerging Economic Sectors', *Academy of Management Journal*, 49(1): 121–32.

Watson, T. J. (2008) *Sociology, Work and Industry* (5th edn, London: Routledge).

## 28 宗教 Religion

Aldridge, A. (2013) *Religion in the Contemporary World: A Sociological Introduction* (3rd edn, Cambridge: Polity).

Davie, G. (1994) *Religion in Britain since 1945: Believing without Belonging* (Oxford: Blackwell).

Fenn, R. K. (2009) Key Thinkers in the Sociology of Religion (New York: Continuum).

Lofton, K. (2017) *Consuming Religion* (London: University of Chicago Press).

Maffesoli, M. (1995) *The Time of the Tribes: The Decline of Individualism in Mass Society* (London: Sage).

Maguire, M. B. (2008) *Lived Religion: Faith and Practice in Everyday Life* (Oxford: Oxford University Press).

Reader, R. (2003) 'The Discourse of Human Rights – A Secular Religion?', *Implicit Religion*, 6(1): 41–51.

## 29 階級 Class

Crompton, R. (2008) *Class and Stratification* (3rd edn, Cambridge: Polity). Edgell, S. (1993) *Class* (London: Routledge).

Goldthorpe, J. H. (2000) *On Sociology: Numbers, Narratives and the Integration of Research and Theory* (Oxford: Oxford University Press).

Muntaner, C. (2018) 'Digital Platforms, Gig Economy, Precarious Employment, and Invisible Hand of Social Class', *International Journal of Health Services*, 48(4): 597–600.

Pakulski, J., and Waters, M. (1996) *The Death of Class* (London: Sage).

Vincent, C., Ball, S. J., and Braun, A. (2008) '"It's Like Saying 'Coloured'": Understanding and Analysing the Urban Working Classes', *Sociological Review*, 56(1): 61–77

## 30 性別 Gender

Bradley, H. G. (2012) *Gender* (2nd edn, Cambridge: Polity).

Butler, J. (2004) *Undoing Gender* (London: Routledge).

Connell, R. W. (2005) *Masculinities* (2nd edn, Cambridge: Polity).

— (2021) *Gender in World Perspective* (4th edn, Cambridge: Polity).

Holmes, M. (2007) *What is Gender? Sociological Approaches* (London: Sage).

Mandel, H. (2009) 'Configurations of Gender Inequality: The Consequences of Ideology and Public Policy', *British Journal of Sociology*, 60(4): 693–719.

## 31 交織性 Intersectionality

Alonso, A. (2012) 'Intersectionality by Other Means? New Equality Policies in Portugal', *Social Politics*, 19(4): 596–621.

Andersen, M. L., and Hill Collins, P. (eds) ([1990] 2016) *Race, Class, and Gender: An Anthology* (9th edn, Boston, MA: Cengage Learning).

Barnard, H., and Turner, C. (2011) *Poverty and Ethnicity: A Review of the Evidence* (York: Joseph Rowntree Foundation).

Berger, M. T., and Guidroz, K. (eds) (2009) *The Intersectional Approach: Transforming the Academy through Race, Class, and Gender* (Chapel Hill:University of North Carolina Press).

Crenshaw, K. W. (1991) 'Mapping the Margins: Intersectionality, Identity Politics and Violence against Women of Color', *Stanford Law Review*, 43(6): 1241–99.

Hancock, A.-M. (2007) 'Intersectionality as a Normative and Empirical Paradigm', *Politics and Gender*, 3(2): 248–54.

Lykke, N. (2011) 'Intersectional Invisibility: Inquiries into a Concept of Intersectionality Studies', in H. Lutz, M. T. H Vivar and L. Supik (eds), *Framing Intersectionality: Debates on a Multifaceted Concept in Gender Studies* (Farnham: Ashgate), pp. 207–20.

Rothman, R. A. (2005) *Inequality and Stratification: Class, Race and Gender* (5th edn, Upper Saddle River, NJ: Prentice Hall).

Smooth, W. G. (2010) 'Intersectionalities of Race and Gender and Leadership', in K. O'Connor (ed.), *Gender and Women's Leadership: A Reference Handbook*, Vol. 1 (London: Sage), pp. 31–40.

Taylor, Y., Hines, S., and Casey, M. E. (eds) (2010) *Theorizing Intersectionality and Sexuality* (Basingstoke: Palgrave Macmillan).

## 32 父權制 Patriarchy

Case, C. E., and Lippard, C. D. (2009) 'Humorous Assaults on Patriarchal Ideology', *Sociological Inquiry*, 79(2): 240–55.

Firestone, S. (1970) *The Dialectic of Sex: The Case for Feminist Revolution* (London: Jonathan Cape).

Gilligan, C., and Snider, N. (2018) *Why Does Patriarchy Persist?* (Cambridge: Polity).

hooks, b. (1981) *Ain't I a Woman? Black Women and Feminism* (Boston: South End Press).

Walby, S. (1990) *Theorizing Patriarchy* (Oxford: Blackwell), esp. chapter 8.

## 33 貧窮 Poverty

Alcock, P. (2006) *Understanding Poverty* (3rd edn, Basingstoke: Palgrave Macmillan).

Hulme, D. (ed.) (2010) *Global Poverty: How Global Governance is Failing the Poor* (London: Routledge).

Jenkins, S. P. (2011) *Changing Fortunes: Income Mobility and Poverty Dynamics in Britain* (Oxford: Oxford University Press).

Murray, C. A. (1984) *Losing Ground: American Social Policy 1950–1980* (New York: Basic Books).

Patel, J. A., Nielsen, F. B. H., Badiani, A. A., Assi, S., Unadkat, V. A., Patel, B., Ravindrane, R., and Wardle, H. (2020) 'Poverty, Inequality and Covid-19: The Forgotten Vulnerable', *Public Health*, 183: 110–11.

Rowntree, B. S. ([1901] 2000) *Poverty: A Study of Town Life* (Bristol: Policy Press).

Townsend, P. (1979) *Poverty in the United Kingdom* (Harmondsworth: Penguin).

## 34 種族與族群 Race and Ethnicity

Ansell, A., and Solomos, J. (2008) Race and Ethnicity: The Key Concepts (London: Routledge). Banton, M. (2015) *What We Now Know About Race and Ethnicity* (New York and Oxford:Berghahn Books).

Spencer, S. (2006) *Race and Ethnicity: Identity, Culture and Society* (London: Routledge). Wieviorka, M. (2010) 'Racism in Europe: Unity and Diversity', in M. Guibernau and J. Rex (eds),*The Ethnicity Reader: Nationalism, Multiculturalism and*

*Migration* (2nd edn, Cambridge: Polity), pp. 345–54.

## 35 社會流動 Social Mobility

Ackers, G. K. (2019) 'The "Dual Tension" Created by Negotiating Upward Social Mobility and Habitus: A Generational Study of Skilled Working Class Men, Their Sons and Grandsons Following Deindustrialization', *Current Sociology*, 68(7): 891–911.

Glass, D. (1954) *Social Mobility in Britain* (London: Routledge & Kegan Paul).

Goldthorpe, J. H., and Jackson, M. (2007) 'Intergenerational Class Mobility in Contemporary Britain: Political Concerns and Empirical Findings', *British Journal of Sociology*, 58(4): 525–46.

Goldthorpe, J. H., Llewellyn, C., and Payne, C. ([1980] 1987) *Social Mobility and Class Structure in Modern Britain* (2nd edn, Oxford: Clarendon Press).

Hertz, T., Meurs, M., and Selcuk, S. (2009) 'The Decline in Intergenerational Mobility in Post-Socialism: Evidence from the Bulgarian Case', *World Development*, 37(3): 739–52.

Lipset, S. M., and Bendix, R. (1959) *Social Mobility in Industrial Society* (Berkeley: University of California Press).

Platt, L. (2005) *Migration and Social Mobility: The Life Chances of Britain's Minority Ethnic Communities* (Bristol: Policy Press).

Saunders, P. (1996) *Unequal but Fair? A Study of Class Barriers in Britain* (London: IEA Health and Welfare Unit).

## 36 地位 Status

Bourdieu, P. (1986) *Distinction: A Social Critique of the Judgement of Taste* (London: Routledge & Kegan Paul).

Chan, T. W. (ed.) (2010) *Social Status and Cultural Consumption* (Cambridge: Cambridge University Press).

Crompton, R. (2008) *Class and Stratification: An Introduction to Current Debates* (3rd edn, Cambridge: Polity).

Gidron, N., and Hall, P. A. (2017) 'The Politics of Social Status: Economic and Cultural Roots of the Populist Right', *British Journal of Sociology*, 68(S1): 57–84.

Rege, M. (2008) 'Why Do People Care about Social Status?', *Journal of Economic Behavior and Organization*, 66(2): 233–42.

## 37 社群／社區 Community

Blackshaw, T. (2010) *Key Concepts in Community Studies* (London: Sage).

Crow, G., and Allan, G. (1994) *Community Life: An Introduction to Local Social Relations* (Hemel Hempstead: Harvester Wheatsheaf).

Lee, D., and Newby, H. (1983) *The Problem of Sociology* (London: Routledge).

Lingel, J. (2017) *Digital Countercultures and the Struggle for Community* (Cambridge, MA: MIT Press).

Tönnies, F. ([1887] 2001) *Community and Society* [*Gemeinschaft und Gesellschaft*] (Cambridge and New York: Cambridge University Press).

Williams, R. (1987) *Keywords: A Vocabulary of Culture and Society* (London: Fontana).

## 38 家庭 Family

Chambers, D. (2012) *A Sociology of Family Life* (Cambridge: Polity).

Kaufman, G., and Grönlund, A. (2019) 'Displaying Parenthood, (Un)doing Gender: Parental Leave, Daycare and Working-Time Adjustments in Sweden and the UK', *Families, Relationships and Societies*, https://doi.org/10.1332/20467431 9X15683716957916.

Morgan, D. H. J. (2011) *Rethinking Family Practices* (Basingstoke: Palgrave Macmillan).

Pahl, J. (1989) *Money and Marriage* (Basingstoke: Macmillan).

Therborn, G. (2004) *Between Sex and Power: Family in the World, 1900–2000* (London: Routledge).

Ware, L., Maconachie, M., Williams, M., Chandler, J., and Dodgeon, B. (2007) 'Gender Life Course Transitions from the Nuclear Family in England and Wales 1981–2001', *Sociological Research Online*, 12(4), www.socresonline.org.uk/12/4/6.html.

## 39 生命歷程 Life Course

Ariès, P. (1965) *Centuries of Childhood* (New York: Random House).

Green, L. (2010) *Understanding the Life Course: Sociological and Psychological Perspectives* (Cambridge: Polity).

Priestley, M. (2003) *Disability: A Life Course Approach* (Cambridge: Polity).

Schafer, M. H. (2008) 'Parental Death and Subjective Age: Indelible Imprints from Early in the Life Course?', *Sociological Inquiry*, 79(1): 75–97.

## 40 網絡 Network

Castells, M. (2009) *The Rise of the Network Society* (2nd edn, Oxford: Wiley Blackwell).

Crossley, N. (2008) 'Pretty Connected', *Theory, Culture and Society*, 25(6): 89–116.

— (2015) 'Relational Sociology and Culture: A Preliminary Framework', *International Review of Sociology*, 25(1): 65–85.

Mayer, A., and Puller, S. L. (2007) 'The Old Boy (and Girl) Network: Social Network Formation on University Campuses', *Journal of Public Economics*, 92(1/2): 329–47.

## 41 性 Sexuality

Foucault, M. (1978) *The History of Sexuality* (London: Penguin).

Kelly, G., Crowley, H., and Hamilton, C. (2009) 'Rights, Sexuality and Relationships in Ireland: "It'd Be Nice to Be Kind of Trusted"', *British Journal of Learning Disabilities*, 37(4): 308–15.

Lorber, J. (1994) *Paradoxes of Gender* (New Haven, CT: Yale University Press).

Naezer, M. (2018) 'From Risky Behaviour to Sexy Adventures: Reconceptualising Young People's Online Sexual Activities', *Culture, Health and Sexuality*, 20(6): 715–29.

Taylor, Y., and Hines, S. (2012) *Sexualities: Past Reflections, Future Directions* (Basingstoke: Palgrave Macmillan).

Weeks, J. (2016) *Sexuality* (4th edn, London: Routledge).

## 42 社會化 Socialization

Denzin, N. K. (2009) *Childhood Socialization* (New York: Transaction).

Gansen, H. M. (2017) 'Reproducing (and Disrupting) Heteronormativity: Gendered Sexual Socialization in Preschool Classrooms', *Sociology of Education*, 90(3): 255–72.

Maccoby, E. E. (2008) 'Historical Overview of Socialization Research and Theory', in J. E. Grusec and Paul D. Hastings (eds), *Handbook of Socialization: Theory and Research* (New York: Guilford Press), pp. 13–41.

Mennesson, C. (2009) 'Being a Man in Dance: Socialization Modes and Gender Identities', *Sport in Society*, 12(2): 174–95.

Wrong, D. (1961) 'The Over-Socialized Conception of Man in Modern Sociology', *American Sociological Review*, 26: 183–93.

## 43 文化 Culture

Bourdieu, P. (1986) *Distinction: A Social Critique of the Judgement of Taste* (London: Routledge & Kegan Paul).

Featherstone, M. (2007) *Consumer Culture and Postmodernism* (2nd edn, London: Sage).

Jenks, C. (1993) 'Introduction: The Analytic Bases of Cultural Reproduction Theory', in C. Jenks (ed.), *Cultural Reproduction* (London: Routledge), pp. 1–16.

Lyon, D. (2018) *The Culture of Surveillance: Watching As a Way of Life* (Cambridge: Polity). Rojek, C., and Turner, B. S. (2000) 'Decorative Sociology: Towards a Critique of the Cultural Turn', *Sociological Review*, 48(4): 629–48.

Steiner, G. (1983) *In Bluebeard's Castle: Some Notes on the Redefinition of Culture* (New Haven, CT: Yale University Press).

Zuboff, S. (2019) *The Age of Surveillance Capitalism: The Fight for a Human Future at the New Frontier of Power* (London: Profile Books).\

## 44 論述 Discourse

Austin, J. L. (1962) *How to Do Things with Words* (London: Oxford University Press).

Eberl, J.-M., Meltzer, C. E., Heidenreich, T., Herrero, B., Theorin, T., and Lind, F. (2018) 'The European Media Discourse on Immigration and Its Effects: A Literature Review', *Annals of the International Communication Association*, 42(3): 207–23.

Foucault, M. ([1969] 2002) *The Archaeology of Knowledge* (London: Routledge).

— (1975) *Discipline and Punish* (Harmondsworth: Penguin).

Lessa, I. (2006) 'Discursive Struggles within Social Welfare: Restaging Teen Motherhood', *British Journal of Social Work*, 36(2): 283–98.

Machin, D. (2009) 'Visual Discourses of War: Multimodal Analysis of Photographs of the Iraq Occupation', in A. Hodges and C. Nilep (eds), *Discourse, War and Terrorism* (Amsterdam: John Benjamins), pp. 123–42.

Rojek, C., and Turner, B. (2000) 'Decorative Sociology: Towards a Critique of the Cultural Turn', *Sociological Review*, 48(4): 629–48.

## 45 認同 Identity

Baldry, C., and Hallier, J. (2010) 'Welcome to the House of Fun: Work Space and Social Identity', *Economic and Industrial Democracy*, 31(1): 150–72.

Cooley, C. H. (1902) *Human Nature and the Social Order* (New York: Scribner's).

Elias, N. (2000) 'Homo clausus and the Civilizing Process', in P. du Gay, J. Evans and P. Redman (eds), *Identity: A Reader* (London: Sage), pp. 284–96.

Goffman, E. ([1963] 1990) *Stigma: Notes on the Management of Spoiled Identity* (London: Penguin).

Jardina, A. (2019) *White Identity Politics* (Cambridge: Cambridge University Press).

Jenkins, R. (2014) *Social Identity* (4th edn, London: Routledge).

Mead, G. H. (1934) *Mind, Self and Society*, ed. C. W. Morris (Chicago: University of Chicago Press).

Scott, S. (2015) *Negotiating Identity: Symbolic Interactionist Approaches to Social identity* (Cambridge: Polity).

## 46 意識型態 Ideology

Freeden, M. (2003) *Ideology: A Very Short Introduction* (Oxford: Oxford University Press).

Glasgow University Media Group (1976) Bad News (London: Routledge & Kegan Paul).

Harrison, M. (1985) *TV News: Whose Bias?* (Hermitage, Berks: Policy Journals).

Heywood, A. (2017) *Political Ideologies: An Introduction* (6th edn, London: Red Globe Press ).

Lucardie, P. (2020) 'Animalism: A Nascent Ideology? Exploring the Ideas of Animal

Advocacy Parties', *Journal of Political Ideologies*, 25(2): 212–27.

Zeitlin, I. M. (1990) *Ideology and the Development of Sociological Theory* (4th edn, Englewood Cliffs, NJ: Prentice Hall).

## 47 互動 Interaction

Elias, N. (1987) 'On Human Beings and their Emotions: A Process-Sociological Essay', *Theory, Culture and Society*, 4(2–3): 339–61.

Garfinkel, H. (1984) *Studies in Ethnomethodology* (2nd rev. edn, Cambridge: Polity).

Goffman, E. (2005) *Interaction Ritual: Essays in Face-to-Face Behaviour* (2nd edn, New Brunswick, NJ: Aldine Transaction), esp. Joel Best's Introduction.

Hall, J. A. (2016) 'When is Social Media Use Social Interaction? Defining Mediated Social Interaction', *New Media and Society*, 20(1): 162–79.

Ploug, T. (2009) *Ethics in Cyberspace: How Cyberspace May Influence Social Interpersonal Interaction* (New York: Springer).

Ten Have, P. (2004) *Understanding Qualitative Research and Ethnomethodology* (London: Sage), esp. chapters 2 and 3.

## 48 媒體 Media

Altheide, D. (2007) 'The Mass Media and Terrorism', *Discourse and Communication*, 1(3): 287–308.

Andreasson, K. (ed.) (2015) *Digital Divides: The New Challenges and Opportunities of e-Inclusion* (Boca Raton, FL: CRC Press).

Clarke, J. N., and Everest, M. M. (2006) 'Cancer in the Mass Print Media: Fear, Uncertainty and the Medical Model', *Social Science and Medicine*, 62(10): 2591–600.

Dubois, E., Minaeian, S., Paquet-Labelle, A., and Beaudry, S. (2020) 'Who to Trust on Social Media? How Opinion Leaders and Seekers Avoid Disinformation and Echo Chambers', *Social Media + Society*, April–June: 1–13.

Flew, T. (2014) *New Media: An Introduction* (Melbourne: Oxford University Press), esp. chapter 4.

Takahashi, T. (2010) *Audience Studies: A Japanese Perspective* (London: Routledge), esp. the Introduction.

Thompson, J. B. (1995) *The Media and Modernity: A Social Theory of the Media* (Cambridge: Polity).

## 49 公共領域 Public Sphere

Fraser, N. (1992) 'Rethinking the Public Sphere: A Contribution to the Critique of Actually Existing Democracy', in C. Calhoun (ed.), *Habermas and the Public Sphere* (Cambridge, MA: MIT Press), pp. 109–42.

Gripsrud, J., Moe, H., Molander, A., and Murdock, G. (eds) (2010) *The Idea of the Public Sphere: A Reader* (Lanham, MD: Lexington Books).

Habermas, J. ([1962] 1989) *The Structural Transformation of the Public Sphere* (Cambridge, MA: MIT Press).

McKee, A. (2005) *The Public Sphere: An Introduction* (Cambridge: Cambridge University Press). Murdock, G. F. (2010) 'Celebrity Culture and the Public Sphere: The Tabloidization of Power', in J. Gripsrud and L. Weibull (eds), *Media, Markets and Public Spheres: European Media at the Crossroads* (Bristol: Intellect Books), pp. 267–86.

Sennett, R. ([1977] 2003) *The Fall of Public Man* (Cambridge: Cambridge University Press).

Yang, G., and Calhoun, C. (2007) 'Media, Civil Society, and the Rise of a Green Public Sphere in China', *China Information*, 21(2): 211–36.

## 50 生物醫學 Biomedicine

Åm, H. (2019) 'Ethics as Ritual: Smoothing Over Moments of Dislocation in Biomedicine', *Sociology of Health & Illness*, 41(3): 455–69.

Illich, I. (1975) *Medical Nemesis: The Expropriation of Health* (London: Calder & Boyars).

McKeown, T. (1976) *The Role of Medicine: Dream, Mirage or Nemesis?* (Oxford: Blackwell).

Mizrachi, N., Shuval, J. T., and Gross, S. (2005) 'Boundary at Work: Alternative Medicine in Biomedical Settings', *Sociology of Health and Illness*, 27(1): 20–43.

Nettleton, S. (2021) *The Sociology of Health and Illness* (3rd edn, Cambridge: Polity).

## 51 醫療化 Medicalization

Bröer, C., and Besseling, B. (2017) 'Sadness or Depression: Making Sense of Low Mood and the Medicalization of Everyday Life', *Social Science & Medicine*, 183, June: 28–36.

Conrad, P. (2007) *The Medicalization of Society: On the Transformation of Human Conditions into Treatable Disorders* (Baltimore, MD: Johns Hopkins University Press).

Illich, I. ([1976] 2010) *Limits to Medicine – Medical Nemesis: The Expropriation of Health* (London: Marion Boyars).

Nye, R. A. (1995) 'The Evolution of the Concept of Medicalization in the Late Twentieth Century', *Journal of the History of the Behavioral Sciences*, 39(2): 115–29.

Williams, S. J., Seale, C., Boden, S., Lowe, P. K., and Steinberg, D. L. (2008) 'Medicalization and Beyond: The Social Construction of Insomnia and Snoring in the News', *Health*, 12(2): 251–68.

## 52 病人角色 Sick Role

Freidson, E. (1970) *Profession of Medicine: A Study of the Sociology of Applied Knowledge* (New York: Dodd, Mead).

Jaye, C., Noller, G., Richard, L., and Amos, C. (2020) '"There is No Sick Leave at the University": How Sick Leave Constructs the Good Employee', *Anthropology and Medicine*, September: 1–16; https://doi.org/10.1080/13648470.2020.1814988.

Parsons, T. (1952) *The Social System* (London: Tavistock).

Shilling, C. (2002) 'Culture, the "Sick Role" and the Consumption of Health', *British Journal of Sociology*, 53(4): 621–38.

Turner, B. S. (2009) *Medical Power and Social Knowledge* (2nd edn, Thousand Oaks, CA: Sage), esp. chapter 3.

White, K. (2009) *An Introduction to the Sociology of Health and Illness* (London: Sage), esp. chapter 6.

## 53 障礙的社會模式 Social Model of Disability

Barnes, C., and Mercer, G. (2008) *Disability* (Cambridge: Polity), esp. chapters 1 and 2.

Gabel, S., and Peters, S. (2004) 'Presage of a Paradigm Shift? Beyond the Social Model of Disability toward Resistance Theories of Disability', *Disability and Society*, 19(6): 585–600.

Guo, B., Bricout, J., and Huang, J. (2005) 'A Common Open Space or a Digital Divide? A Social Model Perspective on the Online Disability Community in China', *Disability and Society*, 20(1): 49–66.

Levitt, J. M. (2017) 'Exploring How the Social Model of Disability Can Be Reinvigorated: In Response to Mike Oliver', *Disability and Society*, 32(4): 589–94.

Oliver, M. (1983) *Social Work with Disabled People* (Basingstoke: Macmillan).

— (2013) 'The Social Model of Disability: Thirty Years On', *Disability and Society*, 28(7): 1024–6.

Sapey, B. (2004) 'Disability and Social Exclusion in the Information Society', in J. Swain et al.(eds), *Disabling Barriers – Enabling Environments* (London: Sage), pp. 273–9.

Shakespeare, T., and Watson, N. (2002) 'The Social Model of Disability: An Outdated Ideology?', *Research in Social Science and Disability*, 2: 9–28.

## 54 社會自我 Social Self

Adams, M. (2007) *Self and Social Change* (London: Sage).

Burkitt, I. (2008) *Social Selves: Theories of Self and Society* (2nd edn, London: Sage).

Lupton, D. (2020) *Data Selves* (Cambridge: Polity).

Mead, G. H. (1934) *Mind, Self and Society*, ed. C. W. Morris (Chicago: University of Chicago Press).

Slotter, E. B., Gardner, W. L., and Finkel, E. J. (2009) 'Who am I without You? The Influence of Romantic Break-Up on the Self Concept', *Personality and Social Psychology Bulletin*, 36(2): 147–60.

## 55 脫序 Anomie

Baumer, E. P., and Gustafson, R. (2007) 'Social Organization and Instrumental Crime: Assessing the Empirical Validity of Classic and Contemporary Anomie Theories', *Criminology*, 45(3): 617–63.

Bygnes, S. (2017) 'Are They Leaving Because of the Crisis? The Sociological Significance of *Anomie* as a Motivation for Migration', *Sociology*, 51(2): 203–8.

Merton, R. H. (1938) 'Social Structure and Anomie', *American Sociological Review*, 3(5): 672–82.

Messner, S. F., and Rosenfeld, R. (2001) *Crime and the American Dream* (Belmont, CA:Wadsworth).

Teh, Yik Koon (2009) 'The Best Police Force in the World Will Not Bring Down a High Crime Rate in a Materialistic Society', *International Journal of Police Science and Management*, 11(1): 1–7.

Waring, E., Wesiburd, D., and Chayet, E. (2000) 'White Collar Crime and Anomie', in W. S. Laufer (ed.), *The Legacy of Anomie Theory* (New Brunswick, NJ: Transaction), pp. 207–77.

## 56 偏差 Deviance

Adler, P. A., and Adler, P. (2007) 'The Demedicalization of Self-Injury', *Journal of Contemporary Ethnography*, 36(5): 537–70.

Bristol, A. A., Nibbelink, C. W., Gephart, S. M., and Carrington, J. M. (2018) 'Nurses' Use of Positive Deviance When Encountering Electronic Health Records – Related Unintended Consequences', *Nursing Administration Quarterly*, 42(1): E1–E11.

Goldschmidt, J. (2008) 'The Necessity of Dishonesty: Police Deviance, "Making the Case" and the Public Good', *Policing and Society*, 18(2): 113–35.

Henry, S. (2009) *Social Deviance* (Cambridge: Polity).

Herington, M. J., and van de Fliert, E. (2017) 'Positive Deviance in Theory and Practice: A Conceptual Review', *Deviant Behavior*, 39(5): 664–78.

Lemert, E. (1972) *Human Deviance, Social Problems and Social Control* (Englewood Cliffs, NJ: Prentice Hall).

## 57 標籤化 Labelling

Becker, H. S. (1963) *Outsiders: Studies in the Sociology of Deviance* (New York: Free Press).

Denegri-Knott, J., and Taylor, J. (2005) 'The Labeling Game: A Conceptual Exploration ofDeviance on the Internet', *Social Science Computer Review*, 23(1): 93–107.

Hopkins Burke, R. (2013) *An Introduction to Criminological Theory* (4th edn, Abingdon and New York: Routledge), esp. chapter 9.

Moncrieffe, J. (2009) 'When Labels Stigmatize: Encounters with "Street Children" and "Restavecs" in Haiti', in R. Eyben and J. Moncrieffe (eds), *The Power of Labelling: How We Categorize and Why it Matters* (London: Earthscan), pp. 80–96.

Wilkins, L. T. (1964) *Social Deviance: Social Policy Action and Research* (London: Tavistock).

## 58 道德恐慌 Moral Panic

Carlson, M. (2018) 'Fake News as an Informational Moral Panic: The Symbolic Deviancy of Social Media During the 2016 US Presidential Election', *Information, Communication and Society*, 23(3): 374–88.

Cohen, S. (1972) *Folk Devils and Moral Panics: The Creation of the Mods and Rockers* (Oxford: Martin Robertson).

Goode, E., and Ben-Yehuda, N. (2009) *Moral Panics: The Social Construction of Deviance* (Oxford: Wiley-Blackwell), esp. chapter 10, on the 'witch craze'.

Lumsden, K. (2009) '"Do We Look Like Boy Racers?" The Role of the Folk Devil in Contemporary Moral Panics', *Sociological Research Online*, 14(1), www.socresonline.org.uk/14/1/2.html.

Thompson, K. (1998) *Moral Panics* (London: Routledge).

## 59 社會控制 Social Control

Booth, J. A., Farrell, A., and Varano, S. P. (2008) 'Social Control, Serious Delinquency, and Risky Behavior', *Crime and Delinquency*, 54(3): 423–56.

Chriss, J. J. (2013) *Social Control: An Introduction* (Cambridge: Polity).

Hirschi, T. (1969) *Causes of Delinquency* (Berkeley: University of California Press).

Hudson, B. (1997) 'Social Control', in M. Maguire, R. Morgan and R. Reiner (eds), *The Oxford Handbook of Criminology* (2nd edn, Oxford: Oxford University Press), pp. 451–72.

Kohler-Hausmann, I. (2018) *Misdemeanorland: Criminal Courts and Social Control in an Age of Broken Windows Policing* (Princeton, NJ: Princeton University Press).

Matza, D. (1964) *Delinquency and Drift* (New York: John Wiley).

Parsons, T. (1937) *The Structure of Social Action* (New York: McGraw-Hill).

## 60 污名 Stigma

Chan, K. Y., Rungpueng, A., and Reidpath, D. (2009) 'AIDS and the Stigma of Sexual Promiscuity: Thai Nurses' Risk Perceptions of Occupational Exposure to HIV', *Culture, Health and Sexuality*, 11(4): 353–68.

Goffman, E. ([1963] 1990) *Stigma: Notes on the Management of Spoiled Identity* (London: Penguin), esp. chapters 1 and 2.

Green, G. (2009) *The End of Stigma: Changes in the Experience of Long-Term Illness* (London: Routledge), esp. chapters 1 and 2.

Hunt, P. (1966) *Stigma: The Experience of Disability* (London: Chapman).

Nettleton, S. (2021) *The Sociology of Health and Illness* (4th edn, Cambridge: Polity).

Tyler, I., and Slater, T. (2018) 'Rethinking the Sociology of Stigma', *Sociological Review*, 66(4): 721–43.

## 61 權威 Authority

Morrison, K. (2006) *Marx, Durkheim, Weber: Formations of Modern Social Thought* (2nd edn, London: Sage), esp. pp. 361–73.

Postman, N. (1986) *Amusing Ourselves to Death: Public Discourse in the Age of Show Business* (London: Heinemann).

Street, J. (2004) 'In Defence of Celebrity Politics: Popular Culture and Political Representation', *British Journal of Politics and International Relations*, 6: 435–52.

Van der Brug, W., and Mughan, A. (2007) 'Charisma, Leader Effects and Support for Right-Wing Populist Parties', *Party Politics*, 13(1): 29–51.

Weber, M. ([1925] 1979) *Economy and Society: An Outline of Interpretive Sociology* (Berkeley: University of California Press).

## 62 公民身分 Citizenship

Bellamy, R. (2008) *Citizenship: A Very Short Introduction* (Oxford: Oxford University Press).

Dobson, A., and Bell, D. (eds) (2006) *Environmental Citizenship* (Cambridge, MA: MIT Press).

Hintz, A., Dencik, L., and Wahl-Jorgensen, K. (2019) *Digital Citizenship in a Datafied Society* (Cambridge: Polity).

Marshall, T. H. ([1950] 1973) *Class, Citizenship and Social Development* (Westport, CT: Greenwood Press).

Redley, M., and Weinberg, D. (2007) 'Learning Disability and the Limits of Liberal Citizenship: Interactional Impediments to Political Empowerment', *Sociology of Health and Illness*, 29(5): 767–86.

## 63 市民社會 Civil Society

Arato, A., and Cohen, J. L. (2019) 'Civil Society, Populism, and Religion', in C. de la Torre (ed.), *Routledge Handbook of Global Populism* (Abingdon: Routledge), chapter 6: 98–111.

Beck, U. (2006) *Cosmopolitan Vision* (Cambridge: Polity).

Eberly, D. E. (ed.) (2000) *The Essential Civil Society Reader* (Lanham, MD: Rowman & Littlefield).

Edwards, M. (2014) *Civil Society* (3rd edn, Cambridge: Polity). Halpern, D. (2005) *Social Capital* (Cambridge: Polity).

Harris, J. (ed.) (2003) *Civil Society in British History: Ideas, Identities, Institutions* (Oxford: Oxford University Press).

Kaldor, M. (2003) *Global Civil Society: An Answer to War* (Cambridge: Polity).

Pianta, M. (2013) 'Democracy Lost: The Financial Crisis in Europe and the Role of Civil Society', *Journal of Civil Society*, 9(2): 148–61.

Putnam, R. (2000) *Bowling Alone: The Collapse and Revival of American Community* (New York: Simon & Schuster).

## 64 衝突 Conflict

Bercovitch, J., Kremenyuk, V., and Zartman, I. W. (2009) 'Introduction: The Nature of Conflict and Conflict Resolution', in J. Bercovitch, V. Kremenyuk and I. W. Zartman (eds), *The Sage Handbook of Conflict Resolution* (London: Sage).

Brewer, J. (2010) *Peace Processes: A Sociological Approach* (Cambridge: Polity).

Collins, R. (abridged and updated by Sanderson, S. K.) (2016) *Conflict Sociology: A Sociological Classic Updated* (Abingdon: Routledge).

Joseph, J. (2003) *Social Theory: Conflict, Cohesion and Consent* (Edinburgh: Edinburgh University Press).

## 65 民主 Democracy

Calhoun, C. (2007) *Nations Matter: Culture, History and the Cosmopolitan Dream* (London: Routledge).

Crick, B. (2002) *Democracy: A Very Short Introduction* (Oxford: Oxford University Press).

Fukuyama, F. ([1992] 2006) *The End of History and the Last Man* (London: Hamish Hamilton). Held, D. (2006) *Models of Democracy* (3rd edn, Cambridge: Polity).

Przeworski, A. (2019) *Crises of Democracy* (Cambridge: Cambridge University Press).

## 66 民族國家 Nation State

Anderson, B. (2006) *Imagined Communities* (London: Verso).

Eriksen, T. H. (2007) 'Nationalism and the Internet', Nations and Nationalism, 13(1): 1–17.

Held, D. (1989) *Political Theory and the Modern State* (Cambridge: Polity), esp. chapter 1.

Negus, K. (2019) 'Nation-States, Transnational Corporations and Cosmopolitans in the Global Popular Music Economy', *Global Media and China*, 4(4): 403–18.

Ohmae, K. (2007) *The End of the Nation State: The Rise of Regional Economies* (London: Harper Collins).

Smith, A. D. (1986) *The Ethnic Origins of Nations* (Oxford: Blackwell).

## 67 權力 Power

Castells, M. (2016) 'A Sociology of Power: My Intellectual Journey', *Annual Review of Sociology*, 42: 1–19.

Henderson, A. (1994) 'Power and Knowledge in Nursing Practice: The Contribution of Foucault', *Journal of Advanced Nursing*, 20(5): 935–9.

Lukes, S. ([1974] 2021) *Power: A Radical View* (3rd edn, London: Red Globe Press).

Nash, K. (2010) *Contemporary Political Sociology: Globalization, Politics and Power* (Oxford: Wiley-Blackwell), esp. chapter 1.

Sen, A. (1999) *Development as Freedom* (Oxford: Oxford University Press).

## 68 社會運動 Social Movement

Beckwith, K. (2016) 'All is Not Lost: The 1984–85 British Miners' Strike and Mobilization After Defeat', in L. Bosi, M. Giungni and Uba, K. (eds), *The Consequences of Social Movements* (Cambridge: Cambridge University Press), pp. 1–65.

Blumer, H. (1969) 'Collective Behavior', in A. McClung-Lee (ed.), *Principles of Sociology* (New York: Barnes & Noble).

Crossley, N. (2002) *Making Sense of Social Movements* (Buckingham: Open University Press).

Goodwin, J., and Jasper, J. (eds) (2014) *The Social Movements Reader: Cases and Concepts* (3rd edn, Oxford: Wiley-Blackwell).

Melucci, A. (1989) *Nomads of the Present: Social Movements and Individual Needs in Contemporary Society* (London: Hutchinson Radius).

Meyer, D. S., and Tarrow, S. (1997) *The Social Movement Society: Contentious Politics for a New Century* (Oxford: Rowman & Littlefield).

Smelser, N. J. (1962) *Theory of Collective Behaviour* (New York: Free Press).

# 索引

# 紀登斯的社會學基本概念

| | |
|---|---|
| 作者 | 安東尼‧紀登斯、菲利普‧薩頓 |
| 譯者 | 許雅淑、李宗義 |
| 商周集團榮譽發行人 | 金惟純 |
| 商周集團執行長 | 郭奕伶 |
| 視覺顧問 | 陳栩椿 |
| 商業周刊出版部 | |
| 總編輯 | 余幸娟 |
| 責任編輯 | 林雲 |
| 封面設計 | bert |
| 內頁排版 | 林婕瀅 |
| 出版發行 | 城邦文化事業股份有限公司-商業周刊 |
| 地址 | 104台北市中山區民生東路二段141號4樓 |
| 傳真服務 | （02）2503-6989 |
| 劃撥帳號 | 50003033 |
| 戶名 | 英屬蓋曼群島商家庭傳媒股份有限公司城邦分公司 |
| 網站 | www.businessweekly.com.tw |
| 香港發行所 | 城邦（香港）出版集團有限公司 |
| | 香港灣仔駱克道193號東超商業中心1樓 |
| | 電話：(852)25086231 傳真：(852)25789337 |
| | E-mail：hkcite@biznetvigator.com |
| 製版印刷 | 中原造像股份有限公司 |
| 總經銷 | 聯合發行股份有限公司 電話：(02)2917-8022 |
| 初版1刷 | 2021年9月 |
| 定價 | 台幣420元 |
| ISBN | 978-986-5519-71-1（平裝） |

Essential Concepts in Sociology Third Edition
Copyright © Anthony Giddens & Philip W. Sutton 2021
Traditional Chinese edition copyright:
2021 Publications Department of Business Weekly, a division of Cite Publishing Ltd.
This edition is published by arrangement with Polity Press Ltd., Cambridge.
All rights reserved.

國家圖書館出版品預行編目(CIP)資料

紀登斯的社會學基本概念 / 安東尼‧紀登斯（Anthony Giddens），菲
力浦‧薩頓（Philip W. Sutton）著；許雅淑、李宗義譯. -- 初版. -- 臺
北市：城邦文化事業股份有限公司商業周刊, 2021.09
　　面；　公分.
譯自：Essential concepts in sociology, 3rd ed.

ISBN 978-986-5519-71-1（平裝）

1.社會學
540　　　　　　　　　　　　　　　　110013630